THE THEORY AND
PRACTICE OF

双创基地建设
理论与实践

以河南省为例

INNOVATIVE AND
ENTREPRENEURIAL

主编　喻新安　于善甫

副主编　王威　田文富　崔明娟

社会科学文献出版社
SOCIAL SCIENCES ACADEMIC PRESS (CHINA)

摘　要

　　自 2017 年河南省政府发文设立 57 家省级双创示范基地以来，河南省不断突出载体平台建设，加强双创资源集聚，着力营造良好的营商环境，加快建设国家双创示范基地、省级双创基地，并取得显著成效。为了进一步推进全省双创工作，推动双创基地高质量发展，在总结提升双创基地建设经验做法的基础上打造双创"升级版"，本书以 2017 年 12 月 28 日至 2018 年 1 月 20 日中国（河南）创新发展研究院对河南省 18 个双创示范基地进行的深入调研的相关成果为基础，分析研究了各双创基地已开展的工作和取得的成效、存在的主要问题以及下一步工作举措，既发现了一批典型案例，也总结出了一批值得向全省推广的可复制、可借鉴的经验做法，并提出了河南省打造双创"升级版"的相关建议。

　　本书分为河南双创基地建设导论、基地综述篇、基地建设篇、基地探索篇四大部分，具体内容如下。

　　第一部分，河南省双创基地建设导论。该部分首先从"三个体现"和"五个统筹"两个角度描述了河南省双创基地建设的整体特征，然后依托河南省首批双创基地在产科教融合、双创教育、双创与区域发展、创新人才培育与使用等领域先行先试的实践经验，分析了河南省双创基地建设对推进本省双创工作的借鉴参考价值。从如何建立突出重点和分类扶持的政策措施、如何完善规范的双创基地进入与退出的动态考评机制、如何完善引进高端人才的培养和激励机制、如何构建共享开放的创业生态系统、如何打造双创基地"共建共享"合作交流平台等方面梳理了打造河南省双创基地升级版需要重视的几个问题。

　　第二部分，基地综述篇。该部分包括第一章、第二章和第三章内容，分别阐述了河南双创基地建设的目标、布局与任务，河南双创基地建设的思路、规划与举措，河南双创基地建设的进展、特点与态势。河南双创基地建设以国务院关于双创示范基地的两次实施意见为指导思想，加强顶层设计、统筹谋划、制度供给，围绕提升规划建设水平、支持支撑平台建设、促进双创资源集聚、营造良好发展环境等方面进行总体布局，科学谋划发展思路，针对三类双创示范基地采取有力措施推动双创基地健康发展。河南省首批双创示范基地通过先行先试，在某些领域已经初步形成了可复制、可推广的经验，双创基地的示范带动效应初步显现，为河南首批双创基地后续建设提供了有益的思考和启示。

第三部分，基地建设篇。该部分包括第四章、第五章、第六章内容，主要围绕河南区域性双创基地、高校科研院所双创基地、企业双创基地这三种类型的双创示范基地的建设情况来展开。第四章选取了郑州航空港经济综合实验区、许昌市城乡一体化示范区、鹿邑县、郑州市高新技术产业开发区、濮阳市经济技术开发区、安阳市城乡一体化示范区六家区域性双创示范基地，第五章选取了郑州大学、河南农业大学、洛阳师范学院、许昌学院、黄淮学院、黄河科技学院六家高校科研院所双创基地，第六章选取了中信重工机械股份有限公司、汉威科技集团股份有限公司、昊华骏化集团有限公司、河南黄河旋风股份有限公司、普莱柯生物工程股份有限公司、许继集团六家企业双创基地，并详细梳理了各地在双创基地建设方面的发展现状、主要做法、取得的成效以及可借鉴的成功经验，为河南双创示范基地的建设和发展提供了一批宝贵的可复制、可推广的经验模式。

第四部分，基地探索篇。该部分包括第七章、第八章、第九章、第十章、第十一章、第十二章内容，主要围绕河南省双创基地建设面临的问题及不足、如何打造双创示范基地"升级版"这两大方面来展开。当前，河南省双创基地建设面临着基层对双创基地建设理念认识有偏差、双创基地建设支持政策精准供给不足、双创基地建设服务体系建设相对滞后、双创基地建设要素集聚存在明显短板等问题，要打造河南省双创"升级版"，三类双创示范基地已经有了许多探索和成功经验，还需要通过以下六个方面来持续发力：构建双创升级版的协同政策，释放双创升级版的政策红利；推动双创升级版的要素融合，激发双创升级版的发展动力；优化双创升级版的平台载体，释放双创升级版的发展动能；加强双创升级版的人才支撑，保障双创升级版的持续后劲；强化双创升级版的金融支撑，确保双创升级版的发展活力；营造双创升级版的良好环境，促进双创升级过程凝心聚力。

关键词：河南省　双创　示范基地　升级版

目 录
CONTENTS

第二篇
基地建设篇

第三篇
基地探索篇

导　论

　　双创示范基地建设是河南创新驱动发展战略的核心载体及重要抓手。2016 年 5 月、2017 年 6 月，国务院分两批发文设立全国双创示范基地，省内的郑州航空港经济综合实验区、中信重工机械股份有限公司、许昌市城乡一体化示范区、鹿邑县位列其中。2017 年 2 月，河南省政府发文设立了 57 个省级双创示范基地，其中包括 18 个区域双创基地、12 个高校科研院所双创基地、27 个企业双创基地。近年来，河南省突出载体平台建设、双创资源集聚、营商环境营造等关键环节，加快建设国家双创示范基地、省级双创基地。河南三类双创示范基地自设立以来，组织实施若干重点工程，不断探索实践，持续完善创新创业生态，厚植创新创业文化，建设创新创业平台，取得了显著成效。截至 2018 年底，全省国家级科技企业孵化器达到 30 家，在中西部省份中位居前列；省级以上科技企业孵化器、众创空间、大学科技园等各类双创孵化载体总数高达 221 家，实现了河南 18 个省辖市全覆盖，为发挥创新创业在发展新经济、培育发展新动能、打造发展新引擎中的引领支撑作用，河南省统筹财税、金融、土地、人才、载体等要素，支持国家级、省级双创基地建设，有力地推动了大众创业万众创新向纵深发展。

一　河南双创基地建设的整体特征

　　总结河南省两年多来的双创基地建设实践，可以概括为"三个体现"和"五个统筹"的典型特征。

（一）突出"三个体现"

1. 体现全覆盖

在空间布局上，实现了区域全覆盖，在每个省辖市至少布局一个，诸如首批 18 个区域双创基地，涵盖了 15 个省辖市，其中郑洛新自主创新示范区范围内有 6 家；在产业布局上，坚持一、二、三产业全覆盖，对新兴产业、传统产业全覆盖，在这一批示范基地里，有河南三高农牧股份有限公司等农业领域的代表，有郑州宇通客车股份有限公司、中国一拖集团有限公司、鹤壁农信物联科技有限公司等制造业、服务业的龙头企业代表，也有中航锂电（洛阳）有限公司等新业态、新行业企业的代表。在各类创新创业主体上，既有中铁工程装备集团有限公司这样的大型企业，也有河南黄河旋风股份有限公司这样的地方民营企业；既有郑州大学、河南理工大学这样的综合性大学，也有黄河科技学院这样的民办院校，可以说基本做到了全覆盖。

2. 体现差异化

区域类、企业类、高校科研院所类的双创示范基地功能定位不同，在具体做法和成效上也各有特色。区域类示范基地获得的成效主要体现在加速双创资源集聚效应，形成双创高地辐射周边上。主要职责是营造双创发展环境。具体体现在：建设服务型政府，简政放权，推进"放管服"改革；打造政策环境，促进政策落地，完善创投融资体系；搭建支撑平台，加速双创孵化，推动创业链延伸；营造文化氛围，宣传带动双创活动，吸引双创资源等。企业类示范基地主要成效在于：创新主体双创活力增强，积极探索制度体系和经验。主要职责是探索可复制经验。具体体现在：支持新技术、新产品、新业态发展；搭建孵化服务平台，加快创新创业孵化，培育创客队伍；营造创业文化，创新管理制度，探索新模式与新经验等。高校科研院所类示范基地主要成效在于：促进人才优势、科技优势转化为产业和经济优势。主要职责在于培养双创人才。具体体现在：突破政策限制，破解现有难题；加强国际交流合作，促进产业经济优势转化；培养双创意识，建设高校双创孵化体系；推动教师科技成果转化，发挥人才优势等。

每一类双创示范基地都有各自不同的特点。考虑到不同区域之间的差异，双创示范基地建设不仅仅是郑州、洛阳等省内经济发达地区的事，欠发达地区通过找准定位，同样可以用双创促进当地产业发展、结构优化。诸如鹿邑县在双创示范基地建设中明确其战略定位为全国农民工示范县、中部地区现代农业创业基地、河南县域创新驱动发展先行区、特色产业与双创结合示范区，由此针对性地推进深化服务型政府建设、拓宽返乡创业新途径、构建双创支撑体系、加快优势产业发展、建立健全投融资体系、加强双创人才培育、营造双创文化氛围、优化城乡生态环境等一系列双创重点工程，最终得以实现县域经济实力显著增强、城市建设全面提升、主导产业集群发展、城市生态环境优美。所以河南省双创示范基地建设过程中，体现了不同类型、不同区域基地的差异化特点。

3. 体现协调联动

目前，河南省各个示范基地之间已经有一些交流和互动。诸如许昌市城乡一体化示范区双创基地，其毗邻郑州航空港经济综合实验区双创基地，处于郑许融合发展产业带上，是依托郑州辐射的重要承接区和主战场，通过叠加郑许融合发展战略、郑洛新自主创新示范区、中原城市群等多个省级和国家级战略，面临着重大发展机遇。不同区域之间，发达地区和欠发达地区的示范基地之间有交流，同一区域里的高校科研院所、企业示范基地之间也有交流互动。诸如中信重工双创示范基地不断完善和发展产、学、研、用、供有机结合推动自主创新的机制，加速科技成果产业化。利用公司的矿山重型装备国家重点实验室、国家工业设计中心和省院士工作站、博士后工作站等科技创新平台，深入推进与河南科技大学等高校双创基地的产学研合作，共建河南省大学生创新创业实践基地，通过共建研究机构、人才培养、委托研发、联合研究等形式，建立相互之间合作创新的战略伙伴关系。通过不同类双创基地间交流互动，可以让创新创业资源自由流动、创新创业经验更好地传播，从而形成双创基地建设整体发展的大好局面。

（二）体现"五个统筹"

河南双创基地的布局建设从设想提出到落地开花可谓发展速度快、规模大，但在建设过程中逐渐暴露出一些问题，诸如基地运营模式单一化，在建设上借鉴较多、首创较少。一些省份比较领先的双创孵化模式例如大企业加速模式、跨境孵化平台模式、创业金融模式、创客孵化模式、垂直产业链孵化模式、互联网生态圈模式，科技成果转化模式诸如"团队持股＋收益返还"模式、"团队持股＋收益捐赠"模式、"参股企业＋独家授权"模式、"IP奖励＋团队承诺"模式、"分割IP＋团队实资"模式等在河南少有显现。其他问题诸如"校、企、地"三类国家双创示范基地融通创新机制匮乏、基地服务机制落后、基地建设同质化严重、监督考核机制不完善等也开始制约着河南双创基地进一步发展。因此，接下来应充分考虑各地、各类双创主体的发展状况，依托现有工作基础，加强深入指导，更加有序、高效地推进双创基地建设布局。

1. 统筹各种类型双创基地建设

强化顶层设计，注重分类指导，依托区域、高校科研院所、创新型企业、社会组织等集聚双创资源的不同载体，探索支持多种形式的双创示范基地布局发展。充分考虑各类主体特点和区域发展情况实施双创政策措施，有机衔接现有工作基础，强化双创要素投入，支持双创支撑平台建设。针对不同类型双创基地的特点，结合政府、高校科研院所、企业、社会等推进双创基地建设面临的"痛点"和"难点"深入剖析，系统梳理各方面的政策需求，并以此为出发点设计工作方案，突出分类施策，避免"大水漫灌"，聚焦"精准滴灌"。

2. 统筹双创基地有序推进

充分考虑省会城市、地级市、县级市、县域双创发展情况与双创资源禀赋，各有区别，各有侧重，统筹部署双创示范基地建设。先期依托郑洛新国家自主创新示范区与省辖市中心城区内的经济技术开发区、高新技术开发区、产业集聚区、城乡一体化示范区等部分创新资源丰富、体制机制完善、示范带动能力强的区域和单位，开展布局双创示范基地、探索建立工作运营机制。此后根据发展需要，分批次、分阶段推进实施，延伸布局，逐步完善制度设计，有序扩大示范范围。

3. 统筹双创资源和工作基础

有机衔接各地方、各部门已有工作基础，鼓励其按照渠道不变、各尽其责、各立其功的原则，在双创示范基地平台建设、政策扶持、协同创新等方面充分发挥现有机制作用，加快整合提升双创现有载体功能及公共服务能力，避免"各自为政"，突出综合衔接，形成协同效应，实现统筹兼顾，从而进一步优化双创生态。

4. 统筹国家和省级双创基地建设

大力支持郑州航空港经济综合实验区、中信重工机械股份有限公司、许昌市城乡一体化示范区与鹿邑县建设国家级双创示范基地，引领探索形成一批可复制、可推广的典型经验，力争走在全国示范基地前列。同时，推动省级双创基地加快建设，优先推荐其纳入国家级双创示范基地行列。此外，结合国家与省组织建设双创示范基地经验，在全省率先支持建设市级双创示范基地，共同带动河南成为全国乃至世界的创新创业高地。

5. 统筹多元化考核评价体系建立

现有的双创示范基地涉及不同的区域、产业和领域，且三类示范基地内部测评差异也较大。区域示范基地核心任务是完善创新创业政策体系；高校和科研院所示范基地核心任务是解决科技成果转化难的问题；企业示范基地核心任务是促进大中小企业融通发展，提振实体经济。应分类别、分阶段制定立体的、多元化的双创示范基地建设考核评价体系，加强双创基地发展监测评估,对所出台措施的正确性、合理性、有效性及时进行评估。通过加强双创基地发展监测评估,发挥考核评价对双创示范基地的引导作用,扎实推进既定改革举措和建设任务,从而不断完善双创制度设计。

二 河南双创示范基地建设的借鉴价值

河南省首批双创基地以"创新带动创业、创业激励创新"为重点目标,围绕创新创业支撑服务体系建设,在产科教融合、双创教育、双创与区域发展、创新人才培育与使用等领域,积极先行先试,探索出了一批可复制、可推广的典型经验,对推进河南双创工作具有重要的借鉴参考价值。

(一)政府的宏观指导和政策引领是双创示范基地快速发展的前提

初创企业尤其是高新技术企业,其技术和工艺可能还存在不完善的地方,市场对新产品的认知和接受还需要一个过程,初期生产面对成本高、风险高等诸多不确定因素,需要政府部门提供专业化服务,在关键节点提供方向指导和政策资金支持。另外,由于双创示范基地建设领导的重视程度、政策资金扶持力度、营造双创生态环境的不同,会直接影响双创的进程和效果。比如郑州高新区和洛阳高新区政府在双创示范基地建设工作推进中积极主动,重视双创的硬件和软件设施建设,对发展前景较好的初创企业给予前期资金投入,对园区入驻企业加强宏观指导和政策激励,充分体现了"小政府、大服务"理念,无论是企业还是高层次人才都能感受到在政府的主动作为下该区域的良好双创环境,双创效果比较突出。个别双创示范基地,由于领导重视不够、投入不足、服务不到位,双创效果大打折扣。

(二)高校、科研院所和高技术企业是推动双创示范基地发展的核心力量

高校、科研院所和高技术企业的创新技术孵化器、众创空间等创新载

体，是大众创业万众创新的空间支撑。科研院所新型研发机构是集聚创新要素、整合跨界资源、支撑和引领区域双创基地建设的核心载体。高新技术大型企业特别是完全与市场接轨的民营企业是双创活力最活跃的主体。比如，洛阳高新区双创基地建设之所以取得较好成效，很大程度上是基于该区域在智能装备制造、新材料、机器人、生物制药等方面具有较强的技术研发能力。汉威科技集团股份有限公司和河南科隆集团有限公司分别是传感器和新能源电池行业的龙头企业，具有雄厚的人才、技术和产业集聚优势。由此可见，双创示范基地建设需要有高校、科研院所技术研发力量和高技术企业的产业基础为支撑，是推动双创示范基地建设的核心力量和动力之源。

（三）完善的人才培养和激励机制是双创示范基地成功的保障和关键

郑州高新区通过外引内联的方式，积极吸纳高端创新人才，2017年已拥有35个人才团队。洛阳高新区采取各种优惠政策，引进高层次人才46人，引进高层次团队17个，培养创业人才团队33个。洛阳理工学院通过持续开展大学生创业大赛、创业训练计划项目、实习实训等活动，营造并逐步增强全校创新创业氛围，通过"体验式""模拟式"教育推动学生进行创新创业实践。普莱柯生物工程股份有限公司针对各类不同人才建立了协议工资制、年薪制、岗位技能工资制等多种薪酬制度相结合的薪酬体系，出台了《科技创新奖励办法》，并对经营层、核心层有针对性地实施了股权激励。设计了管理与技术双通道的员工职业发展模式，明确了双通道各级岗位的任职条件与资格，并在严格的评估、评价基础上得到晋升发展，使得各种类型的人才都能够在普莱柯有目标、有动力、有发展。河南科隆集团有限公司出台了"员工先受益，企业保发展"的《河南科隆集团阿米巴承包管理细则》，规定参与承包的人员必须是最基层的工人和管理人员，并且是全员性的，要让参与承包的员工有主人翁的感觉。内部承包原则上实行正激励，按增加效益比例对完成人员进行奖励，项目发出的所有奖金不超过增加效益的10%，极大激发了企业职工的创新创业热情。

（四）创业服务专业化、运营模式市场化是双创示范基地持续健康发展的必要条件

调研发现，郑州高新区、洛阳高新区等双创发展效果较好的园区，离不开管委会提供的专业化服务保障，特别是都拥有一批园区运营的专业化、市场化的灵活高效的管理团队，在双创基地项目筛选、商业模式选择、融资渠道服务等一系列方面为双创主体提供增值服务，免除了初创企业的后顾之忧，为双创示范基地的中后期持续发展提供了综合保障。比如，郑州高新区相关公司在郑州高新区管委会和各大园区管理办公室的指导监督下按照市场规律对园区投入的资金、土地、存量资产和特许经营权等进行企业化运营，具体履行投融资、国有资产运营、开发建设、招商引资等职能。开发与运营公司作为独立的法人实体和竞争主体，按现代企业规范制度运作，自主经营、自负盈亏。在人员设置上，管理层原则上由管委会领导交叉任职，实行"市场主导、政府监督"的管理模式；部分专业人员面向社会公开招聘。这些措施既规避了市场风险，又保证了国有资产保值增值，实现了良性循环发展。

（五）借助外力、错位发展是双创示范基地建设的有效方式

洛阳高新区采取了借助外力促进双创基地建设的方式，例如引进清华大学科研团队成立清华洛阳基地，引进西安科技大市场运作模式建立洛阳科技大市场，引进深圳创新元素举办双创大赛等，事实证明，这种引进比较成熟的研发团队、基地、平台、比赛等方式，相比于完全自己摸索，可以少走很多弯路，短时间内就能起到作用。河南科隆集团双创基地先后与北京大学、清华大学、武汉大学、哈尔滨理工大学等大专院校及科研院所开展协同合作。借助高等院校的人才和科研机构的优势，集约了一大批研

究人员纷纷加盟科隆集团双创基地，承担或与科隆的创客们共同开发项目，并借助科隆强大的产业化优势资源，将项目快速实现成果转化。

三　打造全省双创基地升级版需要重视的几个问题

（一）如何建立突出重点、分类扶持的政策措施

根据区域、高校和科研院所、企业等不同性质的双创示范基地的具体特点，结合战略性新兴产业发展和传统产业升级的具体需求，围绕双创高端主体，聚焦高新产业，在重点领域和关键环节，采取有针对性的政策措施，实现以点带面、滚动发展，增强双创示范基地的带动引领作用。按照不同双创主体的特点，分门别类，重点施策，发挥双创示范基地的带动引领作用。比如，在企业类可以重点扶持与市场完全接轨、最具创新活力的民营龙头企业双创建设；在高校和科研院所类，可以重点支持高端创新资源要素集聚的郑州大学及其科技园在高校和科研院所类双创建设，有针对性地支持黄淮学院在地方公办综合性应用型高校双创建设，有选择地支持黄河科技学院在应用型民办高校类双创建设；等等。统筹考虑不同性质、不同地域的经济发展水平、科技资源条件等实际情况，制定不同的考核发展指标，以新技术、新业态、新模式、新动能为指向，突出前瞻性、应用性，分类实施不同的政策和支持力度，培育和推出一批效益好、质量高、复制性强的双创示范基地。

（二）如何完善规范的双创基地进入与退出的动态考评机制

根据本次对各双创基地的调研与比较分析发现，各个双创基地建设情况与成效存在较大差别，有的双创基地政府强力推动并主动服务企业，企业也在如何激励员工创新热情，如何加大研发投入，如何促进科技成果转化等方面取得了实实在在的成效。有的双创基地则仅仅流于形式，并没有实质性进展。因此，建议每年对双创基地建设情况实施第三方评估，依据

公平、公正、公开的原则进行评估，并对评估结果按照优秀、良好、合格和不合格四个档次在官网公示，对于评估结果为优秀和良好的双创示范基地给予一定的资金支持和政策优惠，对于评估为合格的给予警示提醒，对于评估不合格的双创基地给予通报批评。连续两年评估为不合格的，强制退出省级双创示范基地名单，使双创示范基地建设有规可循，真正起到示范引领作用。

（三）如何完善引进高端人才的培养和激励机制

从调研的整体情况来看，郑洛新区域双创示范基地研发机构大多属于应用技术和创意研究，分布在传统机械加工制造类工种多，新型产业和高端现代制造业工种较少，缺乏前沿技术的基础研究支撑。另外研发型人才队伍大而不强，高层次人才储备不足，"双创"队伍和"双创"能力难以适应经济社会发展的新形势和新要求。两院院士、二级教授和二级研究员数量明显偏少。另外高水平技术工人缺乏，高级技师年龄偏大，年轻高技能人才严重短缺。大国工匠精神有待大力鼓励。郑洛新区域集中了河南众多优质高校和科研院所，人力资源丰富。政府部门应该高度重视"双创"人才培养和引进工作，制定出台多项政策措施，从载体建设、机制创新、人才流动、环境营造等方面安排部署"双创"人才工作，通过给政策、给资金、给服务等方式为"双创"人才保驾护航。同时加大科研人员股权激励力度，建立健全科研人才双向流动机制，降低广大创客的创业门槛，通过全省孵化服务载体为创业者提供各类空间硬件服务和一揽子柔性创业服务。

（四）如何构建共享开放的创业生态系统

通过调研发现，高校和企业两者之间缺少创业资源、人才、技术和政策之间的合作、共享和开发。高校作为主要培养双创人才的摇篮，并没有更多地利用企业和区域的双创平台和要素，而是投入大量的人、财、物构建了自己的众创空间和孵化器，学生综合能力的缺乏使得双创的层次和成功率低。企业作为以盈利为目的的经济单位，却承担了教育和再教育的功能，资本要素和技术要素不能很好地结合。因此政府应引导高校和企业整合资源，区域之间进行合作，建设"众创—众包—众扶—众筹"的智慧生态圈，构建开放型创业生态系统，形成专业、开放、共享三大特点。另外，企业与企业之间同样存在产业链资源不完善、平台不共享的情况。例如，新乡市化学与物理电源产业园区作为国家批准的第二家电源专业产业园，拥有数十家电池电源及其相关配套企业，但相关资源平台分布不均，许多企业规模小、效益低。而大型龙头企业比如河南新太行电源有限公司拥有河南省新型动力电池及系统工程技术研究平台和新能源汽车用动力电池系统及应用技术河南省工程实验室，河南锂动电源有限公司拥有动力及储能锂电池电源系统研发平台和锂离子蓄电系统河南省工程技术研究平台，新乡市天力能源材料有限公司拥有新乡市动力电池三元材料工程技术研究平台等。通过市场化的手段（科隆新太行企业提出了会员制的设想：检测一次会员单位 80 元，非会员制企业检测一次 100 元）建立这些平台的共享共用，既解决了中小企业投入的资金和技术的实际困难，又降低了大型企业的硬件建设成本，实现互利双赢的联动发展。

（五）如何打造双创基地"共建共享"合作交流平台

根据对各双创示范基地的调研发现，双创示范基地反映最多的问题是如何提高双创示范基地的针对性、时效性和示范性问题。高校和科研院所、企业希望政府有关决策部门领导真正深入园区、高校和企业，精确了解双创示范基地发展中存在的问题和困难，出台具有可操作性的支持政策和优惠措施。比如郑州大学产业技术研究院作为高新区及省内首家由政府和省内高校联合共建的产业技术研究院，围绕国家、河南省、郑州市特别是高新区产业发展需求，积极开展技术研发、成果转化、企业孵化等工作，获得多项荣誉资质。但其进一步发展受到现有物理空间、注册资本、企业身份、产业化场地的极大限制，有待高新区及相关职能部门在场地租赁、资金等方面给予更大的支持。一些双创基地探索实施并且效果显著的双创模式，如科隆集团的阿米巴内部承包经营模式、汉威集团的风险自负的分包模式，二者各有优劣，亟须双方互通交流、互补完善，形成更合理科学的激励创新和创业的经营管理模式。因此，建议通过每年评选一批先进双创示范基地、双创优秀团队和双创之星，由省政府给予相关荣誉和物质奖励。每年举办双创经验交流会，邀请有关智库专家、一线高端科研人员、杰出企业家、优秀工匠等"政产学研企"代表就双创基地建设问题进行研讨交流，放大双创示范基地的示范带动效应，激发整个社会的双创热情。

第一篇

▼
▽

基地综述篇

2016 年 5 月，河南省政府出台的《关于大力推进大众创业万众创新的实施意见》① 中提出："创建一批'双创'示范基地，促进创新创业要素集聚、服务专业、资源开放共享"。2017 年，河南省政府出台的《关于支持大众创业万众创新基地建设的实施意见》② 中提出："统筹支持国家和省级大众创业万众创新基地建设，推动大众创业万众创新向纵深发展"。从中可以看出，河南省通过双创基地建设带动大众创业万众创新向全面、深入发展的决心，以及通过双创基地建设实施体制机制创新、形成示范引领作用的意图。

第一节 河南省双创基地建设总体思路

一 河南省双创基地建设的指导思想

牢固树立并贯彻"创新、协调、绿色、开放、共享"的新发展理念，依照 2016 年 5 月《国务院办公厅关于建设大众创业万众创新示范基地的实施意见》、2017 年 6 月《国务院办公厅关于建设第二批大众创业万众创新示范基地的实施意见》等重要指示，将双创示范基地建设作为河南创新驱

---

① 河南省人民政府：《关于大力推进大众创业万众创新的实施意见》（豫政〔2016〕31 号），2016 年 5 月。
② 河南省人民政府办公厅：《关于支持大众创业万众创新基地建设的实施意见》（豫政办〔2017〕28 号），2017 年 2 月。

动发展战略的核心载体及重要抓手，加强顶层设计、统筹谋划、制度供给，依托双创示范基地建设构建全链条、全方位、网络化、立体化的双创综合服务体系，建成一批功能完善的支撑平台，集聚一批高端创新创业人才，促进一批重大科技成果转移转化，形成一批可复制推广的双创模式与经验。河南省改革创新先行区、双创服务引领区、创业创新示范区、双创生态优化区，带动形成全省双创蓬勃发展新局面，进一步促进新技术、新产品、新模式、新业态加速发展，进而培育新动能、发展新经济，推动全省大众创业万众创新向纵深发展。

二　河南省双创基地建设的基本原则

坚持政府引导，促进政策协同。通过试点示范基地建设促进各类双创主体政策统筹，更加注重政策前瞻性、引领性，实现区域、高校科研机构、企业等与政府部门政策高度联动，不断完善体制机制，确保双创扶持政策具体化、能落地、可操作，切实解决政策"最先一公里"及"最后一公里"问题，全面营造有利于双创的政策环境。

坚持市场主导，激活双创主体。倡导政府引导推动、市场化运作为主的双创基地建设模式。尊重创新创业规律，让市场配置资源。创新基地建设运营机制，鼓励骨干企业、创投机构、社会组织等各类双创主体采用PPP（政府和社会资本合作）、BT（建设—移交）、BOT（建设—经营—移交）等形式参与双创基地建设。通过制度设计、环境营造、平台搭建等办法，放开市场、放活主体，培育释放双创基地建设的内生动力。

坚持问题导向，鼓励先行先试。"一分布置，九分落实"，持续推动双创示范基地建设关键是"疏堵去痛"。应系统梳理不同阶段、不同领域双创基地建设的特点及难点，准确把握工作着力点，明确总体思路、战略定位、发展目标、基本原则、主要任务、政策举措、重点工程和保障措施，切实解决双创基地建设面临的瓶颈问题。努力营造鼓励创新、宽容失败的社会氛围，勇于尝试，大胆探索，开放视野、开放心态、开放举措，推动双创基地开放式发展。

三 河南省双创基地建设的主要目标

按照河南省人民政府办公厅《关于支持大众创业万众创新基地建设的实施意见》的工作目标，至 2018 年，河南省要集中建成一批创新创业活跃、资源要素集聚、服务功能完善、辐射带动力强的国家级、省级双创示范基地。同时，要搭建 500 个以上功能完善的支撑平台——技术创新平台、知识产权交易平台、人才培养平台、创业孵化平台、综合服务平台等。要落地转化一批科技成果——新增市场主体超过 1 万家，在孵企业总数达到 1 万家，其中科技型企业应达一半以上。要汇聚一大批创新创业人才——双创人才 10 万人左右、创新型领军人才超过 100 人、科技创新团队超过 200 支。此外，要形成并推广一批适应不同发展阶段和特点的双创基地建设模式与典型经验。至 2020 年，双创基地支撑服务能力显著提升，良好的双创发展生态基本形成，双创主体活力得到充分释放，创新型企业成长壮大，成为全省大众创业万众创新蓬勃发展的新高地，为全省经济社会转型发展提供强力支撑。

第二节　河南省双创基地建设的任务

河南省双创基地要想进一步形成推进创新创业深入发展的示范效应，应被赋予更高层次的任务使命。

一 双创基地建设成为发展新经济的示范者

河南省双创基地建设作为经济发展"新引擎"，直接作用于传统动能的改造提升，而且在培育新动能、发展新经济方面有强劲表现。2017 年河南省共认定高新技术企业 1115 家，其中新增高新技术企业 606 家，新增企业数量实现了倍增，全省有效期内高新技术企业达到 2270 家，比 2016 年增长 36.4%，高出全国平均增速 5.6 个百分点，河南省高新技术企业数量实现了历史上最快增长。河南自贸区新增入驻企业 13234 家，注册资本 1745.4 亿元，455 项省级经济社会管理权限下放到位，在同批自贸区中位居前列。郑洛新国家自主创新示范区引领作用凸显，新增高新技术企业数量占到全省 50% 以上。新培育 208 家河南省"科技小巨人（培育）"企业，其中，营收超亿元的"科技小巨人（培育）"企业 34 家。截至 2017 年底，累计培育"科技小巨人（培育）"企业 557 家，其中"科技小巨人（培育）"企业 47 家。知识密集型、高附加值的新产业新产品实现了较快增长。2017 年 1~11 月，战略性新兴产业和高技术产业增加值分别同比增长 11.7% 和 15.9%，分别高于规模以上工业 3.6 个和 7.8 个百分点；其中，液晶电视机产量增长 84.5%，锂离子电池增长 242.9%，太阳能电池增长 46.1%。2017 年 1~11 月财政用于科学技术、教育等领域的支出分别增长 24.4% 和 12.9%；生态保护和环境治理业投资增长 81.4%。

截至 2017 年底，河南省市场主体总量达到 503.2 万户，突破 500 万户大关，创下新高，居全国第五位、中部六省第一位。2017 年河南省新登记市场主体达 110.95 万户，相较于 2016 年的新登记市场主体 99.1 万户，同比增长了 11.9%。无论是市场主体总量还是新增量，均再创新高。从数据看，2017 年河南省市场主体总量增速由 2016 年的全国第 25 位跃居第 3 位；日均新登记企业 818 户，是商事制度改革前的 3.5 倍；同时，河南省每千人拥有市场主体数量增至 47 户，较商事制度改革前增长 92.3%。此外，企业活跃度指数达到 71.5，高于全国 70 的平均水平。企业活跃度指数的提升意味着河南省在推进商事制度改革、改善政务服务职能、提升营商环境等方面均取得了不俗成绩。截至 2017 年底，"双创"自身也面临向更大范围拓展、更深程度挖掘、更高层次提升的重大命题。双创示范基地的称呼中包括"示范"两字，所蕴含的一点即是要探索出可复制且可推广的经验，激发全河南创业创新活力，催生出更多的新技术、新产业与新业态，践行创新驱动发展道路，从而最终促进河南省新经济的发展。

二　双创基地建设成为先行先试政策改革的推动者

2017 年，河南省委、省政府紧跟国家关于深入推进双创工作的总体部署，制定出台了扶持鼓励双创发展的一系列政策落地实施的具体举措，有力推动了河南双创基地建设工作的全面、深入和快速发展。目前，河南省在推动大众创业万众创新方面针对不同的创业主体已出台十余项相关政策文件，其中包括促进大中型企业的《关于支持大中型工业企业开展大众创业万众创新的若干意见》，促进中小企业的《关于进一步促进河南省中小企业发展的意见》《关于进一步促进科技型中小企业发展的政策措施》，促进大学生创业的《河南省关于加强高等学校创新创业教育和大学生自主创业工作的实施意见》《关于进一步加强服务大学生自主创业工作的实施意见》《深化高等学校创新创业教育改革实施方案》，支持返乡下乡人员创业创新的《关于支持返乡下乡人员创业创新促进农村一二三产业融合发展的实施意见》，在引进人才方面的《河南省引进高技术人才暂行办法》《关于深化人才发展体制机制改革加快人才强省建设的实施意见》等，在促进个体经济发展方面的《河南省人民政府关于加快民营经济发展的若干意见》等。这些政策覆盖广、力度大、多层次的方针为河南省大众创业万众创新的新形势注入活力。比如，为了解决高层次人才不足的短板，出台《关于加强河南省高层次专业技术人才队伍建设的实施方案》，明确提出要以"高精尖缺"、创新型、引领型专业技术人才为重点，着力打造一批具有创新创造活力、能够推动河南创新发展的高层次专业技术人才。开辟引才"绿色通道"，对引进的高层次人才、急需紧缺人才等，可不受单位结构比例和岗位限制，通过特设岗位、动态调整岗位设置等方式评聘专业技术职务。鼓励高等院校、科研院所等事业单位在编在岗的专业技术人才携带自有科研项目和成果到企业开展创新创业或自主创办企业；5 年内可保留人事关系，由原单位发放基本工资，并保留其参加职称评审、岗位等级晋升等权利。为了充分发挥高校在双创工作中的教育引导方面的作用，出台

《河南省关于加强"十三五"时期全省高校就业创业指导队伍培训工作的意见》，明确高校"双创"教育要把"走出去"和"请进来"相结合，全面提升就业创业指导教师的综合素质与岗位技能，打造一支专业化、职业化兼具的"双师型"师资队伍。2017年12月1日，省人大常委会审议通过《河南省职业培训条例》，这是全国第一家省级层面出台的职业培训地方性法规。双创示范基地固然以"双创"命名，但其示范的不应仅仅是狭义上的创业创新，更应是供给侧结构性改革的一整套理念乃至措施。诸如"放"的方面，成果收益分配与科研经费使用制度改革试点、"证照分离"的商事制度改革试点等；"管"的方面，全省一体化在线政务服务平台运行、作为创新根本保障的知识产权保护等；"服"的方面，构筑完备的创业创新服务链、推动多方协同创新与开放共享等。凡此种种，河南省双创基地建设都要采取硬措施，不可只有示范基地的"面子"，还要有实打实改革的"里子"。

三 双创基地建设成为河南企业融资和"一带一路"的引领者

当前中国的外贸形势非常严峻，归根结底，促进外贸回稳向好旨在练好"内功"。当前，中西部是中国经济最大的回旋余地，是稳住进出口的战略腹地，应在承接加工贸易转移、到东部招商引资、国际贸易"单一窗口"等建设中扮演更加重要的角色。河南省要践行好习近平总书记提出的"一带一路"倡议，关键一点就是让创新成为"一带一路"的底色。2016年河南省财政科技支出95.5亿元。其中，设立郑洛新国家自主创新示范区建设专项资金3亿元，重点支持培育主导产业和创新主体、建设重大创新平台、集聚高端创新人才等；省级财政预算安排河南省科技金融引导专项资金，主要采取科技信贷损失补偿等方式支持为河南省境内科技企业提供融资服务的银行、担保机构等。同时，筹备设立了首期规模5亿元的河南省科技创新风险投资基金和首期规模3亿元的郑洛新科技成果转化引导基金。2016年河南省政府办公厅连续出台《2016年河南省融资对接金融服务行动专项方案》《2016 年河南省助力大众创业工作方案》，提出通过设立创业投资引导基金、发放担保贷款等方式，加大金融支持双创力度。2017 年河南省财政厅、科技厅联合设立首期规模 10 亿元的郑洛新国家自主创新示范区创新创业发展基金，其中河南省财政出资 3 亿元。为了支持高新技术企业的发展，出台《河南省加快培育高新技术企业行动计划》，统筹经费 8500 万元，对首次认定的高新技术企业给予最高 30 万元的配套奖补，全面支持高新技术企业发展壮大；出台《河南省企业研究开发财政补助实施方案》，对高新技术企业给予最高 200 万元的研发补贴，730 家高新技术企业获得研发补助金额 4.7 亿元，约占全省补助总额的 80%。为进一步激励创新创业，解决初创企业的融资难问题，出台《河南省小微创业者激励计划》，从清除创业壁垒、加强资金扶持和政策扶持等方面激励小微创业者，其中，给予符合条件的小微企业最高不超过 200 万元、最长不超过 2 年的创业担保贷款；河南省财政厅与中原银行共同出资 100 亿元（河南省财政厅出资 10%，中原银行出资 90%），设立河南省中小企业发展基金，重点支持在产品、技术、渠道等方面拥有核心竞争力，并且风险可预期的初创期、成长期中小企业。截至 2017 年 9 月，河南省新三板企业共有 377 家，居中部六省第二位，与第一位的湖北仅相差 18 家，是山西新三板企业数量的 5.2 倍。新三板作为全国性的非上市股份有限公司股权交易平台，不仅仅是支持高新技术产业的政策落实，更重要的意义在于它为建立全国统一监管下的场外交易市场进行了积极的探索。新时代背景下，河南借助中欧班列（郑州）、郑州 E 贸易、中铁装备等擦亮"河南名片"，但要想持续演奏好"一带一路"上的"中原音符"，则需要进一步推进河南双创基地建设，打造河南双创升级版，带动河南成为中西部创新创业高地。

四 双创基地建设成为河南打造双创"升级版"的实践者

新形势下打造河南省双创"升级版"，进一步提升全省双创水平，是一个迫在眉睫的问题，河南省各类双创基地建设作为重要抓手，将面临更高的实践任务。创新创业载体逐步呈现多元化、精细化和专业化特征，构建了全方位、全链条的支撑体系和公共服务平台，大中小企业融通发展的局面初步形成，各类创新创业载体规模持续扩大，实现全省18个省辖市全覆盖，基本形成了较为完善的创新创业孵化体系。继2016年中信重工、郑州航空港实验区入选国家首批双创示范基地之后，2017年河南省鹿邑县、许昌市城乡一体化示范区入选国家第二批双创示范基地。2017年，河南省确定首批57个双创基地，包括18个区域双创基地、12个高校科研院所双创基地、27个企业双创基地。省级以上孵化器在孵科技企业数量达到6733家，省级以上科技企业孵化器在孵企业营业收入达226.7亿元；拥有知识产权数量8443项，累计毕业企业达4663家，毕业企业上市挂牌163家，吸纳就业人数达到15万人。

2017年河南省动漫产业科技企业孵化器等6家备案为国家级科技企业孵化器，数量居中西部地区首位、全国第4位；台科创酷众创空间等24家备案为国家级众创空间，数量居全国第9位，较河南省2016年备案数量增长3倍。截至2017年底，全省国家级孵化载体达到80家，国家级星创天地总数达到50家。全省省级以上科技企业孵化器拥有在孵企业8550家，累计毕业企业5922家，累计上市（挂牌）企业181家，提供就业岗位19万个，拥有有效知识产权14674项；全省省级以上众创空间当年服务企业和团队15870家，服务的企业、团队累计获得投融资金额11.69亿元。河南省智能农机创新中心、新型成像技术创新中心、轴承创新中心、先进耐火材料创新中心、起重物流装备创新中心、智能工厂系统创新中心、功能金刚石材料创新中心、猪肉制品加工创新中心、高性能医疗器械创新中心、动力电池创新中心以及高效能铝基新材料创新中心11个单位被列为首批省级制造业创新中心培育单位。河南"南阳防爆装备制造创新型产业集群"被纳入国家第三批创新型产业集群试点名单，南阳西峡冶金功能材料、商丘睢县智能终端2家特色产业基地入选国家火炬特色产业基地，创新型产业集群试点（含培育）和国家火炬产业基地总数分别达到 3 家、12 家，全省创新龙头企业总数达到 100 家。河南省首个诺贝尔奖获得者工作站——2011 年诺贝尔化学奖得主丹·谢赫特曼工作站入驻郑州高新区。

截至 2017 年底，全省省级以上双创示范基地累计达到 73 家，小型微型企业创业创新示范基地 12 家，众创空间、大学科技园等达到 233 家。全省国家级科技企业孵化器总数达到 30 家，国家级众创空间数量达到 14 家，数量居中西部省份前列；省级以上科技企业孵化器、大学科技园、众创空间等各类创新创业孵化载体达到 325 家。2017 年共有省级以上企业技术中心 1136 个，其中国家级 84 个；省级以上工程实验室（工程研究中心）616 个，其中国家级 46 个。国家级工程技术研究中心 10 个，省级工程技术研究中心 1287 个；省级重点实验室 184 个。全年申请专利 119243 件，比上年增长 26.0%；授权专利 55407 件，比上年增长 12.7%。截至 2017 年底，有效发明专利 28615 件，比上年增长 26.6%；每万人口拥有发明专利量 3.0 件，比上年增长 25.0%。实现专利权质押融资额 15.5 亿元，比上年翻了一番。签订技术合同 5877 份，技术合同成交金额 76.93 亿元，增长 30.0%。

区域双创基地建设任务重点在于推进服务型政府建设，完善双创政策措施，完善双创支撑载体，提升双创公共服务能力，促进产业与双创融合，加大双创人才引进培养力度，优化创新创业生态，加强双创文化建设；高校科研院所双创基地建设任务重点在于强化人才培养和流动，加速科技成果转移转化，推动创新资源开放共享，完善创业人才培养和流动机制，加速科技成果转化，构建大学生创业支持体系；企业双创基地建设任务重点在于加快支撑平台建设，推动产业链协同创新，开放企业双创资源，激发员工创新活力，构建适合创业创新的企业管理体系，拓展创业创新投融资渠道。

第二章
河南双创基地建设的思路、规划与举措

从 2016 年 5 月，国务院提出建设第一批 28 个大众创业万众创新示范基地，河南省的郑州航空港经济综合实验区获批区域示范基地，中信重工入选企业示范基地，到 2017 年 2 月河南省政府提出建设 57 个省级双创基地，再到 2017 年 5 月，国务院提出建设第二批 92 个双创基地，其中，河南省的许昌市城乡一体化示范区、鹿邑县入选，至此，河南省双创示范基地共计 61 个，其中，国家级双创示范基地 4 个，省级双创示范基地 57 个。河南省推动双创基地工作过程中，强调总体谋划、顶层设计，出台了关于双创基地建设的实施意见和一批支持政策，同时，国家级和省级双创基地都根据自身基础和特色出台了双创基地建设的工作方案，从总体上谋划双创基地发展的总体思路、目标规划和主要举措，确保双创基地建设快速有序推进。

第一节　河南省双创基地建设的思路设想

河南省在建设双创基地过程中一直强调顶层设计、总体布局。从类型方面看，河南省建设的 4 个国家级双创示范基地中，3 个为区域示范基地，1 个为企业示范基地；57 个省级双创示范基地中，18 个为区域双创基地、12 个为高校科研院所双创基地、27 个为企业双创基地。从布局方面看，河南省双创基地建设工作中包括了河南省全部的 18 个地市，其中有 16 个地市承担了国家级和省级区域双创示范基地建设，南阳和焦作主要承担了

高校科研院所双创基地和企业双创基地建设。从双创基地建设的总体思路来看，每个双创基地都制定了工作方案，对双创基地建设进行规划和设计。总体来看，河南省双创基地建设思路主要表现出如下几方面的特点。

一　依托原有基础

建设双创基地是推动大众创业万众创新发展的重要抓手，要通过 3 年左右的时间，通过体制机制创新、构建双创生态、完善支撑平台、集聚创新人才、加快成果转化等途径，形成可复制、可推广的经验或模式，从而实现开创双创工作新局面。因此，双创基地的建设往往依托于原有的发展基础。从双创基地名单来看，区域双创基地中，多数都是各个省辖市的经济技术开发区，或是高新技术开发区、科技产业园区等；高校科研院所双创基地中，既有河南省综合实力较强的郑州大学、河南农业大学等，也有全国领先的民办大学黄河科技学院，以及教育部应用技术试点院校的黄淮学院等；企业双创基地中，包括制造行业龙头、掌握核心技术的中信重工、许继集团、平煤神马能源化工等，也包括高新技术领域的中航锂电、中航光电、汉威电子、农信物联科技等，以及商业模式创新方面比较突出的鲜易控股、聆海整体家具等。可以看出，无论是区域双创基地，还是高校科研院所双创基地、企业双创基地，都是具备一定发展基础，甚至是在大众创业万众创新走得比较靠前的区域、高校或者企业。由这些相对领先的地区、高校、企业建设双创基地，更容易在体制机制创新、科技创新、人才集聚、商业模式创新等方面形成可复制、可推广的经验或模式，进而对其他地区、高校和企业起到示范带动作用。

二　突出发展特色

从双创基地建设的规划和构想来看，总体上能够体现出不同类型、不同领域的双创基地都强调突出自身的特色，使得双创基地建设更具有示范性、代表性。例如，区域双创基地中，郑州航空港经济综合实验区注重在开放创新、创新资源集聚、航空经济、高新技术产业、商业模式创新方面的探索；鹿邑县实施"凤还巢"工程，积极探索"输出打工者，引回创业者，带动就业者"的鹿邑双创模式，侧重于农民工返乡创业方面的探索；许昌城乡一体化示范区则注重于创新驱动发展、新型产业发展，以及产城融合方面的探索；新乡市牧野区则突出新能源电池、电动车产业，依托化学与物理电源产业园区建设双创基地。在高校科研院所双创基地中，郑州大学依托较强的科技创新能力，围绕学校"双一流"建设，注重于协同创新、科技成果转化、高技术企业孵化、人才培育等方面的探索，致力于建设国家级大学科技园；河南农业大学立足于自身学科优势，打造"河南省现代农业技术创新的汇聚平台、农业科技成果转化与技术转移的孵化中心、农业人才创新创业教育的培育基地"；黄河科技学院注重于创新创业人才培养、科技成果转化、创新型企业孵化，构建"培育链—创新链—政策链—资金链—产业链"多链条衔接的双创基地建设模式；黄淮学院则注重于在学校治理结构、学科专业设置、人才培养模式、师资队伍建设等方面进行改革，强化创新创业人才的培养。企业双创基地方面同样突出特色，中信重工、中铁工程装备集团、一拖集团等龙头企业突出激发科技创新活力、培养工匠精神、实现关键性技术突破等方面，中航光电、汉威电子、农信物联、普莱柯生物等企业注重在光电信息、新能源、物联网、生物医药等高新技术领域的创新；鲜易控股、聆海整体家具等企业侧重于商业模式方面的创新。

三 注重改革创新

从 2015 年 6 月，国务院出台的《关于大力推进大众创业万众创新若干政策措施的意见》，到 2017 年 7 月，国务院出台的《关于强化实施创新驱动发展战略进一步推进大众创业万众创新深入发展的意见》，以及 2018 年 9 月，国务院出台的《关于推动创新创业高质量发展打造"双创"升级版的意见》，都始终强调通过改革创新在全国上下激发创新创业的活力，营

造有利于大众创业万众创新的政策环境、制度环境和舆论氛围。国务院在
2016 年和 2017 年两批双创示范基地建设的指导意见中，都在开篇、重要
位置提出了"突破一批阻碍双创发展的政策障碍"的表述。因此，河南省
在推动双创基地建设的过程中，将改革创新放在了重要的位置，针对区域
双创基地，提出要完善双创支撑载体、提升双创公共服务能力、促进产业
与双创结合、加大人才引进培养力度、优化双创生态；针对高校科研院所
双创基地，提出要强化人才培养和流动、加速科技成果转移转化、推动创
新资源开放共享、加强双创支撑服务能力建设；针对企业双创基地，提出
要加强支撑平台建设、推动产业链协同创新、开放企业双创资源、激发员
工创新活力。政策措施方面，对双创基地在重大项目建设、平台建设运营
机制、平台开放共享、创业孵化、双创人才和团队培养、知识产权服务、
开放创新、服务型政府建设、鼓励人才流动、科技成果转移转化等方面都
提出了改革创新要求。

四　分期分步实施

国务院在《关于建设大众创业万众创新示范基地的实施意见》[①] 中提
出，"力争通过三年时间，围绕打造双创新引擎，统筹产业链、创新链、
资金链和政策链，推动双创组织模式和服务模式创新，加强双创文化建
设，到 2018 年底前建设一批高水平的双创示范基地。"同时，在第一批和
第二批双创示范基地建设中，都明确了制定工作方案、推进示范基地建
设、督促检查和第三方评估等步骤安排。因此，河南省在《关于支持大众
创业万众创新基地建设的实施意见》中，以 2018 年和 2020 年为时间节点，
制定了省级双创示范基地建设的总体目标，其中在创新平台、科技成果转
化、创新创业人才等方面提出了定量和定性的目标，同时明确了工作步

---

① 国务院办公厅：《关于建设大众创业万众创新示范基地的实施意见》（国办发〔2016〕35
号），2016 年 5 月。

骤，要求 2017 年 3 月完成双创基地建设工作方案的编制，2017 年底，省发改委开始按照建设工作方案中的时间表和路线图组织开展第三方评估。通过时间表、路线图的设定，能够督促双创基地加快建设的实施进度，有利于及时形成可复制、可推广的经验和模式，进而带动全省的双创发展。因此，57 个省级双创基地在建设工作方案中，基本上都根据省政府的要求依时间节点制定了相应的发展目标，以及工作实施的时间表、路线图，分期分步推动双创基地建设的工作。

五　强化项目支撑

河南省在实施双创基地建设的过程中，强调以项目建设为抓手，在《关于支持大众创业万众创新基地建设的实施意见》的建设任务部分，针对区域双创基地、高校科研院所双创基地和企业双创基地三类都明确提出"强化重点工程支撑"，并针对三类双创基地提出了不同的要求，确保双创基地建设能够落到实处。其中，针对区域双创基地，提出"实施服务型政府建设、双创载体建设、支撑服务能力建设、双创主体培育、协同创新推动、双创人才集聚、金融双创结合等一批重点工程"；针对高校科研院所双创基地，提出"实施创新型人才培养、双创支撑平台建设、科技成果转移转化、大学生创新创业等一批重点工程"；针对企业双创基地，提出"实施双创平台建设、双创资源开放、企业创客培育等一批重点工程"。根据省政府的要求，河南双创基地在设计建设工作方案的过程中，都将重点工程和项目作为谋划双创基地建设的关键部分。例如，郑州市高新区谋划了一批具体项目建设，包括众创空间、科技企业孵化器、智慧园区系统管控服务中心、九大创新创业产业园区、产学研协同创新基地、创新创业服务平台等；郑州市经济技术开发区的重点工程相对侧重于宏观谋划，实施双创与产业融合工程、双创与开放融合工程、全域双创载体化工程、双创资源集聚工程、双创服务体系优化工程、双创生态构建工程共六大重点工程。

六　做好政策保障

无论是国务院，还是河南省，在实施双创基地建设的过程中都明确了时间表，要求经过三年左右的时间，在双创发展生态、双创支撑平台、创新创业人才集聚、科技成果转化转移、新经济发展等方面取得一定成效，形成一批可复制、可推广的双创模式和典型经验。因此，河南省在谋划双创基地建设的过程中，在政策保障方面强化了监督和问责机制。一是明确工作步骤、时间表和路线图，以 2018 年和 2020 年为时间节点，制定了双创基地建设的目标，并要求 2017 年 3 月完成双创基地建设工作方案的编制，2017 年底，省发改委开始按照建设工作方案中的时间表和路线图组织开展第三方评估，并对成熟经验进行推广。二是落实工作责任，由省发改委牵头组织、联合相关部门对双创基地建设进行指导，并进行重大问题研究，完善支持政策，建立相关支持政策，形成发展合力，确保双创基地建设的工作顺利推进。三是加强跟踪问效，要求每个双创基地定期报送信息，保持对双创基地建设的持续跟进，及时发现双创基地建设中的问题，并通过政策协调不断破解难题，有序推动双创基地建设。同时每年的第四季度，由省发改委组织进行年度性的双创基地建设评估，建立双创基地动态管理制度。

第二节　河南省双创基地建设的路径规划

在双创基地建设的路径规划方面，河南省落实国务院关于双创基地建设的意见和精神，在《关于支持大众创业万众创新基地建设的实施意见》①中提出了双创基地建设的时间表，同时出台一批政策举措，来规划双创基

---

① 河南省人民政府办公厅：《关于支持大众创业万众创新基地建设的实施意见》（豫政办〔2017〕28 号），2017 年 2 月。

地建设的路径，为首批双创基地建设提供方向和指引。同时，双创基地通过制定和规划建设实施方案，对自身的建设路径进行谋划。总体上来看，河南省双创基地建设主要从以下几方面入手。

一　着力提升规划建设水平

河南省在双创基地建设之初，就明确了建设的总体要求、发展目标、时间表和建设任务等，同时，双创基地在设立过程中就强调了突出特色，因此，双创基地根据自身特点和发展目标做好规划，坚持问题导向，找准基地建设的着力点，在双创基地建设的过程中就显得尤为重要。河南省支持双创基地建设的实施意见当中，明确要求了双创基地要积极编制建设工作方案，作为发展的行动指南，当中要明确总体思路、战略定位、发展目标、基本原则、主要任务、政策举措、重点工程和保障措施。除此之外，明确要求给予双创基地建设大量政策支持，例如将双创基地建设方案中的重大项目列入省重点项目管理，加强资金、人才、土地、环境容量以及水电气暖、通信网络等方面的支持和保障，为双创基地建设中的重点项目开辟审批的绿色通道，省、市财政资金优先支持双创基地的重大项目建设，积极争取中央的资金支持。投融资方面，采用政府引导推动、市场化运作为主的方式，一方面要求政府投融资平台积极为双创基地建设的重大项目提供投融资支持，另一方面鼓励企业、风险投资等社会力量和政府采用PPP模式参与双创基地建设。运营方面，支持各双创基地与国内外高水平的专业化机构参与双创基地的管理运营。从双创基地的工作方案来看，郑州市高新区在双创基地建设中谋划了大学科技园、创业中心、郑州软件园、电子电器产业园、中原广告产业园、电子商务产业园六大园区，因此对产业园的建设运作重视程度较高。建设方面，由高新区管委会下属的开发公司进行项目融资、土地开发、招商引资等工作。日常运营方面，提出政府引导、企业主导、社会参与、市场化运作的方式，在高新区管委会的统一指导组织下，六大园区的各管理办公室实施管理，引入郑州北软科技服务有限公司、河南汉威电子股份有限公司、郑州金源创业孵化器有限公司等企业采取企业化、市场化运作机制进行建设、运营和管理，同时建立起相对完善的监督管理、风险防控、考核评价等方面机制，保障园区的稳步发展、逐渐完善、长效收益。

二　大力推动双创平台建设

河南省在《关于支持大众创业万众创新基地建设的实施意见》中明确提出了支持技术创新、创业孵化、综合服务、人才培养和知识产权专业服务五类平台建设。其中，技术创新平台主要由高等院校、科研院所和创新型企业建设，同时引进国内外一流大学和科研机构，形成产业技术联盟、创新联盟等创新组织，加大力度培育面向市场的、专业化的新型研发机构，支持建设企业技术中心、工程（重点）实验室等高水平创新平台，由省级财政对高水平的创新平台建设给予支持，并优先保障用人、用地等方面的需求。创业孵化平台是激发双创活力的重要平台，河南提出要加快发展以创客空间为代表的孵化模式，建设低成本、便利化、全要素、开放式的创业孵化平台，积极推广"孵化＋创投"模式，打造一批不同类型的创新型孵化器，支持建设"众创空间＋孵化器＋加速器＋产业园"，形成全过程的双创孵化链条。综合服务平台主要由区域双创基地建设，一是加强"一站式"的政府服务平台，综合发改、土地、环保、工商、税务等不同的部门职能，实现创新创业便利化；二是建设包括研发设计、检验检测、技术服务、科技金融等方面的专业化公共服务平台，为双创发展提供各方面的服务；三是建设"互联网＋服务"平台，提升服务效率和信息化水平。人才培养平台主要是由高校科研院所双创基地建设，通过人才培养平台开设创新创业相关的课程，加强校银企对接，共同建设实训基地、创新创业园，使人才培养更加符合双创发展的趋势和要求。知识产权专业服务平台方面，主要是依托国家技术转移郑州中心、国家知识产权局专利审查河南中心以及河南技术产权交易所等平台，加强创新成果的转移转化，引进和发展一批专业知识产权服务机构，为知识产权的展示、评估、交易、融资、运营、市场化等方面提供专业服务。

三　改革激发创新创业活力

中央在全国推动大众创业万众创新之初，就强调通过体制机制改革在全社会激发创新创业的活力，因此，河南省在建设双创基地的过程中将改革创新作为重中之重进行谋划。一是提升政府服务的水平。积极落实中央和河南省政府关于"放管服"改革的各项措施，围绕制约双创发展的"堵点"、影响干事创业的"痛点"以及政府服务和市场监管的"盲点"，积极在行政和投资审批、职业资格、行政收费、商事制度等方面创新体制机制，破解"中梗阻"和"最后一公里"等问题。同时推进政府信息和服务公开，主动向社会公开政府权力和责任清单，优化办事流程，推动政府办事和服务流程公开化，推行"互联网＋政务"服务，提升政府的办事效率和透明度。二是创新科技成果转移转化的激励机制。例如，许昌城乡一体化示范区提出建设"双创线上服务平台"，探索实行审批职责、审批事项、审批环节"三个全集中"，打造"一次办妥"，实现"平台之外无审批"，大幅提升行政审批效率。三是创新科研成果转移转化机制。全面落实《中华人民共和国促进科技成果转化法》，探索符合创新发展要求的科研经费管理制度，逐步将科技成果使用、收益和处置权下放，提高科研单位将科技成果转让收益用于奖励的比例，鼓励科研单位将知识产权以股权形式奖励研发人员，逐步健全和完善科技成果、知识产权的归属和利益分配机制。例如，郑州大学谋划构建科技成果管理、转化、服务相结合的一体化工作体系，利用大学科技园及其他成果转化平台，加快科技成果转移步伐；出台新的科研项目和经费管理办法，保障横向项目的顺利推进；鼓励教师将科研成果转让转化，允许科研人员在企业兼职，鼓励科研成果与社会资本对接；鼓励教师、科研人员参与科技成果转化，成果转化收益学校与教师三七分成，成果作价入股的，学校与科研团队二八分成。

四 集聚创新创业人才团队

人才是创新创业发展的根本所在，促进创新创业人才流动、集聚创新创业人才团队是双创基地建设中的必然选择。河南省提出，鼓励省级双创基地的高校和科研院所人员经单位批准，带着创新项目和成果到企业参与创新创业。改革科研人员的薪酬和岗位管理方式，打破人才流动过程中人事关系、社会保障等方面的体制机制障碍，建立海外人才创新创业基地，集聚全世界创新创业人才团队。例如，郑州航空港经济综合实验区出台专门的政策文件，对于重点研发项目、创新平台建设、技术成果转移转化服务以及企业创新成果进行奖励；对于关键产业引进领军人才和团队的企业进行资金扶持，对做出突出贡献的人才和创业团队进行奖励和资助，对于大学生、退役军人、失业人员、返乡农民工进行创业的，除落实省市相关政策外给予配套资金支持；按照一定标准给予不同层次人才购房补贴、租房补贴或人才用房。郑州大学大力引进海内外一流人才，对高层次创新创业人才建立引进的绿色通道，对在郑州大学科技园工作的双创人才在考核和岗位管理方面特事特办，工资待遇方面采用协议工资制、年薪制、项目工资等方式灵活处理；对高水平创新创业团队进行长期稳定支持，对具有重大经济和社会效益的创新创业团队，奖励采取"一事一议"；建设高层次创新人才公寓，通过完善生活保障措施激发双创人才全身心投入到创新创业工作当中。

五 营造创新创业发展环境

河南省建设双创基地过程中注重营造创新创业发展环境，一方面厚植双创文化，在全社会激发创新创业热情，另一方面加强对知识产权的保护，创造公平竞争的市场发展环境。河南省提出，加大支持创新创业政策的宣传，加强科技创新成果、创新创业先进典型的传播力度，举办各种类型的创新创业比赛、"互联网＋"创业大赛等活动，形成一批具有影响力的双创活动品牌。营造鼓励创新创业、宽容失败的双创发展氛围，大力弘扬企业家精神和创客精神，倡导敢于创新的双创文化和价值导向。加强社会信用体系建设，加强对于侵犯知识产权行为的打击和处罚力度，切实保障创新创业者的合法权益。中信重工以创客文化推动双创发展，促进产业转型升级，习近平总书记、李克强总理等党和国家领导人曾到中信重工考察指导。中信重工在双创基地建设过程中，通过技术创客群、工人创客群、国际创客群、社会创客群四类创客群建设，营造鼓励创新、宽容失败的创客文化，大大提升了员工和社会创客的积极性，激发创新创业活力。其中，技术创客群以首席技术专家为引领，主要瞄准重型装备产业链的全过程研发，致力于攻克具有全局影响、带动性强的关键共性技术，推广应用绿色化、智能化、协同化的新技术发展模式，将工业互联网、云计算、大数据等先进方式应用到企业研发、生产、管理、销售的全过程。工人创客群以大工匠为引领，以"一核心、四关键"为抓手，发挥一线高级技师的带动作用，致力于提升生产一线的技术水平和生产效率，形成典型工艺规范，弘扬大工匠精神。国际创客群注重利用国际人才和市场资源，逐步建立以海外基地为核心的国际化创客团队，建立全球产业链体系，助推公司向国际化企业转型。社会创客群则偏重于利用双创平台资源，加强与河南科技大学等高校、科研院所以及产业链上下游企业的协作创新，协同解决重型装备产业链各个环节的难题，并带动社会的创业和就业。

六　加大政策支持保障力度

河南省通过多种措施加强对于双创基地建设的人才、土地和资金支持，创新科技金融发展机制，为双创基地建设提供政策保障和支持。统筹省级财政在科技、教育、产业等方面的资金，综合运用股权、贷款贴息等方式支持双创基地重大项目建设。双创基地建设过程中获得的工业用地、科研用地，在开发、建设、登记等方面给予政策支持，创业载体在不改变孵化用途的前提下，可以转让或出租。鼓励各省辖市通过财政设立双创引导基金等，引导社会资本投资创新创业活动，创新科技金融发展模式。例如，郑州航空港经济综合实验区推进双创的支持和奖励政策中，对产业发展、企业创新、市场开拓、双创载体建设和运营、公共技术平台建设、企业创新、成果转化和人才引进方面都有配套资金支持或奖励。创新科技金融发展模式，鼓励天使基金、创投基金对于种子期、初创期企业的投资，并给予创业投资企业一定的税费减免，对创业投资机构给予风险补偿和租金补贴，对科技型中小企业进行贷款贴息。探索实施创新创业券，制定政府购买社会创业服务的制度和清单。许昌城乡一体化示范区统筹财税、金融和投融资支持，除了落实国家、省对于双创基地建设的政策和资金支持外，许昌市还按照一事一议的原则对于重大项目给予支持；加快双创金融服务机构发展，探索开展"政府＋银行＋保险（担保）"融资模式；通过财政资金撬动社会资本参与双创基地建设，建立"刚性投融资平台"和"柔性投融资链接平台"，吸引各方资金向双创示范基地集聚。

第三节　河南省双创基地建设的主要举措

河南省双创基地建设启动以后，各个双创基地注重以深化改革创新为引领，以提升自主创新能力为目标，以体制机制创新为突破口，以完善服务体系和平台建设为支撑，着力优化政策供给、强化主体培育、加强金融支持、办好路演赛事活动，营造了浓厚的双创环境氛围，有效地发挥了示范引领作用，为河南产业转型升级和新旧动能接续转换提供了重要支撑。由于三类双创基地的功能定位不尽相同，在具体做法和成效上各有特色。通过实际调研发现，河南的双创示范基地都能围绕提升规划建设水平、支持支撑平台建设、促进双创资源集聚、营造良好发展环境四个方面进行总体布局，科学谋划发展思路，采取有力措施推动双创基地健康发展。

一 河南省双创基地建设的主要举措

（一）区域双创基地：以优化双创环境为核心，着力构建双创生态体系

通过对郑州航空港经济综合实验区、郑州高新技术产业开发区、洛阳市高新技术产业开发区、新乡市化学与物理电源产业园区、濮阳经济技术开发区、许昌市城乡一体化示范区、鹤壁市商务中心区 7 家双创基地的调研发现，区域双创基地通过集聚创新创业优势资源，针对创新创业重点领域、主要环节、关键群体，继续探索创新、先行先试，吸引创新创业资源要素向双创示范基地集聚，确保各项双创支持政策在本地落地生根，逐步建立完善多元化、特色化、专业化的创新创业制度体系。

1. 完善配套政策机制，支持新兴业态发展

郑州航空港经济综合实验区、郑州高新区、洛阳高新区等双创发展效果较好的园区，离不开管委会提供的专业化服务保障，特别是都拥有一批园区运营的专业化市场化的灵活高效的管理团队，在双创基地项目筛选、商业模式选择、融资渠道服务等方面为双创主体提供增值服务，免除了初创企业的后顾之忧，为双创示范基地的中后期持续发展提供了综合保障。例如，郑州高新区相关公司在郑州高新区管委会和各大园区管理办公室的指导监督下，按照市场规律对园区投入的资金、土地、存量资产和特许经营权等进行企业化运营，具体履行投融资、国有资产运营、开发建设、招商引资等职能。开发与运营公司作为独立的法人实体和竞争主体，按现代企业规范制度运作，自主经营、自负盈亏。在人员设置上，管理层原则上由管委会领导交叉任职，实行"市场主导、政府监督"的管理模式；部分专业人员面向社会公开招聘。这些措施既规避了市场风险，又保证了国有资产保值增值，实现了良性循环发展。鹤壁市商务中心区围绕智能制造、电子信息、互联网及服务贸易等重点产业领域，加快实施观景大厦电子电

器产业加速器项目等，孵化了国立光电等知名文创企业。

2. 完善载体平台建设，引领高端双创资源要素集聚

如郑州航空港实验区坚持"产创融合"发展理念，围绕产业链部署创新链，通过双创强链补链，依托国际智能终端（手机）生产基地等平台优势，积极对接国内高校和科研院所，加快科技成果向区内转化，引导科技创新型企业向区内集聚。许昌市城乡一体化示范区对接高技术，加速产业化，以政府主导、市场化运营模式，建设了市级科技公共服务平台——许昌科技大市场，为全市尤其是基地企业和创新创业者提供科技咨询、研发设计、管理咨询、市场推广、企业孵化等一揽子服务；着力聚人才，注入新活力，以"许昌英才港"为载体，全力实施许昌市人才战略——"许昌英才计划"。新乡市化学与物理电源产业园区依托园区创业服务中心，集聚了中科院青促会科创基地、中科青年创新促进会、国家工业设计产业研究院、中国产业园区国策委员会、中关村股份投资协会、中关村信息谷资产管理有限公司、中小企业知识产权投资融资公共服务联盟、清华大学数字城市研究所、浙江大学新型电池材料与应用技术研究实验室等高端创新资源。

（二）高校科研院所双创基地：以改革科教体制为重点，着力集聚双创资源要素

通过对郑州大学、洛阳理工学院、黄淮学院、许昌学院、黄河科技学院5家高校科研院所双创基地的调研发现，高校科研院所双创基地注重于充分挖掘人才和创新资源优势，以深化教育、科技体制改革促进科技成果加速转移转化为目标，结合自身办学定位，着力集聚双创资源要素，助力区域经济发展。

1. 加强顶层设计，明确目标定位

郑州大学以大学科技园为依托，重点打造科技创新、科技成果转化、高新技术企业孵化、咨询决策创意、高端国际合作交流、创新创业人才培养、金融服务、公共服务八大平台。洛阳理工学院依托洛阳理工学院大学科技园有限公司，重点培育孵化大数据研发、电子商务、智能装备、石墨烯及新材料应用、环保与环境工程、VR 智能与人工智能、智慧城市、河洛文化及"一带一路"创意产品等创业团队，突出依托学校学科优势，注重引导社会资源、生产要素、创新技术向"双创主体"集聚。黄河科技学院着眼河南省创新驱动发展战略和产业发展需要，在双创人才培养、双创人才流动、科技成果转化、大学生创业支持体系、双创支撑服务体系五个方面，不断优化双创生态环境，建立宽容失败的政策保障和激励机制，加强双创人才培养，构建大学生创业支持体系和服务保障体系；学校设立双创基地建设领导小组，成立双创协同理事会，负责基地建设的领导决策和顶层设计；成立创新科技平台、校企战略合作、智慧校园等专项工作小组，实行项目负责制；设立"双创基地"专项建设经费，改进科研项目资金管理，简化经费预算，强化创新创业奖励制度和激励机制。

2. 创新双创理论教育，注重实践能力提升

郑州大学在大学生创新创业教育方面建立了包括学校大学生创新创业基地和院系大学生创新创业基地在内的创新创业开放实验平台，利用网络技术、物联网技术、视频监控技术、VR 技术构建基于现实与网络虚拟结合的教学环境，探索出了"嵌入企业行为的创新创业教育实践"创新创业教育课程。黄淮学院将创新创业教育融入专业教育构建产教深度融合的创新创业教育生态体系，积极整合利用校内外各种资源，依托大学生创新创业园，成立创新创业学院，优化课程结构，践行"五个融入"教育教学模式，探索"创新创业创意创造"创新实践模式。洛阳理工学院通过持续开展大学生创业大赛、创业训练计划项目、实习实训等活动，营造并逐步增强全校创新创业氛围，通过"体验式""模拟式"教育推动学生进行创新创业实践。

3. 注重服务模式创新，打造双创生态服务链

郑州大学采取"集中建设、开放共享、专管共用、有偿使用"的模

式，积极探索学校大型仪器装备开放共享管理的新模式，先期已建设、开放共享郑州大学现代分析与计算中心、超级计算中心、医学科学院转化医学等三个平台，取得了良好的社会和经济效益，为高校开放资源共享平台积累了有益经验。

（三）企业双创基地：以开放协同创新为抓手，着力激发双创主体活力

通过对昊华骏化集团有限公司、河南黄河旋风股份有限公司、汉威科技集团股份有限公司、普莱柯生物工程股份有限公司、河南科隆集团有限公司、河南聆海整体家具有限公司6家企业双创基地的调研发现，这些双创基地主要围绕产业转型升级，不断加快建设双创支撑平台，加速释放创新潜能，以产业链协同创新为支撑，着力激发双创主体活力。

1. 完善创新创业的激励机制

河南黄河旋风股份有限公司通过落实"中原学者"等人才工程，积极引进一批具有国际视野和拥有国际领先成果的高层次领军人才；不断探索建立适应创新规律的科研经费管理制度，制定实施科研人员股权和分红激励政策，鼓励科技成果以股权或者出资比例形式给予科技人员个人奖励；不断加大科技投入支持重大项目建设，围绕企业转型升级方向，以产业链协同创新为支撑，加大科技投入力度，支持重大项目建设；整合企业内外部资金资源，优化企业内生双创和社会化双创，完善投融资服务体系，为双创项目和团队提供全方位的投融资支持。昊华骏化集团有限公司鼓励内部员工、社会公众申报项目及工艺改进项目，立项后从研发设施、人才培养、资金扶持等方面支持研发及创新，并设置奖励机制。

2. 搭建专业研发和产业化平台

昊华骏化集团有限公司双创基地依托国家级企业技术中心和博士后科研工作站，持续开展科研攻关，充分利用资源优势，成立10个研究所作为

创新平台，以骏化发展和顺达公司为孵化载体，积极调动全员创业创新。河南黄河旋风股份有限公司着力搭建内部创新资源共享平台，积极引进国内外一流大学、科研院所和龙头企业建设研发创新平台。汉威科技集团股份有限公司把已有的国家级企业技术中心、省级工程研究中心、省级工程技术研究中心、院士工作站和博士后工作站等创新平台及汉威传感器智能制造产业化平台，打造成为初创企业研发、实验、中试等所需的开放共享平台。普莱柯生物工程股份有限公司通过持续加强对研发平台的软硬件建设和人才团队的投入，带动三个国家级研发平台的创新能力和技术研发团队的相关技术优势，以提升平台的对外服务能力和水平。河南科隆集团有限公司在各子公司设有创客工作室、开放式的实验室、自动化中试生产线，形成了涵盖"创业交流＋创业培训＋创业孵化＋公共服务＋专业服务"的创业服务生态链。

3. 优化高层次创新人才发展环境

汉威科技集团股份有限公司研究制定了专业技术人员离岗创业政策，对经同意离岗的可在 3 年内保留人事关系，设立季度奖、年终奖、创新奖等奖励资金，对表现突出的创新创业人员给予奖励。普莱柯生物工程股份有限公司针对各类不同人才建立了协议工资制、年薪制、岗位技能工资制等多种薪酬制度相结合的薪酬体系，出台了《科技创新奖励办法》，并对经营层、核心层有针对性实施了股权激励，设计了管理与技术双通道的员工职业发展模式。河南科隆集团有限公司针对国家整点项目结合企业各产业发展趋势，每季度公开发布招标项目，对积极参与揭榜的企业创客团队、科研小组及社会创客群体给予资金支持，如项目攻关成功，众创空间将分别给予 50 万 ~ 100 万元的奖励，各子公司结合实际，建立技工工资等级、工匠优惠政策等；凡是被评选为集团级工匠的员工，除了享受年终奖励外，还可以享受"集团级工匠"津贴 200 元/月，由集团人力资源部每月 20 日统一发放，充分提高工匠的薪资待遇。

二 河南双创基地建设中可推广可复制的典型经验

(一) 郑州大学：构建高校先嵌企业行为的双创教育课程体系

郑州大学围绕培养更多高素质创新人才这一核心任务，以专业知识为基础、以社会需求为导向，开设了"嵌入企业行为的创新创业教育实践"课程。该课程包括以嵌入企业行为理念为核心的通识教育、以嵌入企业岗位知识为核心的岗位教程、以模拟企业行为实践为核心的仿真实训等内容。具体在教学过程中根据学生专业特点，指导学生开展社会相关调查，了解专业相关行业企业发展状况、运营机制，组建虚拟企业，并围绕企业的生存与发展，开展有卖点的创新创意产品设计，引导学生分工合作、自我管理，在模拟实践中完善知识结构、加强工程应用能力锻炼，提高自身创新创业能力。该课程突破了传统的单一课堂教学形式，实现了专业教育与创新创业教育的有机融合，突出了学生在创新教育实践中的主体地位，其孵化的一些学生创新创业实践成果为学生就业发展提供了良好的支持。实践表明，该课程在提高学生专业素质，培养学生创新创业能力、团队协作能力、社会责任意识等方面，都发挥了积极作用，深受用人单位的好评。

(二) 黄淮学院：构建产科教深度融合的双创教育生态体系

黄淮学院以人才培养方案修订和课程改革为突破口，以培养学生创新创业精神、提升创新实践能力和创业就业能力为目标，重构教育教学体系，优化和调整课程结构，将创新创业教育融入人才培养全过程，积极探索产科教深度融合的双创教育生态体系。一是将双创融入人才培养顶层设计，围绕"就业能称职、创业有能力、深造有基础、发展有后劲"的应用型人才培养目标，让企业全程参与人才培养方案制定，规定了创新创业相关课程、学时、学分，实现了"培养方案＋创新创业"的融合。二是将双创融入课程教学体系，在通识课、选修课等方面，面向全体学生开设"创新创意基础""大学生职业规划""创业基础"等课程；专业课方面，推行"教、学、做、研、创"相结合的教学模式，实现了"课程教学+创新创业"的融合。三是将双创融入学科专业建设，秉持"产学研相结合，教学做一体化"的理念，依托优势特色学科集群，遴选了一批创新创业教育专业建设示范点，推进了"专业建设+创新创业"的融合。四是将双创融入课外实践活动，营造良好的创新创业校园生态文化，实现了"第二课堂+创新创业"的融合。五是将双创融入学生发展评价体系，通过实施创新创业学分转换、弹性学制等措施，实现了"学生工作+创新创业"的融合。

（三）许昌学院：坚持校地合作推动地方发展的长效机制

许昌学院以"构筑平台、强化服务、内涵提升、突出创新、互利多赢"为指导思想，以"资源共享、优势互补、平等互利、共同发展"为原则，以地方需求为导向，通过成立校地合作办公室，统筹全校校地合作工作。推动河南省教育厅和许昌市人民政府共同联手支持许昌学院创建特色鲜明的高水平应用技术大学，与许昌市各县（市、区）、产业集聚区签订校地（或科技协同创新）战略合作协议，推动许昌市委市政府成立了支持许昌学院发展协调领导小组，推动许昌市委和学校共同实施人才共建工程等一系列探索和体制机制创新。积极探索校地合作体制、机制、模式和途径，与地方政府、企事业单位建立起了良好的合作和互动关系，构建了校地合作完善的体制、灵活的机制、有效的模式和畅通的途径，形成了"政府主导、学校主体、产业参与、校地互动"的校地合作的长效机制。形成了学校重视校地合作、方向明确，地方政府大力支持、渠道畅通，校地互动频繁、产教融合的校地合作新局面。

（四）郑州航空港经济综合实验区：构建"源头孵化＋专业孵化＋增值孵化"三级孵化模式

郑州航空港经济综合实验区针对全区没有高等院校和大型科研院所，科技孵化体系尚在建设，科技型企业群体力量单薄，市场主体培育任务繁重等现实情况，结合自身创新创业基础条件，设计并实施了"三级孵化模式"，在对创业创新资源相对薄弱的区域加快创业创新资源聚集，推动创业创新工作具有重要的借鉴价值。"三级孵化模式"即"源头孵化"聚集有效创客、"专业孵化"培育初创企业、"增值孵化"助推企业增值。一是全面系统布局公共孵化载体体系，通过合作运营和政策支持等方式，在主要大学和科研机构、大型企业或其他创新资源密集区域，建设公共孵化环境和服务网络，聚集创客团队和初创企业群体，通过资金奖励、政策支持和系统服务等方式，孵化有效创客团队和优秀初创企业，实现"源头孵化"，完成"一级孵化"。二是系统建设专业孵化载体体系，重点突出对有效创客团队和优秀初创企业群体的"专业孵化"。主要面向通过"源头孵化"输送的有效创客和优秀初创企业、航空港实验区直接引进的高端创业团队、实验区内生的初创企业，进入航空港实验区专业孵化载体进行"二级孵化"，形成集群效应。三是引导孵化毕业企业进入航空港实验区加速体系，着力助推企业增值。该阶段重点为各类孵化毕业的成长型企业提供"后孵化服务"，建设适合成长型企业的创新发展环境，打造专业服务平台，集中政策资源，着力助推企业增值，实现"三级孵化"的目标。"三级孵化模式"围绕新兴产业源头培育和传统产业转型升级，实现了从注重载体建设向注重主体培育的转变、从注重企业集聚向注重产业培育转变，以技术创新和商业模式创新为驱动，为欠发达地区创新创业孵化体系提升，构建有利于创新创业的生态环境提供了有益经验。

（五）许昌城乡一体化示范区：完善创新要素与产业要素深度融合的机制与政策

许昌市城乡一体化示范区双创示范基地牢固树立"创新引领、产业带动、产创融合"的发展理念，紧紧围绕城乡一体功能定位，着力推动以双创增注发展活力，加快产业转型升级，以产促城，以城带乡，产创、城乡融合发展，通过"双创促升级、壮大新动能"，探索创新要素与产业要素深度融合助推城乡一体化发展的新路子。一是围绕产业链，布局创新链。依托电力装备制造产业链，围绕产业链各环节创新能力提升，优化创新载体建设布局，积极谋划推进电力能源装备产业研究院、许继新能源研究院等新型研发机构建设，形成了"技术转移＋自主创新""骨干引领＋协同创新""龙头带动＋内部创业"双创模式。二是对接高技术，加速产业化。以政府主导、市场化运营模式，建设了市级科技公共服务平台——许昌科技大市场，为全市尤其是基地企业和创新创业者提供科技咨询、研发设计、管理咨询、市场推广、企业孵化等一揽子服务。三是着力聚人才，注入新活力。以"许昌英才港"为载体，全力实施许昌市人才战略——"许昌英才计划"。以人才"引得进、留得住"为目标，着力打造"众创空间＋科技孵化器＋加速器（中试基地）＋产业化基地"梯级孵化体系和"专家公寓＋人才社区＋创业家园"生活配套体系，为高层次人才引进落户、就业创业提供"一条龙"服务，示范带动许昌人才综合服务水平整体提升。四是找准结合点，推进一体化。通过创新创业促进主导产业壮大升级和新兴产业加快培育，进一步增强了城镇就业吸收能力。通过"公司＋基地＋农民合作社＋农户＋标准化"等多方合作共享，大力培育农业产业化龙头企业，带动农民保收增收，农民人均可支配收入增速高于生产总值增速。通过创新市政管理市场化运作模式，推动城乡公交、集中供水供热、污水垃圾处理等向农村覆盖，逐步消除城乡差距，加快城乡一体化进程。

（六）昊华骏化集团有限公司：推进双创活动"常态化、项目化、机制化"

昊华骏化集团有限公司一直致力于自主研发创新，不断充实完善科技创新体系，理性规划发展方向，不断优化发展过程中的经验教训，形成了"技术创新在基层"的技术创新体制机制，成立 10 个研究所作为创新平台，积极调动全员创业创新，通过项目制实现全员创新，项目内容涉及生物有机作物营养、新能源、新材料、环境工程与环境科技、装备制造、工艺改进等多个领域，企业鼓励内部员工、社会公众申报项目及工艺改进项目，立项后从研发设施、人才培养、资金扶持等方面支持研发及创新，并设置奖励机制，有效的创新机制和适宜的创新环境极大地激发了全体员工的创新积极性。同时，通过承包制、合伙人制、入股等激励机制，采取内化而非嵌入的奖惩办法，充分调动广大员工的创新创业热情，深挖创新潜力，全员均可参与，使员工和公司形成利益共同体，员工在获得丰厚报酬的同时也充分实现了个人价值，实现员工与公司双赢的局面。"技术创新在基层"的创新组织体系颠覆了传统意义上的实体研究所，将创新机构虚拟设置在生产制造及研发一线，设置在基层，从生产及研发实际工作出发，根据生产工艺、设备、能耗、研发方案进行基层创新、全员创新，充分调动全体员工的积极性，激发员工的个人潜力，形成"大众创业万众创新"的常态，实现企业双创的项目化、常态化和机制化。

（七）河南黄河旋风股份有限公司：构建共商共建共享的高端人才引进和使用机制

河南黄河旋风股份有限公司依托许昌市人才战略——"许昌英才计划"，牢固树立以人为本的企业发展观，以人才"引得进、留得住"为目标，调整人才结构，培养和引进高层次科技人才，通过建立共商共建共享的高端人才引进和使用机制，打造了一支高素质科技人才队伍，有力地推动了公司转型发展。黄河旋风股份有限公司在实践中，积极引进技术带头人和急需紧缺人才，按照"不求所有，但求所用"的人才引进政策，采用兼职、合作、学术交流、技术入股等办法，以个别引进、项目联动等形式，吸纳人才资源。对于自带项目的科技人员，奉行"项目负责人提出的合作的条件就是公司提供的条件"的人才引进政策。同时，公司还建立健全激励约束机制，充分调动公司的技术合作方研究人员的工作积极性，推进双方合作项目的研发进度，有效地将股东利益、公司利益、经营管理层利益、员工利益和合作方利益结合在一起，使各方共同关注公司的长远发展。同时，依托公司国家级企业技术中心，公司与中国科学院、清华大学、同济大学、郑州大学等国内多所顶尖高校进行资源共享，优势互补，通过不断整合更多的社会研发资源，聚拢一批行业优秀人才成为紧密合作伙伴，最终形成了黄河旋风集协同设计、开发于一体的双创人才平台，通过激发和释放人才创新创造创业活力，以人才带技术、带项目、带资金合作共赢，促进了双创工作向纵深推进，推动了企业转型升级和逆势增长。

第三章
河南双创基地建设的进展、特点与态势

党的十九大描绘了建设创新型国家的蓝图，明确提出"创新是引领发展的第一动力"。为贯彻创新驱动发展战略，自 2016 年 5 月以来，国务院发文分两批设立了 120 个全国双创示范基地。2017 年初，河南省政府发文设立了包含区域、高校科研院所、企业三类共 57 个省级双创示范基地。三年来，我们对部分双创示范基地进行了持续跟踪，总体来看，各双创示范基地建设取得了显著进展与成效，初步形成了双创基地示范先行、双创典型经验逐步累积、双创乘数效应日益显现的可喜局面，对今后更好推进双创基地建设工作提供了经验、方法和思路。

第一节　河南省双创示范基地建设的工作进展与成效

自首批省级双创示范基地获批以来，各双创示范基地深入贯彻和落实《河南省人民政府办公厅关于支持大众创业万众创新基地建设的实施意见》，建设了一批功能较为完善的双创平台，集聚了大量创新创业领域高端人才，一大批重大科技成果成功转化，创新型企业壮大成长，创新创业环境得到优化，在某些领域初步形成了可复制、可推广的经验，双创基地的示范带动效应初步显现。

一　以高端载体与平台为支撑的创新创业服务能力不断增强

《河南省人民政府办公厅关于支持大众创业万众创新基地建设的实施

意见》中指出，要建成一批功能完善的支撑平台，包括技术创新、创业孵化、综合服务、人才培养、知识产权交易等平台，形成覆盖全方位、全过程的双创综合服务体系。各双创示范基地注重加强和完善各类载体与平台建设，通过搭建平台为双创主体提供更好的服务。例如，郑州航空港经济综合实验区坚持"产创融合"理念，围绕产业链部署创新链，通过双创强链补链，依托国际智能终端（手机）生产基地等平台优势，积极对接国内高校和科研院所，引导科技创新型企业向区内集聚。许昌市城乡一体化示范区以政府主导、市场化运营模式，建设了市级科技公共服务平台——许昌科技大市场，为全市尤其是基地企业和创新创业者提供科技咨询、研发设计、管理咨询、市场推广、企业孵化等一揽子服务。新乡市化学与物理电源产业园区依托园区创业服务中心，集聚了中科院青促会科创基地、国家工业设计产业研究院、中关村股份投资协会、清华大学数字城市研究所、浙江大学新型电池材料与应用技术研究实验室等高端创新资源。昊华骏化集团股份有限公司依托国家级企业技术中心和博士后科研工作站，成立10个研究所作为创新平台，以股份公司和顺达公司为孵化载体，积极调动全员创业创新。

二 以内部培养与外部引进并重的人才集聚效应更加显著

《河南省人民政府办公厅关于支持大众创业万众创新基地建设的实施意见》中指出，要集聚一大批创新创业人才，包括创新型领军人才、科技创新团队以及各类创新创业专业人才等。各双创示范基地分别通过制定人才政策、实施人才工程、构建人才培养体系等多种手段加大人才培养与引进力度。例如，许昌市城乡一体化示范区着力聚人才，注入新活力，以"许昌英才港"为载体，全力实施许昌市人才战略——"许昌英才计划"。河南黄河旋风集团公司依托许昌市人才战略——"许昌英才计划"，牢固树立以人为本的企业发展观，以人才"引得进、留得住"为目标，调整人才结构，培养和引进高层次科技人才，通过建立共商共建共享的高端人才引进和使用机制，打造了一支高素质科技人才队伍。在具体做法上，对于技术带头人和急需紧缺人才，按照"不求所有、但求所用"的人才引进政策，采用兼职、合作、学术交流、技术入股等多种办法，配套以相应的激励约束机制，吸纳人才资源。郑州航空港经济综合实验区利用"智汇郑州"工程，坚持引人才与引项目并重，聚焦顶尖人才（团队）、国家级领军人才，积极落实项目资助、人才落户、购房补贴、子女入学、医疗保障等系列政策，推进"郑州航空港引智实验区"建设，健全人才引进制度，优化人才培育环境，打造基地引智展示平台。许昌学院通过打造四大平台，搭建完善的双创人才培养体系，搭建了"双创教育""协同育人""实践支撑""综合服务"四大平台，建立起了课堂教学、实践训练、项目指导、创业服务"多位一体"的创新创业人才培养体系。

三 以政策引导的科技成果转化成效显著

《河南省人民政府办公厅关于支持大众创业万众创新基地建设的实施意见》中指出，要贯彻落实科技成果使用、处置和收益权等相关改革措施，制定并落实科研人员股权和分红激励政策，完善职务发明奖励报酬制度，鼓励建设专业化技术转移机构，进一步破除制约科技成果转移转化的突出障碍，从而促进一批重大科技成果转化。各双创示范基地尤其是高校针对以往科技成果转化率低的问题，制定了多项措施以促进科技成果转化。例如，黄河科技学院制定了《黄河科技学院科研成果奖励办法》《黄河科技学院科研工作量计算办法》等，对师生取得的项目、论文、著作、专利等科技成果都给予奖励。并进一步修订完善《黄河科技学院科技成果转化办法》《黄河科技学院横向科学研究项目管理办法》等，将科研人员获得成果转化收益比例提高到70%，加大股权激励力度，进一步破除制约科技成果转移转化的突出障碍。同时，积极鼓励教师加强与企业、行业的横向合作，加快促进科技成果转化。例如，河南黄河旋风股份有限公司不断探索建立适应创新规律的科研经费管理制度，制定实施科研人员股权和分红激励政策，鼓励科技成果以股权或者出资比例形式给予科技人员个人奖励。

四 以双创促产业发展的现代产业格局初步形成

《河南省人民政府办公厅关于支持大众创业万众创新基地建设的实施意见》在建设任务与建设重点中提出，各双创基地要促进产业与双创融合，支持高校、科研院所与企业合作共建研发中心、技术联盟、产业基地等，促进创新要素和产业要素深度融合。在双创促进地区产业发展方面，典型案例是鹿邑县。作为全国区域类双创示范基地，鹿邑县抢抓机遇，实施"凤还巢"工程，逐步探索出了"输出打工者，引回创业者，带动就业者"的鹿邑双创模式，截至目前，吸引外出务工人员返乡达8.3万人，累计创办各类实体数量达3.2万个，带动就业18.2万人。该双创模式为鹿邑县产业发展注入了巨大活力，其中，特色尾毛产业、化妆刷产业、纺织产业等不仅在全省乃至在全国都有较大影响力，市场份额占到全国80%以上，被称为"中国化妆用具之乡"。

五 以开放共享为导向的双创资源管理新模式不断探索

《河南省人民政府办公厅关于支持大众创业万众创新基地建设的实施意见》在建设任务与建设重点中提出，各双创示范基地要推动双创资源开放共享，尤其是要依托互联网构建开放、共享、互动的创新服务平台，提供专业技术、科技文献检索、科技信息交流、科技评估等服务，依托省级以上重点实验室、工程研究中心等搭建省级开放实验室和检验检测共享平台，从而推进重大科研基础设施和大型科研仪器向社会开放。目前，部分高校和企业双创示范基地在双创资源的开发共享方面积累了有益经验。例如，郑州大学采取"集中建设、开放共享、专管共用，有偿使用"的模式，积极探索学校大型仪器装备开放共享管理的新模式，开放共享了现代分析与计算中心、超级计算中心、医学科学院转化医学等三个平台，取得了良好的社会和经济效益，为高校开放资源共享平台积累了有益经验。汉威科技集团股份有限公司把已有的国家级企业技术中心、省级工程研究中心、省级工程技术研究中心、院士工作站和博士后工作站等创新平台及汉威传感器智能制造产业化平台，打造成为初创企业研发、实验、中试等所需的开放共享平台。

六　以政策激励为导向的双创主体活力得到释放

《河南省人民政府办公厅关于支持大众创业万众创新基地建设的实施意见》中指出，要形成良好的双创发展生态环境，使双创主体活力得到充分释放，创新型企业成长壮大。各双创示范基地尤其是企业制定了多项政策措施激励创新活动。例如，汉威科技集团有限公司研究制定了专业技术人员离岗创业政策，对经同意离岗的可在3年内保留人事关系，设立季度奖、年终奖、创新奖等奖励资金，对表现突出的创新创业人员给予奖励。昊华骏化集团股份有限公司鼓励内部员工、社会公众申报项目及工艺改进项目，立项后从研发设施、人才培养、资金扶持等方面支持研发及创新，并设置奖励机制。普莱柯生物工程股份有限公司针对各类不同人才建立了协议工资制、年薪制、岗位技能工资制等多种薪酬制度相结合的薪酬体系，并对经营层、核心层有针对性实施了股权激励，设计了管理与技术双通道的员工职业发展模式。河南科隆集团股份有限公司针对国家重点项目结合企业各产业发展趋势，每季度公开发布招标项目，对积极参与揭榜的企业创客团队、科研小组及社会创客群体给予资金支持。

七　各具特色的双创模式和典型经验初步形成

《河南省人民政府办公厅关于支持大众创业万众创新基地建设的实施意见》中指出，要形成一批可复制、可推广的双创模式和典型经验，促进新技术、新产品、新业态、新模式加速发展，成为全省创新创业高地，带动形成全省大众创业万众创新蓬勃发展新局面。自获批以来，各双创示范基地定位不同，具体做法和成效也各有特色，在一些领域初步形成了一些具有全省可复制、可推广的双创模式和典型经验。例如，在企业孵化和培育方面，郑州航空港经济综合实验区针对全区没有高等院校和大型科研院所，科技孵化体系尚在建设中，科技型企业群体力量单薄，市场主体培育任务繁重等现实情况，结合自身创新创业基础条件，设计并实施了"源头孵化＋专业孵化＋增值孵化"三级孵化模式，该模式对创业创新资源相对薄弱的区域加快创业创新资源聚集，推动创业创新工作具有重要的借鉴价值和复制推广意义。

在双创教育方面，黄淮学院以人才培养方案修订和课程改革为突破口，以培养学生创新创业精神、提升创新实践能力和创业就业能力为目标，重构教育教学体系，优化和调整课程结构，将创新创业教育融入人才培养全过程，构建了"产科教深度融合的双创教育生态体系"。除此以外，郑州大学构建的"高校先嵌企业行为的双创教育课程体系"，许昌学院构建的"教科创一体化教师技能绩效评价体系"，黄河科技学院构建的"全链条双创生态体系"等均具有复制推广意义。

在创新与产业发展深度融合方面，许昌市城乡一体化示范区双创示范基地牢固树立"创新引领、产业带动、产创融合"的发展理念，紧紧围绕城乡一体功能定位，着力推动以双创增注发展活力，加快产业转型升级，以产促城，以城带乡，产创、城乡融合发展，通过"双创促升级、壮大新动能"，探索创新要素与产业要素深度融合助推城乡一体化发展的新路子。

第二节　河南省双创示范基地建设的主要特点

河南省双创示范基地在建设过程中，始终围绕平台载体建设、双创资源积聚、双创环境优化等重点领域，整体体现出双创资源融合化、双创过程开放化、双创格局协调化、双创支持机制化、双创模式创新化的发展特点。

一 双创资源融合化

各双创示范基地在双创实践中，均用有效的创新发展模式，推动了双创资源的深度融合。一是产创融合。区域双创基地都能围绕产业链，布局创新链，积极推动创新要素和产业要素深度融合，如许昌城乡一体化示范区依托电力装备制造产业链，初步形成了"技术转移＋自主创新""骨干引领＋协同创新""龙头带动＋内部创业"双创模式，区域产业创新能力快速提升。二是校地融合。高校双创基地均能发挥特色学科优势，积极探索校地融合服务地方社会发展。如许昌学院以地方需求为导向，与地方政府、企事业单位建立起良好的合作和互动关系，形成了学校重视校地合作，方向明确，地方政府大力支持，渠道畅通，校地互动频繁、产教融合的校地合作长效机制。三是产科教融合。昊华骏化积极探索产学研一体协同创新发展，以企业面临的重大科技需求为导向，通过与郑州大学、江南大学等单位合作，为公司引进不同层面的技术人才，形成动态的网络型项目团队，推动公司产业链的形成与发展。

二 双创过程开放化

各双创示范基地以开放的视野、开放的心态、开放的举措，利用先行先试的优势，推动了双创开放式发展。一是用人机制开放化。面对不同层次人才短缺的共性问题，各基地树立"不求所有、但求所用"的人才观，在人才引育的基础上，突出探索柔性引进等方式，构建开放式的用人机制，弥补人才短板。郑州航空港经济综合实验区建立灵活机制，引入创客团队和服务平台70多个。许昌城乡一体化示范区依托"许昌英才计划"，鼓励各类人才以柔性引进、项目参与等形式灵活落地。二是资源整合开放化。企业双创示范基地针对创新资源不足的现状，在"引才、引智、引技"等方面探索开放式创新模式。如河南黄河旋风集团公司着眼于公司在石墨烯电池、充电桩等新兴产业的战略布局，与中国科学院、清华大学、同济大学、郑州大学等多所高校资源共享，形成多个技术合作开发项目，聚拢一批社会优质资源成为紧密合作伙伴。三是人才培养开放化。高校双创基地在开放发展过程中，以校企合作为抓手，探索建立开放式的创新人才培养机制。如黄淮学院秉持"产学研相结合，教学做一体化"的理念，依托学校电子信息、经济管理等学科集群，与昊华骏化、天方药业等企业展开校企深度合作，进行创新创业教育深度融入专业建设的实践探索。

三　双创模式创新化

各双创示范基地结合各自特色积极创新，整体呈现双创模式创新化的特点。一是创新孵化模式。有的区域双创基地针对区内高等院校、科研院所不足的现状和双创资源相对短缺的局面，积极探索开放式的创新模式。如郑州航空港经济综合实验区采用异地孵化方式，构建开放式的创新孵化体系，探索"源头孵化、专业孵化、增值孵化"三级孵化模式，推动了区域创新创业生态系统的形成。二是创新激励模式。昊华骏化集团股份有限公司通过承包制、合伙人制、入股等奖惩机制，采取内化而非嵌入的奖惩办法，调动了广大员工的创业积极性和创新热情。许昌学院将双创与应用技术型大学建设有机结合，以教学创新为导向制定教学评价指标，以应用研究为导向制定科研评价指标，以技术服务为导向制定服务评价指标，探索出适应应用技术型大学特点的教师教科创一体化评价机制。三是创新双创载体。中信重工打造重装众创线上资源共享、众创线下实验与验证和众创成果孵化三大众创平台。昊华骏化集团股份有限公司结合企业发展需求，改变传统企业内部实体化的研究载体形式，以技术创新骨干为牵头人，组成虚拟化的技术研究所，瞄准企业发展过程中的技术瓶颈，鼓励内部员工、社会公众申报项目及工艺改进项目。

四 双创支持机制化

各双创示范基地不断创新工作举措，使支持双创的政策制度保障逐步机制化。一是政府服务和政策支持。鹿邑县构建支持双创的"1＋5"政策体系，为建设有特色的县域国家级双创示范基地提供了有力的保证和支撑。郑州航空港经济综合实验区全面落实国家、省市有关支持双创的政策，积极完善区级双创政策体系，通过建立市、区两级双创示范基地工作联席机制，成立"双创示范基地专家顾问委员会"，开办双创示范基地企业家训练营等举措，提升了双创工作服务质量。二是制度建设。中信重工把示范基地建设与国企改革相结合，紧紧围绕人才、技术、资本等各类创新要素的高效配置和有效集成目标，积极探索与双创相适应的管理体制与激励机制，努力将国有企业的传统优势、国际化企业的创新活力、民营企业的激励机制融合成独特的自身优势。三是坚持共建共享。昊华骏化集团股份有限公司形成了"技术创新在基层"的全员创新体系，根据生产工艺、设备、能耗、研发方案进行基层创新、全员创新，并建立起与创新活动相一致的收入分配制度和企业、团队、个人三级成果分享机制，最大限度发挥个人所长，充分调动员工创新创业的积极性。

五 双创格局协调化

各双创示范基地将双创工作融入发展全局，形成了双创与区域发展、高校发展、企业发展相协调的良好局面。一是双创与城乡区域协调。如许昌城乡一体化示范区坚持"创新引领、产业带动、产创融合"的发展理念，着力推动以双创增加发展活力，加快产业转型升级，产创融合，以产促城，以城带乡，借助双创推动城乡一体化发展。二是双创与高校发展协调。以黄淮学院、许昌学院、洛阳理工学院等为代表的高校双创基地，将双创融入高校转型升级的全过程，突出双创与人才培养、科学研究、服务社会、文化传承等高校职能的深度融合，形成了双创促进高校协调发展的格局。三是双创与业务发展协调。以昊华骏化、黄河旋风、汉威科技等为代表的企业双创基地，始终围绕企业发展战略，把双创工作与企业业务发展有机融合，在技术、管理、商业模式等领域展开全方位的创新，形成了双创制度化、项目化、常态化的格局，促进了双创工作与企业发展相协调，有力地推动了企业创新发展和转型升级。

第三节　河南省双创示范基地建设的示范作用和带动效应

近年来，河南省委省政府贯彻落实党中央推动双创的决策部署，发挥双创基地的示范带动作用，双创生态环境持续优化，双创载体平台不断完善，创新创业主体得到加强，双创发展群体不断壮大，财政金融扶持得到强化，新旧动能接续转换加快。

一　双创生态环境持续优化

一是不断加大政策制度供给。据不完全统计，2016 年以来，省委省政府、省专项工作领导小组、省两办、有关厅局出台的双创文件就达近百件，形成了覆盖双创各领域各环节的政策支持体系。如豫政〔2018〕8 号文件提出了支持双创发展的 26 条政策措施；豫政办明电〔2018〕11 号文件提出复制推广全面创新改革试验区的 13 项先行先试改革举措。二是深入推进"放管服"改革。加快推进"互联网 + 政务服务"，推进政务服务事项"应上尽上全程在线"，推动政务服务事项 100% 实现网上能办。持续优化网上服务流程，完成清单事项 100% 实现"一次办妥"，推进实体政务服务大厅业务办理系统与省网上政务服务平台对接融合、信息同步，实现线上线下服务"标准一致、无缝衔接、合一通办、全程监察"。三是深化商事制度改革。在全省范围实施"三十五证合一"改革，大幅度缩短企业从筹备开办到进入市场的时间，办结时限压缩至 3 个工作日。持续深化"先照后证"改革，开展"证照分离"改革试点，允许创办企业注册登记实行

"一照多址"和"一址多照"。河南新登市场主体数量、市场主体总量以及千人拥有市场主体总量等均有大幅增加。

二 双创载体平台不断完善

一是加快建设郑洛新国家自主创新示范区。在激发创新主体活力、推进开放式创新、集聚海内外人才资源、创新科技管理体制机制、优化创新创业环境五个方面推出 30 条政策，推动自创区核心区 184 件事项与省直部门直通，简化自创区核心区在规划、项目、财政资金等方面的申报审批手续，努力将郑洛新自创区打造成为具有国际竞争力的创新创业中心。二是建设一批新型孵化载体。推动科技企业孵化器、众创空间、大学科技园加快建设。截至目前，河南省共建设省级以上孵化载体 326 家；国家级专业化众创空间 4 家，省级专业化众创空间 12 家，实现全省 18 个省辖市全覆盖。科技企业孵化载体在孵企业和团队 2.3 万家，吸纳就业人数 23.7 万人。三是搭建综合服务平台。空中、陆上、网上丝绸之路"三路并举"。郑州多式联运技术网络基本形成，货物集疏辐射国内 2000 公里、22 个省区市，境外业务合作伙伴分布于 24 个国家 121 个城市。郑欧班列运营里程已实现 1 万公里，实现超远距离冷链配送。河南保税物流中心加快链接全球资源，2018 年 5 月出口单量突破 133 万单，同比增长了约 44 倍。建设"河南省科技型中小企业综合服务平台"，目前平台上线企业 1 万余家，创新创业孵化载体 200 余家。加快科技成果转化网络平台建设，建成省科技成果在线登记系统、省高校科技服务云平台。

三 创新创业主体得到加强

一是壮大创新龙头企业。实施创新龙头企业培育工程，对掌握核心技术、持续创新能力突出的优质企业重点支持，目前已培育创新龙头企业 100 家。开展制造业单项冠军企业培育提升专项行动，已有 7 家企业被认定为国家制造业单项冠军企业。推动新模式新业态企业成长，推进 UU 跑腿、狸家近等共享经济平台快速发展，壮大世界工厂网、中钢网、鲜易网等平台规模，初步形成具有较强影响力的区域品牌。二是加快发展科技型企业。加大高新技术企业认定工作力度，落实高新技术企业奖补政策。2017年高新技术企业数量同比增长36.4%。开展"高企培训中原行"活动，参加企业2956家。积极培育科技型中小企业，新增"科技小巨人"企业208家、科技型中小企业1856家。截至2018年5月底，全省已有3312家企业获国家科技型中小企业编号。三是提升企业自主创新能力。推进实施大中型企业省级研发机构全覆盖工程。目前河南省拥有国家级企业技术中心、工程研究中心（工程实验室）158家，省级以上创新平台突破3000家。加大创新平台支持力度，对新建国家级创新平台和运行评价优秀的省级创新平台给予财政资金后补助支持。实施普惠性企业研究开发财政补助政策，共有1033家企业享受研发投入补助经费5.97亿元，带动企业投入研发费用119亿元。

四　双创发展群体不断壮大

一是激发科研人员创新活力。推动省属科研院所制定出台本单位差旅费、劳务费、会议费管理办法等规章制度。鼓励高校、科研机构科技人员积极承接市场化课题，开展科技成果转化。选择郑州大学、省科学院等作为科技人员创新激励政策落实示范试点单位，制定具体办法和实施细则，打通政策落实"最后一公里"。二是支持大中专学生创新创业。建设28个河南省大学生创新创业实践示范基地和省级大学生就业创业综合服务基地，目前各高校创业基地或孵化场地超过440个。将国家级大学生创新创业训练计划项目扩展到所有本科高校，5310个项目入选全国大学生创新创业训练计划。三是鼓励农民工返乡创业。省财政出资10亿元资本金，建立总规模100亿元的农民工返乡创业投资基金。积极创新金融担保模式，全省累计发放农民工返乡创业担保贷款209.28亿元。建立农民工返乡创业综合服务中心，为返乡创业者提供贴身式、保姆式、一站式服务。截至2017

年 6 月底，全省返乡创业农民工累计达 89.93 万人，创办企业 45.83 万个，带动就业 454.47 万人。

五　财政金融扶持得到强化

一是加大财政支持力度。每年安排 1.5 亿元科技创新服务平台专项资金和 1.1 亿元支持科技企业发展专项资金。设立首期规模 5 亿元的河南省科技创新风险投资基金和小微企业贷款风险补偿资金，引导社会资本支持科技企业发展。二是创新金融服务小微企业模式。推动建行推出一款全流程自助贷款产品"小微快贷"，全省已有十多个省辖市制定了小微企业贷款补偿机制。与 6 家银行签署科技金融战略合作协议，积极发展"科技贷"业务，6 家银行向河南省科技型中小企业提供 1720 亿元的授信支持。开展"银税互动"活动，累计发放银税合作小微企业贷款 79.1 亿元。三是发展多层次资本市场融资。开展专利质押融资，省知识产权局与中行河南分行等商业银行签订总授信额度为 130 亿元的战略合作协议。推动双创企业在新三板挂牌融资，2018 年上半年全省新增新三板挂牌企业 33 家，新增融资 14.59 亿元，总数达到 375 家，挂牌家数位居全国第九位、中部六省第二位。推动双创企业利用中原股权交易中心加快发展。截至 2017 年6 月底，在中原股权交易中心累计挂牌企业 1352 家，新增挂牌企业 317 家。

六　新旧动能接续转换加快

一是实施中国制造 2025 河南行动。郑洛新三市成功获批"中国制造2025"试点示范城市群。实施工业强基工程，郑州机械研究所齿轮强度与可靠性试验检测技术基础公共服务平台等 8 个项目获得国家工业强基工程20121 万元资金支持。实施智能制造示范工程，建设 23 个智能工厂、31 个智能车间，推出中信重工双创、宇通客车智能制造、森源重工服务型制造、大信橱柜个性化定制、众品食业平台化转型等一批新业态新模式。二是培育壮大新兴产业集群。设立 1000 亿元规模的河南战略新兴产业投资基金，培育发展 10 个新兴制造业产业集群和 8 个新兴服务业产业集群。积极发展网络经济新产业新业态。2018 年上半年，全省电子商务交易额突破5000 亿元，保持 20% 增速；网络零售额突破 1000 亿元，保持 25% 增速。三是改造提升传统动能。扎实推进化解过剩产能、绿色化改造、智能化改造、技术创新，加快形成高端化、绿色化、智能化、融合化的新型产业体系。每年滚动支持 200 家企业规模化示范应用机器人（数控机床），培育50 个服务型制造示范企业（平台）。

第四节　河南省双创示范基地建设的思考与启示

河南首批双创基地通过先行先试，探索了一批可推广可复制的典型模式，其发展经验涉及组织领导、顶层设计、支撑体系、重要抓手、双创氛围等各层面，深入挖掘这些典型经验将为河南首批双创基地后续建设提供借鉴和有益的启示。

一　强化组织领导是双创基地建设的根本保证

初创企业尤其是高新技术企业，其技术和工艺可能还存在不完善的地方，市场对新产品的认知和接受尚需要一个过程，初期生产面对成本高、风险高等诸多不确定因素，需要政府部门提供专业化服务，在关键节点提供方向指导和政策资金支持。因此，双创示范基地建设中领导的重视程度、政策资金扶持力度、营造双创生态环境的不同，会直接影响双创的进程和效果。根据调研了解到，各双创基地建设过程中普遍重视组织领导的作用，通过采取成立双创基地建设领导小组，强化对双创工作的思想认识，形成双创基地建设工作推进机制，完善目标责任制等措施，围绕双创基地建设的重点工作和核心领域，强化对双创工作的组织领导，各双创基地在领导小组强有力的推进下，取得了良好的工作成效。如郑州高新区和洛阳高新区政府在双创示范基地建设工作推进中积极主动，重视双创的硬件和软件设施建设，对发展前景较好的初创企业给予前期资金投入，对园区入驻企业加强宏观指导和政策激励，充分体现了"小政府、大服务"理念，无论是企业还是高层次人才都能感受到在政府的主动作为下该区域的良好双创环境，双创效果比较突出。各双创基地围绕双创各个环节进行的实践探索经验表明，思想认识上高度重视，组织体制上机构完善，工作推进上保障有力，工作目标上落实责任制，将双创与日常工作全面融合，是双创基地建设的根本保证。河南双创基地在后续建设过程中，应进一步强化组织领导，通过完善提升双创基地建设领导体制机制，推进双创基地建设有序进行，为全省经济社会转型升级提供强力支撑。

二　重视顶层设计是双创基地建设的内在要求

科学的顶层设计是双创基地建设的行动指南。根据调研了解到，各类双创基地均十分重视顶层设计，按照基地建设相关要求，坚持问题导向，准确把握工作着力点，明确总体思路、战略定位、发展目标、基本原则、主要任务、政策举措、重点工程和保障措施，提出拟滚动实施的重大项目，科学编制建设工作方案，从全局层面综合协调，全面指导双创工作开展。各双创基地按照前期工作方案，经过将近一年的建设，在双创体制机制创新、平台载体建设、生态环境优化等方面均取得了明显的成效。各双创基地重视顶层设计，落实建设规划的实践表明，科学的顶层设计是双创基地建设的内在要求。河南首批双创基地在后续建设过程中，应进一步优化顶层设计，根据工作推进情况，灵活对基地建设方案进行完善和优化，进而指导各双创基地建设工作顺利推进。

三　依托平台载体是双创基地建设的重要抓手

各类载体是双创开展的基础设施，也是双创基地承接各类双创资源，集聚创新创业要素的主要平台。根据调研了解到，区域双创基地依托核心区域建设了一批具有公共服务、产学研协同、人才培养、成果转化等多功能的双创综合体，为科技成果转移转化和初创期小微企业提供了良好的发展空间。高校双创基地建设了一批众创空间、星创天地、大学科技园等，为广大师生、科技人员创新创业提供一站式服务。企业双创基地建设了一批线上线下相结合的资源共享、实验与验证、综合服务、成果孵化等平台，开放式创新创业载体体系初显成效。总体而言，各类双创基地均结合自身特点和双创基地建设要求，将双创平台载体建设工作作为推动基地建设的重要抓手，以平台建设，促双创发展，取得了良好的成效。首批双创基地在后续发展过程中，应加大技术创新平台、创业孵化平台、综合服务平台、人才培养平台、知识产权交易平台等载体建设力度，促进双创平台载体提质增效，为双创基地建设提供坚实的平台支撑。

四　因地制宜发展是双创基地建设的重要原则

因地制宜、分类发展是首批双创基地建设的重要特色，实践证明，坚持因地制宜借助外力、错位发展是各类双创基地在短时间内发挥各自优势，取得明显成效的关键。根据调研了解到，各双创示范基地面临的情况各不相同，例如郑州航空港经济综合实验区属于新区，区内高等院校科研院所较少，创新资源相对匮乏，针对这一困境，港区创新性地探索了"三级孵化"模式，有效解决了创新资源相对不足的现状；许昌学院在双创基地发展过程中，针对应用型大学建设的要求，结合许昌特色优势产业，因地制宜地采取校地合作的形式，将双创工作融入服务地方社会经济发展的全过程中，取得了明显成效；洛阳高新区采取借助外力促进双创基地建设的方式，引进清华大学科研团队成立清华洛阳基地，引进西安科技大市场运作模式建立洛阳科技大市场，引进深圳创新元素举办双创大赛等；河南科隆集团双创基地先后与北京大学、清华大学、武汉大学、哈尔滨理工大学等大专院校及科研院所开展协同合作，借助高等院校的人才和科研机构的优势，集聚了一大批研究人员纷纷加盟科隆集团双创基地，独自承担项目或与科隆的创客们共同开发项目，并借助科隆强大的产业化优势资源，将项目快速实现成果转化；鹤壁市商务中心区根据自己城市发展现状及交通区位优势的特色，选择了大企业的后台客服服务业务，与一、二线城市形成了产业错位发展格局，同时，配套建设了居住、娱乐、餐饮等多元的生活服务设施，培育孵化了诸如国立光电和呼叫等初创企业。由此可见，因地制宜发展是双创基地建设的重要原则，河南首批双创基地在后续发展过程中，要结合自身情况和区域特点，找准切入点，选好突破口，发挥比较优势，因地制宜发展，利用先行先试优势，探索具有各自典型特征的双创模式。

五 良好发展环境是双创持久开展的基础保障

调研发现，凡是双创工作开展得较好的双创基地，无论是在基地内部还是外部区域层面，均具有良好的双创发展环境作为有力的保障。各双创示范基地紧密围绕打造服务型政府、完善科技成果转移转化激励机制、促进创新创业人才流动、厚植双创文化、营造双创氛围等重点领域推进双创工作。在政府服务层面，推进简政放权、放管结合、优化服务，完善双创政策措施，加强部门间协调联动，落实各项政策。加大财政支持力度，引导社会资本投入，扩大创业投资来源。培育双创文化，树立双创榜样，营造鼓励创新、宽容失败的社会氛围。在企业层面，培育鼓励创新、宽容失败的创客文化，激发员工创新创业潜能，调动员工双创积极性。建立健全激励机制和容错纠错机制，支持员工自主创业、企业内部再创业，保护企业家精神。通过营造良好的双创氛围，有力支持了双创基地的建设和发展。首批双创基地建设情况表明，政府服务水准是营造双创生态环境的关键要素，风险收益匹配与责权利对等是优化双创生态的必要条件，考核与指导并重是推动基层双创工作的重要保障，在后续建设过程中，应进一步优化双创发展环境，推动双创基地建设持续健康发展。

六 集聚创新要素是双创持久开展的根本动力

各双创示范基地在实践探索中，均将集聚创新要素作为双创基地建设的重要内容，实现创业服务专业化、运营模式市场化。在人才要素方面，把招商引资和招才引智相结合，以项目为纽带，依托高水平创新平台，吸引各类创新人才和团队聚集。在引进双创服务企业方面，大力引进金融服务机构和研究开发、技术转移、检验检测认证、知识产权、科技咨询等专业科技服务机构。在创新要素集聚方式上，通过基地骨干企业联合高校、科研院所、上下游企业等组建产业技术联盟。基地与省外知名高校、科研机构开展多层次合作共建产业技术研究院、技术转移机构等开放式创新平台；高校、科研院所与企业、社会组织等在基地内建设大学科技园、技术转移机构、重大科技成果中试熟化基地、科技成果产业化基地等方式，大力推进双创开放合作。通过广泛集聚创新要素，首批双创基地经过一年的建设，创新创业要素支撑体系已基本形成，有力地支撑了双创基地的持续发展。双创基地在后续发展过程中，应将集聚创新要素作为双创持久开展的根本动力，积极探索集聚创新要素的方法手段，拓宽集聚创新要素的平台渠道，为双创基地建设提供坚实的要素保障。

第二篇

▼
▽

基地建设篇

第四章
河南区域性双创基地建设

河南省目前拥有省级以上双创示范基地 73 家，其中国家级双创示范基地 4 家，分别是郑州航空港经济综合实验区、中信重工机械股份有限公司、许昌市城乡一体化示范区和鹿邑县，省级双创示范基地目前为 69 家，分区域、高校和科研院所、企业三个类别。三类双创基地启动建设以来，注重以深化改革创新为引领，以提升自主创新能力为目标，以体制机制创新为突破口，以完善服务体系和平台建设为支撑，着力优化政策供给、强化主体培育、加强金融支持、办好路演赛事活动，营造了浓厚的双创环境氛围，发挥了在全省乃至全国的示范引领作用，为河南产业转型升级和新旧动能接续转换提供了重要支撑。

第一节　郑州航空港经济综合实验区

郑州航空港实验区国家双创示范基地是国务院确定的全国首批区域性双创示范基地，规划面积 573 平方公里。郑州航空港区坚持产创融合发展理念，围绕产业链部署创新链，围绕创新链部署资金链，通过双创强链补链，不断提升产业集群发展能力，推动产业集群向创新集群跃升，提升主导产业创新发展能力，实现双创模式升级。

一　发展现状

郑州航空港实验区国家双创示范基地围绕落实国家双创示范基地建设

实施意见，打造河南省创新驱动发展核心载体，坚持"产创融合"发展理念，围绕产业链部署创新链，通过双创强链补链，依托国际智能终端（手机）生产基地等平台优势，积极对接国内高校和科研院所，加快科技成果向区内转化，引导科技创新型企业向区内集聚。基地通过抓政府服务，提升双创工作质量；抓载体建设，提升双创承载能力；抓人才引育，提升智力支撑水平；抓平台搭建，提升创新创业层次；抓政策扶持，提升双创工作实效；开展双创活动，优化双创生态环境。管委会不断创新工作举措，持续加大工作力度，基地双创工作实现"优化提升"。截至 2017 年底，双创示范基地新增孵化承载面积达到 120 万平方米，新增国家级孵化器（众创空间）2 家、省市级 8 家，中铁装备、海马轿车、宇通客车等获批河南省企业双创示范基地，双创示范基地成立人才平台 17 家，建成投用高端人才公寓 133 套，引进院士 1 名、"智汇郑州"高端人才（团队）30 个，高层次人才达到 1826 人。

二 主要做法

郑州航空港实验区国家双创示范基地获批以来，不断探索产业发展与创新创业的内在联系，以产促创、以创强产、产创融合的模式逐渐成熟。围绕落实国务院办公厅、省政府《关于建设大众创业万众创新示范基地的实施意见》，推动航空港实验区双创示范基地建设，管委会不断创新工作举措，持续加大工作力度。

（一）抓产业培育，提升双创发展潜能

一是坚持"产创融合"发展理念，围绕产业链部署创新链，通过双创强链补链，不断提升产业集群发展能力，推动产业集群向创新集群跃升。重点培育电子信息、生物医药等主导产业，鼓励优质企业开展技术创新，实现以产促创、以创兴产。二是充分发挥国际智能终端（手机）生产基地、中国（郑州）跨境电子商务综合试验区、国家生物医药产业基地等平

台优势，积极对接国内高校和科研院所，加快科技成果向区内转化，引导科技创新型企业向区内集聚。

（二）抓服务效能，提升双创主体质量

一是建立政府部门协调联动机制，示范基地建设实行省、市、区三级联动，市、区两级共建的工作格局。市、区两级专门成立了双创示范基地建设工作领导小组，建立了由市长（管委会主任）任组长、发改委部分负责同志任办公室主任的工作机制。同时，建立实验区"首席服务官＋服务联络员"企业（项目）分包制度，推进一站式双创服务大厅和双创服务云平台建设，打造"线上＋线下"双创服务体系。二是突出专家智囊团的咨询指导作用，成立"双创示范基地专家顾问委员会"，为双创工作提供决策咨询、规划论证、项目评审、检查考核等。依托创业黑马学院，开办示范基地企业家训练营，面向区内企业家、双创载体，开展系统性解构成长方法论培训，提供专业创业辅导。

（三）抓载体建设，提升双创承载能力

一是按照"重点优化、着力推进和加快谋划"三个层次，坚持政府主导和企业自发相结合，统筹推进13个双创综合体建设。通过制定《郑州航空港经济综合实验区示范性创新创业综合体认定管理办法》，引导综合体合理布局产业定位，鼓励组建专业管理运营团队，加快完善综合服务功能，打造双创示范基地建设核心载体。二是采取引育结合的方式，加快推动市级以上孵化器、众创空间提质增量，壮大孵化载体。同时，发挥企业、创投机构和社会组织的力量，发展创客空间、创业咖啡、创新工场等新型孵化器，构建低成本、便利化、全要素和开放式的双创载体。

（四）抓人才引育，提升双创智力支撑

一是结合国家双创示范基地建设，大力实施"智汇郑州"人才工程，聚焦顶尖人才（团队）、国家级领军人才、地方级领军人才、地方突出贡献人才，积极落实项目资助、人才落户、购房补贴、子女入学、医疗保障等系列政策，加快高端人才聚集。二是依托全国第三个引智试验区，实施"航空城英才"工程，制定完善《郑州航空港经济综合实验区关于实施"航空城英才"工程加快人才强区建设的若干意见》《引进创新创业高层次人才暂行办法》等人才政策，优化人才环境，重点引进和培育中高级人才。三是创新人才招引途径，注重项目引才、以商引才，兼顾柔性引才，鼓励单位引才，倡导中介引才，推动各类创新创业人才集聚。

（五）抓政策扶持，提升双创工作实效

一是坚持把中国（河南）自贸区、郑洛新国家自主创新示范区、国家双创示范基地等政策用足、用活，目前，省、市两级用于支持航空港实验区创新创业发展的专项政策超过 10 项，每年支持示范基地建设的财政资金超过 3 亿元。二是制定完善支持航空港示范基地建设的"1 + N"政策体系，出台《郑州航空港实验区管委会关于建设国家双创示范基地和国家自主创新示范区若干政策》这一普惠性扶持政策，同时制定科创中心建设、人才公寓等专项扶持政策。三是坚持把政策落实作为完善政策扶持体系的关键点，市、区两级职能部门每月开展一次大型政策宣讲会，明确政策兑现办法、操作路径和具体流程，全年共落实国家、省、市三级扶持资金8000 多万元。

三　取得的示范成效

郑州航空港实验区国家双创示范基地获批以来，通过一年多的建设，示范基地在模式探索、平台搭建、人才引育、创投基金和双创生态等方面取得了新进展、新成效，示范基地的创新创业水平、产业发展水平等得到了进一步提升。

（一）模式示范成效初现

通过实施三级孵化，链接区外双创资源，对初创企业的集群孵化，配套建设企业加速器，集中实施政策支持和资源整合。台科创酷通过打造"一周一投"服务平台，实施网络（虚拟）孵化，对具有一定技术含量、未来有发展潜力的项目导入孵化器进行重点孵化，已举办线上、线下路演45期，签约项目21个；手机产业园按照"低成本、便利化、全要素、开放式"的建设思路实施异地孵化，在郑东新区高校聚集区打造1000平方米的"创客＋"众创空间，对智能终端上下游产业链项目进行创业资源整合。

（二）双创平台规模初具

示范基地获批一年来，全区新增国家级孵化器（众创空间）2家、省级2家、市级4家，各级孵化平台已累计入驻双创企业350家、创客团队200个。武汉光谷咖啡、创业黑马、华夏创客邦、北京UFO众创空间等一批国家级孵化平台已经或即将入驻。航空港科创中心、郑州临空生物医药园、美创国际产业园等综合体即将建成投用，全区已累计建成双创综合体面积200多万平方米。

（三）人才队伍不断壮大

目前，实验区已引进院士4名，硕士、博士等高科技人才近1530名。设立了院士工作站10个、博士后工作站6个，国家级专家服务基地、航空大都市研究院、约翰·卡萨达教授工作室投入运转，与浙江大学、郑州航空管理学院开展了人才合作对接。

（四）基金规模不断壮大

发挥财政资金的引导作用，鼓励双创综合体和孵化平台共同参与，构建了种子、天使、创投、产业基金体系。目前，航空港双创示范基地正在筹备或发行基金 7 个，已到位资金近 200 亿元；综合体、孵化器、众创空间设立的创投种子基金、引导基金规模已达 2 亿多元；与中科院软件所共同设立的 2 亿元创投基金正在筹建。

（五）双创生态不断优化

以 2017 "创响中国" 郑州站活动为主线，积极组织和承办了第四届 "创青春" 中国青年创新创业大赛河南分赛、2017 "郑创汇" 国际创新创业大赛、创业导师走进港区留创园等双创活动 100 多场，坚持将双创活动做到系列化、常态化、专业化。与创业黑马联合举办的航空港实验区企业家训练营成功开营，进一步激发了创新创业激情，示范基地双创氛围不断优化。

四 双创模式示范实践

结合示范基地发展现状，港区研究提出了 "三级孵化"、双创综合体和产创融合模式实践，旨在通过模式创新，建设最优双创环境，实现创新资源向区内集聚。

（一）"三级孵化" 模式示范

即集 "源头孵化 + 专业孵化 + 增值孵化" 为一体的新型孵化方式，是创业创新资源相对薄弱的区域处于建设期的一种科学合理的孵化方式。

1. 源头孵化模式

一是实施网络（虚拟）孵化。台科创酷众创空间通过网站、App、微信公众号三种渠道拓宽初创项目来源，通过打造 "一周一投" 服务平台（即每周星期一上午 11 点 11 分选取一个初创项目进行推介），对处在苗圃阶段的可发展项目进行持续跟踪，对具有一定技术含量、未来有发展潜力的项目实行资金跟投，并导入众创空间进行重点孵化。目前，线上路演已举办 30 期，线下路演举办 15 期，推介项目 43 个，签署协议项目 21 个。

二是实施异地孵化。手机产业园按照"低成本、便利化、全要素、开放式"的众创空间建设思路，围绕智能终端上下游产业链项目定位，对处于创业萌芽期的项目团队，在郑东新区高校聚集区打造 1000 平方米的"创客＋"创客空间，进行创业资讯、培训、项目、资金的资源整合，为创业者搭建综合服务平台。通过 3～6 个月的预孵化，实现创业项目的商品化进程，使创业项目从构思、设想或试验阶段进入到产品市场试销，完成项目公司化的进程。

三是实施委托孵化。与区外高校、科研院所、企业联盟等签订合作协议，委托专业机构开展苗圃孵化，管委会给予政策、资金支持，将优质科研团队和创业项目导入实验区。目前已与浙江大学技术转移中心、中国中小企业协会高新分会、中国技术交易所等开展了合作对接。

2. 专业孵化模式

通过建设专业孵化器、众创空间，为科技型初创企业提供孵化、辅导、扶持和培育，在其创业、成长阶段给予充分有效的服务和配套条件支撑。目前，区内智能终端国家级孵化器重点孵化智能终端（手机）、电子信息等初创企业，临空生物医药园孵化器、台科创酷孵化器重点孵化生物医药、大数据类初创企业，集聚创客汇、UP 创客梦想空间重点孵化跨境电商类初创企业，现已入驻各类创客团队（项目）295 个。

3. 增值孵化模式

通过在综合体内配套建设不少于总面积 1/2 的企业加速器，对经过专业孵化阶段、开始进入快速成长期的科技企业，提供生产经营场地，同时配套公共技术、投融资、人才引进等平台服务，集中实施政策支持和资源整合，通过 2～3 年的时间，推动企业增值，培育高成长性高新技术企业。目前，航空港科创中心已建成加速器面积 18.2 万平方米，手机产业园建成标准化厂房 39 栋，美创国际产业园为企业量身定制企业独栋 40 套，累计入驻科技型中小企业 233 家。

（二）双创综合体模式示范

1. 开发建设模式

坚持"政府主导、市场化运作"原则，结合实验区主导产业，合理布局每个综合体的产业定位，原则上每个综合体重点发展1个主导产业和2个关联产业。企业负责决定产业细分领域和自身功能定位，培育或引入引领自身产业发展的龙头企业，配套建设孵化器、加速器和服务设施。采取建设投资主体多元化，由国资平台投资建设，或企业独资建设，或双方合资共建，实现有租有售、租售并举。目前，实验区已建成或在建双创综合体13个，总面积超过400万平方米。

2. 运营管理模式

坚持专业化运营，通过组建专业管理团队，或与大型专业化平台类机构进行实质性合作，提升自身的资源整合能力、企业孵化能力和产业培育能力。综合体建设公共技术平台、公共服务平台，为入驻企业和团队提供全链条、一站式、低成本和便利化的服务。设立科技投融资平台，用自有资金在综合体内部设立天使或种子资金，采用引导设立或外部引进的方式设立产业投资基金或风险投资基金。

3. 扶持激励模式

对编制完成总体发展规划、组建完成专业管理团队、搭建完成综合服务平台，并实际开展创新创业工作的示范性综合体，给予土地、资金等专项政策扶持，实现"一园一规划、一园一主业、一园一政策"，使政策扶持更具针对性，同时也减少综合体间的同质化和无序竞争。

（三）产创融合模式示范

1. 依托企业开展技术创新

充分发挥企业作为创新创业的主体作用，引导企业由外延式扩张向内涵式创新转变，探索实践"企业出题、政府立题、协同解题"的政产学研合作创新机制。每年安排不少于 1 亿元的科技经费，重点用于科技重大专项（计划）、技术创新与引导计划等。目前，已累计支持科技计划项目超过 200 个，承担各类国家级计划课题 11 项，建成各级工程实验室、工程技术研究中心 71 个。

2. 引导企业开展内部创业

发挥行业领军企业在双创中的作用，鼓励企业开展内部创业。富士康郑州科技园依托自身技术和人才优势，积极推广企业创客文化，努力营造创新、创意、创业氛围，成立了"云之咖啡"（郑州）创客大本营，围绕"硬件、软创、文化"三大类创客项目，搭建服务平台。2017 年底，创客大本营已有 26 个创客圈、6 个小微企业、300 余名创客入驻。李克强总理在考察富士康时给予了肯定，并提出要更加珍视"两种精神"，即精益求精的工匠精神和永不止步的创客精神，积极投身先进制造业。

3. 围绕主导产业布局双创

一方面，将创新转化为生产力，把发明或技术成果转化为市场需要的商品，最终形成规模产业，推动产业优化升级。实验区依托国际智能终端省级大数据产业园，搭建航空港大数据应用与服务产业技术应用研究院等 3 个省级大数据领域创新平台，同时计划引入海航科技、软通动力等优势企业，助推大数据产业发展。另一方面，依托优势主导产业，发挥龙头企业技术、资源优势，开展创新创业。依托新郑综合保税区电子口岸通关便利化，发挥中部电商产业园、跨境电子商务示范园的带动作用，搭建专业孵化平台（众创空间）开展创新创业。目前，两个平台已入驻电商企业 86 家。

五 示范经验和意义

郑州航空港实验区产创融合发展的模式实现了产业要素和双创要素的有机融合，体现了双创发展的新趋势新特征，将有力促进产业向中高端发展，对推动产业提档升级和现代经济体系建设意义重大。

（一）探索了产创要素融合促进产业转型升级的模式

通过产业要素与创新要素深度融合，聚焦高端创新资源集聚、产业服务功能拓展和专业服务能力提升，围绕产业链部署创新链，通过双创强链补链，构建产业双创融合新格局。探索实践"企业出题、政府立题、协同解题"的政产学研合作创新机制。每年安排不少于1亿元的科技经费，重点用于科技重大专项（计划）、技术创新与引导计划等。截至2017年底，双创示范基地实现高新技术产业增加值516.63亿元，占全年高新技术产业总产值的12.56%。

（二）践行了以双创精神激发企业内部创业经验

精益求精的工匠精神和永不止步的创客精神，是双创的灵魂，弥足珍贵。富士康郑州科技园依托自身技术和人才优势，积极推广企业创客文化，努力营造创新、创意、创业氛围，成立了"云之咖啡"（郑州）创客大本营，围绕"硬件、软创、文化"三大类创客项目，搭建服务平台。

（三）积累了依托主导产业开展双创工作的新经验

依托优势主导产业，发挥龙头企业技术、资源优势，开展创新创业。依托新郑综合保税区电子口岸通关便利化，发挥中部电商产业园、跨境电子商务示范园的带动作用，搭建专业孵化平台（众创空间）开展创新创业。

第二节　许昌市城乡一体化示范区

2017年6月，国务院将许昌市城乡一体化示范区确定为全国第二批区域性双创示范基地。近年来，许昌市城乡一体化示范区紧紧围绕城乡一体功能定位，以产促城、以城带乡、城乡融合发展，加快城乡一体化进程。

一　发展现状

河南省许昌市城乡一体化示范区依托产业发展基础，积极推进双创引领示范，努力打造中原地区开放式创新、开放型经济、城乡一体发展新高地。基地以"许昌创新驱动中心、河南新兴产业高地、产城融合示范基地"为战略定位，围绕"核心引领、产城融合、创新驱动、跨越发展"的工作思路，构建了双创"核心区＋发展区"的空间格局。截至2017年底，示范基地拥有国家级企业技术中心6家，省、市级研发创新平台48家，院士工作站3个，国家级博士后科研工作站3个，省级博士后研发基地2个，累计开展技术转移对接830次，达成科技成果交易意向101项，实现签约交易额近5000万元，相继实施各类孵化载体6个，孵化空间总面积达80余万平方米，检验检测公共服务平台4个。

二　开展的主要工作

（一）加大宣传引导力度，迅速在基地掀起双创热潮

一是市、区两级政府高度重视。许昌市委常委会、市政府常务会及市城乡一体化示范区党工委会议、主任办公会多次听取基地工作汇报，成立了市、区两级规划建设工作领导小组，定期对基地规划建设工作进行研究部署。二是加强舆论宣传。市、区两级在地方主流媒体上对基地建设及双创政策进行多层面宣传，在基地主干道出入口设置了户外大型宣传标识标牌，全面提高基地的公众认知度和影响力。三是借势双创活动周。将许昌市2017年双创活动周主会场设在基地，举行了活动周启动仪式，邀请省内知名专家举办了"中原发展青年论坛第二届第五次论坛"，开展了创业大赛、成果展示、政策咨询等活动，展示了基地良好的双创生态环境。四是承接市级人才战略。将"许昌英才计划"的核心载体"许昌英才港"落户基地，2017年10月成功举办了开港活动，建设区域性人才基地的序幕全

面拉开。

（二）突出城乡一体功能定位，培育具有典型性的地方特质

许昌市城乡一体化示范区是以城乡一体为主题的双创示范基地，基地围绕"以工补农、以城带乡、产城融合、城乡一体"主线，以特色农业为依托，积极引入"旅游＋""互联网＋"等商业理念，突出发展农村农业电子商务，通过跨境电商产业基地、农产品电商平台，不断创新蜂产品、食用菌、鲜切花、绿色蔬菜等本地传统特色农产品营销模式，扩大国内及海外市场，积极发挥龙头企业示范带动作用，培育了一批现代都市农业试点。通过"政府＋园区＋企业＋社会"等多方合作共享运作模式，积极谋划推进5G泛在小镇、北方周庄特色小镇、农民工返乡创业示范园、"双创"特色街区建设，建成投用了创业就业培训中心、创业家园（公租房）等配套服务设施，为群众就地创业提供便利条件，促进了城镇发展与产业支撑相促进、创业就业和人口集聚相统一，实现了"双创"与城乡一体的有机结合。

（三）着力打造双创平台服务链，推动主导产业做大做强

一是加快各类研发平台建设。充分发挥许继集团、许昌智能继电器等龙头骨干企业研发机构的作用，重点推进了电力能源装备技术产业研究院、许继新能源研究院等研发平台公共服务能力建设，积极申建企业技术中心、工程研究中心、工程实验室。二是加快技术交易平台建设。充分发挥许昌科技大市场的平台作用，先后引进入驻清华大学许昌技术转移中心、浙江大学许昌技术转移中心、中科院河南中心许昌分中心、郑州大学许昌研究院等20余家科研、科技机构，并与本地龙头企业在工业机器人、卫星导航等方面开展了合作项目，实现了一大批科技成果的交易转化。2017年10月，许昌市城乡一体化示范区管委会与中科院等离子体物理研究所围绕示范基地建设签订了合作备忘录，科技成果转移转化工作进一步

深化。三是加快企业孵化器建设。依托许昌留学人员创业园、许昌市科技公共服务中心建成双创孵化空间 20 万平方米，入驻小微双创企业 50 多家；在许昌市电子商务产业园新建双创空间 3 万平方米，建成省级众创空间 2 个，孵化信息技术和电商服务类创业主体 100 余家；许昌市高新技术创业服务中心有限公司成功获批国家级科技企业孵化器，在孵企业达 82 家；开工建设了许昌信息创新创业孵化园，2018 年上半年具备入驻条件，可提供 55 万平方米的孵化空间。四是加快中试基地建设。建设了许昌市节能电力电子装备中试基地项目，新增中试空间 1 万平方米，积极对接引入德国鲁道夫·沙尔平公司的先进技术理念，填补了示范基地生态链在这个环节的空白。五是加快检验检测平台建设。实施了国家中低压输配电产品检验中心、开普国家电工电子产品检测平台、河南众拓国家检验检测认证公共服务园区等项目，建成后将形成配套齐全、能力全面的综合性国家级检验检测基地，为全市双创主体提供便捷的开放式检验检测服务。

（四）发挥创新导向作用，培育发展战略性新兴产业

依托许昌海关开关运营和许昌市电子商务产业园建成投用，引进落地了阿里巴巴·许昌跨境电商产业带、居民一卡通等"互联网＋"项目，成功获批省级大数据产业园区，初步形成了区域性大数据、云计算信息产业基地。实施了森源集团年产 20 万辆纯电动汽车项目，同步开工建设了许昌能源互联网产业园、沃特玛新能源产业园、瑞贝卡天一超级电容器等项目，随着项目的建成投产，新能源、新能源汽车产业将成为示范区新的优势产业。

三　取得的成功经验

许昌市城乡一体化示范区双创示范基地坚持城乡一体化发展，开展了全域双创布局，打造成了城乡双创联动高地，其典型示范意义在于以下几个方面。

（一）探索了城乡同创助力城乡一体化建设的模式

许昌城乡一体化示范区作为城乡统筹发展的"试验田"，探索了城乡同创助力城乡一体化建设的模式，通过扶持建设双创孵化加速载体，高标准建设创业社区，打造双创特色小镇，激发农民创新创业的积极性，构建了农民创新创业的新模式，实现了以创新创业"兴城""兴域"。

（二）建立了城乡同创助推乡村振兴的发展路径

城乡融合是带动乡村振兴的核心引擎。党的十九大报告提出了实施乡村振兴战略，为落实中央这一战略部署，许昌城乡一体化示范区在建设过程中加快推动传统农业转型升级，大力推动新技术、新模式在农业领域的推广应用。探索和注重城乡同创，持续深化落实乡村振兴战略，建立健全城乡融合发展的体制机制和政策体系，以助推乡村振兴战略的实现。

（三）积累了推动城乡发展双向互动的经验

许昌城乡一体化示范区通过优化区域发展功能布局，完善城乡基础设施、公共服务体系，加快建立了覆盖城乡、有效衔接的基础设施和公共服务设施建设和管理体制，推动双创资源要素向农村延伸覆盖，实现了城乡发展与产业支撑相促进，创业就业与人口集聚相统一，城镇化与新农村建设相协调。

第三节　鹿邑县

一　发展现状

鹿邑县是河南省直管县，位于河南省东部，豫皖两省交界处，总面积1238平方公里，辖27个乡镇（办事处、管委会），554个行政村，总人口122.2万，是伟大的哲学家、思想家、道家学派创始人老子故里，被河南省定为中国传统文化华夏历史文明传承创新区的实验区。近年来，鹿邑县以"产业兴城、文化立县"为发展战略，成为省内重要的农产品加工基地、农业产业化示范基地、全国最大的化妆刷生产县和河南省最大的羊毛衫生产基地县。先后荣获"第三批结合新型城镇化开展支持农民工等人员返乡创业试点地区""河南省农民工返乡创业示范县""中国中部百强县""中国民营经济最具活力县""全国科技进步先进县""全国科普示范县""中国化妆刷之乡"等荣誉称号。2017年6月，鹿邑县被国务院确定为全国第二批区域类双创示范基地。

鹿邑县以"产业兴城、文化立县"为发展战略，坚持创新驱动，深化体制改革，推动一、二、三产业融合发展，坚持突出重点、发挥优势，不断探索实践，持续完善创新创业生态，建设创新创业平台，厚植创新创意老子产业文化，打造鹿邑创新创业高地。基地坚持突出重点、发挥优势，聚焦产业转型升级和社会民生发展重点领域，创新创业重点方向放在"生物制药产业"和"老子文化产业"，发挥"尾毛化妆刷"和"羊毛衫纺织"产业优势，增强经济社会发展契合度，初步形成"一体两翼一轴"的鹿邑双创发展格局。探索出了"输出打工者、引回创业者、带动就业者"的返乡创业经济模式，形成以创新引领创业、创业促进就业、创业推动创新良性循环的"鹿邑双创模式"，为河南省乃至全国提供引导、推动农民工返乡创业示范及经验借鉴。截至2017年底，双创示范基地第二产业增加值148.35亿元，第三产业增加值119.2亿元，2017年实现区域增加值318.92亿元，基地内企业总数4335家。

二 典型经验归纳

(一) 经验一："引凤还巢"工程打造返乡创业模式示范

1. "请进来"吸引本土企业家返乡布局产业链集群

围绕"尾毛化妆刷"和"羊毛衫"两个鹿邑本地优势和特色产业，把承接长三角、珠三角产业梯度转移与引导相关产业鹿邑籍、豫籍企业家回家乡创业相结合。通过"引凤还巢"工程，发挥本地劳动力经验和成本优势，发挥本地生产原料采集和物流优势，利用尾毛化妆刷和羊毛衫在生产过程中具备"工厂集中生产与家庭分散加工"相结合的特点，吸引鹿邑籍和豫籍农民企业家回家乡布局产业链，凸显"以凤带鸟"的凤头效应，带动乡亲们共同参与产业链不同环节生产，联动鹿邑集约化的生产端与长三角、珠三角市场端的链接分布，最终完成企业家返乡带头创业与乡亲们共同实践创业、完成就业的良性循环。这种模式也被当地人形象地称为"引凤带鸟"。

2. "走出去"探索异地打工者创业实践委培新模式

鹿邑作为打工人员输出的大县，如何立足把打工者培育成创业者，甚至与区域招商引资相挂钩，是鹿邑"引凤还巢"的重要课题。为此立足鹿邑本地劳动力特征，结合老子故里的文旅目的地需求，与上海、浙江等文化创业产业高地相联动，创新地探索打工者创业实践委培模式。鹿邑选送优秀的青年打工者到上海、浙江等地的文创企业定向委培，通过阶段学习和实践，掌握文创产品的生产加工和市场营销技能，并在实践中习得企业管理和资本运营知识。委培期满，作为委培方的文创企业与接受委培的打工者，共同返回鹿邑投资共建文创企业，围绕老子文化及文旅需求开发文创产品并运营，打工者在实践中历练为创业者，形成"返乡创业、招商引资"良性互动的新局面。这种模式也被当地人形象地称为"引凤筑巢"。

(二) 经验二："融合发展"打造产业转型促就业模式示范

1. 科技创新驱动聚焦，壮大优势主导产业

抓住国内消费扩大升级和产业转移的有利机遇，壮大医药与酒类加工、纺织与尾毛加工两大主导产业。做优尾毛加工，做大休闲服装、针织毛衫，带动新材料研发设计、新工艺革新优化，延长产业链和创新链。鼓励现有企业技术改造、产品升级、产能扩大，引进高新技术企业，集中力

量引进一批支撑产业发展的关键共性技术平台，打造全国最大的尾毛制品生产基地及交易中心。同时，积极促进鹿邑尾毛加工、羊毛衫、食品等实体产业电子商务化，推动线上线下融合发展，利用"村淘创业""农产品电商创业（F2B、F2C）""农村微商创业""农村物流""网络平台创业"等形式，将基于"互联网＋"的产业动能赋能于鹿邑的传统主导产业。

2. 借势田园综合开发，发展复合型新农业

发挥鹿邑地处豫东平原的农业大县优势，借势美丽乡村建设和乡村振兴战略，发展以休闲观光农业、高效农业、绿色农业、智慧农业和品牌农业为主体的复合型农业。着力转变农业经营方式、生产方式、资源利用方式和管理方式，培育新型农业经营主体，加快建设特色农业产业化集群，搭建乡村经济发展载体，延伸农业功能，提升产业价值链，力争把鹿邑县建成农村一、二、三产业融合发展示范县。同时，以鹿邑现有的农业产业化基础，大力培育发展家庭农场、农民合作社、农业产业化企业、农村专业技术协会等新型农业经营主体，推动新型农业经营体系的构建，促进返乡农民工转化为新型职业农民，发展规模化经营，实现在家门口创业、就业。鼓励积累一定资金、技术和管理经验的返乡人员和本地农民充分挖掘鹿邑县乡村、乡土、乡韵、乡情的潜在价值，大力发展农产品加工、现代农业、休闲农业、特色农业和乡村旅游，实行产销一体化运作，推动农业与工业、服务业三产深度融合，拓展创业领域。

（三）经验三："上善若水"构建老子文化为引领的双创文化

1. 建设文化旅游创意产业孵化器

以老子文化产业园、老子出生地太清宫为依托，建设以"文化创意＋成果转化＋创意产品研发＋旅游产业"为主题的文化旅游创意产业孵化器，分为创意设计展览展示、创意产业孵化区、旅游文化产业孵化区及旅游文化产品交易中心四部分，引进动漫游戏、创意设计、工艺美术等文化产业链相关企业、机构、团队入驻，提升鹿邑的文化内涵和整体形象。

2. 建设老子文化产业创业基地

规划以老子文化为主题，集创意孵化、影视拍摄、国学培训、道文化体验、休闲娱乐、老子文化产品研发、老子思想农业项目应用为一体的新兴文化产业集群。园区包括创意产业孵化区、老子动漫主题乐园、老子学院、道文化体验中心、老子文化产品研发中心、老子生态农庄等模块。以国际老子文化节和老子学术论坛为依托，吸引国内外专家、学者、企业家来鹿邑考察交流，带动示范基地文化旅游产业集群发展。

三　产业转型促就业模式的创新价值

鹿邑县以产业转型促就业模式是"创新、协调、绿色、开放、共享"新发展理念的生动体现，实现了发展经济、促进就业、弘扬文化、保育生态的协同发展，其典型示范意义包括以下几方面。

（一）探索了传统产业转型发展的有效路径

改造提升传统产业是振兴实体经济、实施创新驱动发展战略的重要内容，但改造传统产业面临诸多压力挑战。"水草皮毛"作为鹿邑县的传统支柱产业同样面临转型、产品升级的任务，为此，鹿邑县抢抓"国家双创示范基地"建设机遇，通过政策引领、创新引领、人才引领、特色引领、文化引领等举措，把招商引资与人才引育结合起来，把产业集聚与特色培育结合起来，把市场需求与产品供给结合起来，发挥技术与制度的双重作用，对接国内与国外两个市场，顺利实现了传统产业的升级转型。2017年，该县新增加企业 46 家，实现企业主营业务收入 200.12 亿元，增速 27.7%。

（二）形成了以产业升级促进就业的新模式

就业是最大的民生，产业是经济的基础，如何实现产业升级与就业扩大对我国经济社会发展具有重要的意义。鹿邑县通过壮大产业规模、优化产业结构，按照"小企业、大产业，小个体、大群体"的思路，通过"输出打工者、引回创业者、带动就业者"的方式，围绕"中国化妆刷之乡""河南羊毛衫基地"的"一乡一地"主导产业目标定位，形成"多乡连片一业"的产业发展格局。2017年，该县规模以上企业从业人员3.28万人，增速18.42%。在尾毛产业升级转型的同时，辐射带动周边更多群众在家门口实现就业创收，走上收入稳定的脱贫致富路。

（三）积累了人才双向自由流动的实践经验

长期以来，欠发达地区人才外流一直是制约区域经济协同发展的关键掣肘问题。鹿邑县创新思路，采用"请进来"的方式，依托当地优势特色产业，吸引鹿邑和河南籍在外企业家回乡创业，联动经济发达地区的产业转移，以"引凤带鸟"的模式促进当地产业发展；采用"走出去"的方式与经济发达地区产业高地联动，创新外出务工人员实践委培途径，以"引凤筑巢"的模式，带动务工人员返乡创业。从而把人才洼地的制约转换为机遇和优势，为当地经济社会发展提供了人才支撑。

第四节　郑州市高新技术产业开发区

郑州高新技术产业开发区位于郑州西北部，面积99平方公里，人口约30万，它是1991年国务院批准的首批国家高新区之一，2009年被科技部确定为首批创新型科技园区。2016年国务院批复郑州高新区建设郑洛新国家自主创新示范区，赋予其更丰富的内涵和使命。经过20多年的发展，郑州高新区已成为中原经济区发展的重要支撑，也是科技创新的核心地带之一。在新的历史时期，郑州高新区通过不断提升自主创新能力，着力完善创新创业生态体系，持续集聚创新资源，主动适应经济发展新常态，取得了新的突破。

一 发展现状

(一) 加速双创资源集聚

区内集聚了中铁隧道"盾构及掘进技术国家重点实验室"、信息工程大学"数学工程与先进计算国家重点实验室"等 5 个国家重点实验室,省级及以上科技企业孵化器 10 家(其中国家级 5 家),4 个产业技术研究院,11 个国家级工程中心,8 个部属研究院,35 个市级及以上院士工作站和 556 家市级及以上研发机构,以及解放军信息工程大学、郑州大学等 4 所知名高校。示范区获批以来,新增众创空间 22 家,占全省的 30%;新注册企业 5252 家,同比增长七成;高新技术产业增加值占比达到八成,提升 12.7 个百分点,同时新增 10 亿元以上骨干企业 3 家。

(二) 打造创新创业政策高地

在全面落实国家、省、市出台的各项支持政策的基础上,郑州高新区设立 1 亿元科技经费,应用财政后补助、间接投入等方式,支持科技金融投资、产业技术研究院建设、国家重点实验室、知识产权运用和保护、科技型中小企业发展、科技企业孵化器和众创空间建设、科技创新平台搭建、高端科技人才引进等创新活动。

(三) 加快科技金融创新

打造中部领先的科技金融创新中心,完成科技金融规划的编制、科技金融政策的出台、母体基金和创投集团公司的成立、两翼子基金的搭建;新三板资本产业园、科技金融广场、金融资本创新研究院、创新创业研究院、全国会计服务示范基地、路演中心资本力量论坛六平台启动;新增新三板挂牌企业 17 家,总数达到 67 家,占全省近五分之一,位列全国高新区第四。

（四）营造高效的政府服务环境

为提升环境服务效率，郑州高新区出台《关于印发高新区政策落实进百企活动实施方案的通知》等多项系列政策。此外还搭建了中介服务平台、公共服务平台、配套服务平台等综合性服务平台，集成各环节服务功能，帮助解决企业发展过程中的困难问题，使高新区成为创业成本最低、审批流程最短、手续最简、行政效能最高、创业成功率最高的区域。

二　积极完善创新政策

郑州高新区出台了《关于支持科技创新推进大众创新创业的实施意见》和《关于加强知识产权工作的若干意见》两个支持大众创业万众创新的政策。主要包括以下几方面。

（一）实施科技金融创新

对各类创新载体和科技型中小企业进行投资。对新落户高新区的各类创投机构、科技银行，前三年每年按办公用房租金的50%进行补贴；对各类创投机构投资区内科技型中小企业，按投资额度的3%给予奖励。

（二）支持创新载体建设

对新建并经认定的创新载体，三年内比照国家大学科技园或国家级科技企业孵化器的税收优惠政策，由财政给予等额的补贴。按照对入驻孵化企业投资额的10%，给予创新载体（运营管理机构）奖励。被认定为国家级孵化器（众创空间）的，给予200万元奖励；被认定为省级孵化器（众创空间）的，给予50万元奖励。对创新载体新培育的创新集群，连续三年给予创新载体每月每平方米25元的房租补贴；被认定为国家级产业集群的，给予创新载体运营机构100万元奖励；被认定为省级产业集群的，给予50万元奖励。

（三）加快培育科技型中小企业

对新注册的科技型中小企业，当年进入高新区"四上企业库"的，给予企业 10 万~20 万元奖励。实施瞪羚企业培育计划。建立瞪羚企业动态培育库，给予扶持政策，利用 3 年的时间培育 200 家瞪羚企业。

（四）设立科技创新专项资金

对当年新通过认定的高新技术企业，给予 10 万元的申报补贴；对当年新认定的省级以上院士工作站和博士后工作站，给予 10 万元的奖励；对当年获得省级科技进步奖的企业，按 1∶1 的比例配套奖励；对当年获得国家级科技进步奖的，按 1∶2 的比例配套奖励。

（五）支持各类研发机构建设

高新区对当年新引进的国家重点高校、科研院所在高新区建设的独立研发机构，或整建制迁入高新区的国家级研发机构，具有独立法人资格的，最高奖励 1000 万元；不具有独立法人资格的，最高奖励 500 万元。

三 高新区创新创业取得的成效

郑州高新区以提升自主创新能力为总目标，以郑洛新国家自主创新示范区为主阵地，以体制机制创新为突破口，不断加快培育创新引领型企业、人才、平台、机构，通过集中优势在创新引领型项目上求突破，实现了创新能力跨越式提升。

（一）培育了一批创新引领型平台

围绕重点产业和优势领域，高新区积极汇聚各类创新要素，以提升自主创新能力为目标，坚持"优化布局、重点建设、分层管理、规范运行"的原则，积极争取在高新区内布局建设一批国家级创新平台，加快省市级创新平台培育建设步伐，提升平台创新能力和科技成果产出转化效能，着力构建体系健全、功能完备、开放竞争、富有活力的创新引领型平台建设发展格局，夯实高新区创新发展的基础支撑。

国家重点实验室建设加快推进，3 所新获批认定河南省创新龙头企业。高新区共有国家重点实验室 5 家，分别为数学工程与先进计算国家重点实验室、盾构及掘进技术国家重点实验室、新型钎焊材料国家重点实验室、棉花生物学国家重点实验室、超硬材料磨具国家重点实验室。

院士工作站工作稳步推进。2017 年，市级院士工作站组织申报 4 家、公示 3 家，省级申报 4 家、公示 3 家，市级及以上院士工作站累计 41 家，同比增长 17%，全省领先。其中佛光发电、泰基鸿诺医药、亿必达生物科技均为 2017 年新认定省级院士工作站。

省发改委双创平台建设成效明显。郑州高新区创新创业服务集群中心（公共服务平台）总投资 15 亿元，占地 317 亩，建筑面积 30 万平方米，规划建设三个功能区，其中孵化器面积 8 万平方米，加速器 19 万平方米，综合服务中心 3 万平方米，目前已完成 16 万平方米建设，建成了科技咨询服务、科技金融结合、技术转移对接、产学研协作推广、政商基础服务等创新创业公共服务平台和配套服务设施，五大平台联动支撑双创基地建设。同时引入重要的高端咨询服务机构 20 家；引入天使投资、风险投资、产业投资机构 9 家，合作投资机构 20 家；入驻创客导师 24 人；2017 年开展项目路演、教育培训、创业辅导等活动累计达 21 场，提供创业咨询服务达 500 人次。

市级及以上研发机构申报持续提升。其中，工程研究中心（实验室）方面，市级申报 9 家，省级申报 11 家，截至目前，高新区市级及以上研发机构 600 余家，占全省 30%，同比增长 15%。

双创载体建设成绩突出。2017 年申报市级众创空间 10 家，科技企业孵化器 3 家；申报省级众创空间 8 家，科技企业孵化器 3 家；申报国家级众创空间 5 家，科技企业孵化器 4 家、公示 1 家。专业化众创空间申报 2

家，获批 1 家；星创天地申报 2 家，获批 1 家。目前，高新区经国家、省、市认定的创新创业载体（孵化器和众创空间）共 57 家，同比增长 15%，其中国家级 10 家，省级 22 家，市级 25 家，在全省高新区创新载体数量中名列前茅。

（二）培育了一批创新引领型企业

高新区以推动产业升级为目标，以创新引领型企业为主体，以提升企业自主创新能力为核心，按照"突出引导、注重集成、上下联动、重点推进"的原则，围绕高新区重点发展的主导产业和支柱产业，引导各类创新资源向企业集聚，完善企业创新组织体系，激发企业创新的内生动力，持续推进创新引领型企业的梯次接续发展，加快形成创新龙头企业引领、高新技术企业跟进、科技型中小企业支撑的创新型企业集群培育发展体系。

高新技术企业认定数量再创新高。2017 年，高新区首批高新技术企业上报总数 104 家，公示 83 家，同时第二批上报企业 100 家，正在审核，预计 2017 年高新技术企业认定将突破 120 家，同比增长 20%。

创新龙头企业大幅提升。2017 年，高新区申报创新龙头企业 30 家，获批 10 家，全省占比 14.5%，同比增长 150%，累计总数 14 家。新增 10 家企业分别为郑州机械研究所、郑州威科姆科技股份有限公司、新天科技股份有限公司、河南蓝信科技股份有限公司、中钢集团郑州金属制品研究院有限公司、新开普电子股份有限公司、郑州天迈科技股份有限公司、正星科技股份有限公司、郑州佛光发电设备有限公司、河南广安生物科技股份有限公司。2016 年，4 家企业分别为郑州磨料磨具磨削研究所有限公司、汉威科技集团股份有限公司、河南辉煌科技股份有限公司、河南思维自动化设备股份有限公司。

（三）培育了一批创新引领型人才

高新区以构建"党委统筹、组织协调、分工负责"的工作机制为基础，以引进培育科技创新创业人才为重点，以国家海外高层次人才创新创业基地为依托，坚持以市场为主导、企业为主体、政府为引导，大力培养、集聚和用好各类人才，努力把郑州高新区打造成为国家一流的人才管理改革试验区，引领全区战略性新兴产业快速发展和传统优势产业转型升级，为国家自主创新示范区建设提供坚实的人才智力支撑。

（四）培育了一批创新引领型机构

高新区以集聚创新资源为主线，以产业关键共性技术研发及产业化为重点，以支撑产业转型升级为目标，努力探索政府支持、市场主导、企业化运作、产学研紧密结合的新型技术创新模式，引进建设一批需求牵引、多元共建、体系开放、水平一流的新型研发机构，推动新型研发机构成为集聚创新要素、整合跨界资源、支撑和引领高新区产业发展的核心载体。

截至目前，郑州大学产业技术研究院已经入驻企业 40 多家、入驻团队 80 余家；郑州信大先进技术研究院目前与近 20 家企业签署了合作协议或注册了合作公司，初审通过武器装备科研生产单位二级保密资格；郑州高端装备与信息产业技术研究院有限公司依托郑州机械所先后被认定为河南省科技型中小企业、郑州市创新型试点企业、河南省新型研发机构、国家高新技术企业。此外，2017 年 9 月 27 日，郑州轻工业学院产业技术研究院已经挂牌，并入驻团队 33 家。11 月 8 日，郑州市、中电六所就共建郑州轨道交通信息技术研究院正式签约。网信领域军民深度融合项目备忘录已经签约。

第五节　濮阳市经济技术开发区

濮阳经济技术开发区（以下简称"经开区"）成立于 1992 年，2013 年升级为国家级经济技术开发区。经开区明确发展定位，牢牢坚持"创新驱动、转型升级、开放共享、绿色发展"的总体工作思路,以四级孵化体系为重点构建双创载体,以人才引进、企业培育为中心壮大双创主体,以强化政府引导和服务能力为主线优化双创生态环境,促进新技术、新产品、新业态、新模式加速发展,立志将经开区打造成为带动地区经济发展和实现区域发展战略的重要载体,构建开放型经济新体制和培育吸引外资新优势的排头兵,科技创新和绿色集约发展的示范区,大众创业万众创新的落脚地。

一 示范基地区域范围

经开区位于濮阳市城区西部,成立于1992年9月,辖区面积232平方公里。全区现辖两镇、一乡、四个办事处,共132个行政村,常住人口25.4万人,城镇化率50.5%。经开区地理位置优越,晋豫鲁铁路全境贯通,大广高速、濮鹤高速在此交会,郑濮济高铁、阳濮高速已经开工建设,形成了横连东西、纵穿南北的铁路和高速公路交通网络,距离正在建设的郑濮济高铁濮阳东站只有10公里,距离即将建设的豫东北机场40公里,距离即将建设的菏泽民用机场仅2小时车程,郑州、济南、石家庄等省会城市均可在2小时内到达,交通十分便利。经开区依托这些优势,已成为中原地区重要的人员流动、物流、资金流、信息流的汇集地,是河南省乃至中原经济区面向沿海开放的前沿阵地,也是承接境外及沿海发达地区产业转移的理想之地。

二 取得的成效

(一) 品牌支撑能力不断突出

经开区积极研究国家政策,持续挖潜品牌内涵,先后成功创建了国家濮阳经济技术开发区、国家循环化改造示范试点园区、国家外贸转型升级专业化示范基地、国家生物化工特色产业基地、国家农业科技园区、国家新型工业化（化工）产业示范基地等国家级"金字招牌"，在众多领域成功争取到了国家的政策支持。

（二）产业基础逐渐完善

2017 年是经开区成立 25 周年，经过不断探索和发展，经开区已经形成了以化工新材料、高端装备制造、战略性新兴产业为主导的产业发展格局。经开区具有在我国中西部地区配套设施较为完善的化工园区，依托中原大化、中原乙烯、惠成电子、迈奇化学、河南沃森、班德路、天津蓝星等一批高成长性骨干企业正带动化工园区向电子化学品等化工新材料方向转型升级发展。经开区装备制造产业园区和战略新兴产业园区，在推动贝英数控、路科威机械制造、双发实业、华南重工等装备制造企业加快发展的同时，更有利于承接、培育智能制造、3D 打印、新能源、新材料、生物医药等战略新兴产业的发展。

（三）创新能力不断加强

经开区深入实施创新驱动战略，强化自主创新，狠抓载体建设，加快形成以企业为创新主体、以市场为导向、产学研资相结合的创新要素聚集机制，为建设创新型经开区提供了有力的科技支撑。2011 年经开区获得"知识产权优势培育区域"称号，2012 年顺利晋升为知识产权优势区域，2013 年被科技部批准为"国家农业科技园区"，2015 年"国家火炬计划生物化工特色产业基地"复审顺利通过。截至 2016 年底，经开区已拥有高新技术企业 16 家，国家级知识产权优势培育企业 3 家，省级节能减排科技示范企业 10 家，国家农业科技园区 1 家，国家级企业技术中心 1 家，院士工作站 1 家，博士后研发基地 4 家，省级工程研究中心 2 家，省级工程技术研究中心 11 家，市级重点实验室 9 家，市级工程技术中心 18 家。全区专利累计申请量达到 1597 件，授权量达到 1056 件。经开区万人有效发明专利拥有量达 4.04 件，为濮阳市的近 3 倍。区内企业濮阳市诚农绿色农业研究开发公司被认定为全国首批，全市唯一一家国家级、省级星创天地；濮阳电子商务产业园被评为全省首批、全市首家河南濮阳电子商务产业园众创空间。

(四) 发展环境日渐优化

近年来，经开区始终将优化发展环境作为激发市场活力的突破口和重要抓手。为持续优化发展环境，经开区不断降低市场准入门槛，进一步催生市场主体，逐步建立起公平、开放、透明的市场机制。2016 年，经开区企业服务中心入驻单位累计接待企业和个人 2800 余人次、办理项目备案和环评审批等企业审批事项 148 项，办理工商登记注册等审批事项 2200 项，企业服务中心服务职能得到不断强化。

第六节　安阳市城乡一体化示范区

安阳市城乡一体化示范区（以下简称"示范区"），是 2011 年 5 月省政府正式批准成立的省级复合型城市新区，其功能定位为"四区一中心"①，即打造安阳市城乡一体化先行区、现代化复合型功能区、交通枢纽和区域物流中心。

一　发展现状

示范区处于河南和环渤海经济圈紧密相连的最前哨，为融入"一带一路"及中原经济区等多重国家战略，示范区紧密结合安阳转型升级发展战略需求，确立了"以产业发展为重点，以产带城、以城促产，产城互动、城乡一体"的总体发展思路。在产业布局上，突出"南抓小镇、北抓园区"。即南部抓好安阳国际产业小镇建设，努力打造全市承接产业转移基

---

① "四区一中心"：打造安阳市城乡一体化先行区、现代化复合型功能区、对外开放示范区、产业转型升级先导区，建设豫晋冀交界地区综合交通枢纽和区域物流中心，规划面积 226 平方公里。

地；北部抓好安阳高端装备制造产业基地建设（安阳精密制造产业园和中海清华智能产业园）。依托安阳国际产业小镇，20 余万平方米的"安阳市创业创新中心"已开工建设，"安阳市创业创新中心"和产业小镇启动区1500 亩城市路网基本完善。

2016 年，示范区（直管区）生产总值完成 22.2 亿元，同比增长 9%；规模以上工业增加值完成 3.91 亿元，同比增长 12%；固定资产投资完成23.2 亿元，同比增长 21%；社会消费品零售总额完成 32.3 亿元，同比增长 11.8%；一般公共预算收入完成 3.27 亿元，同比增长 24.1%。

二 取得的成效

（一）创业创新氛围浓厚

积极组织企业、团体参与各类创新创业活动以及第五届中国创新创业大赛（河南安阳分赛区）和安阳市首届创新创业大赛，先后组织企业开展了"创业大讲堂""科技创新会议""银企座谈会""安阳市互联网企业论坛"等活动，对获奖单位和团队给予资金和政策扶持。积极承办 3 期"创业辅导培训班"，累计培训 275 人次，创业创新项目和团体争相进驻示范区，创业创新氛围日渐浓厚。

（二）高新企业快速聚集

坚持全面优化创新创业环境，不断完善科技平台，加快创新管理体制，促进高新企业快速集聚。积极发挥功虎精英论坛与杭州移动互联网技术学会的理事单位作用，深入对接北京云泰互联信息技术、北京数码大方等互联网创新企业，与中关村信息谷、杭州颐高集团等创业创新服务和运营机构，以及南京信息工程大学、安阳工学院等科研院所展开合作，深圳百米生活、飞鸟教育科技、破茧网络科技、深圳鹿头人科技等 30 多家科技创新企业已入驻安阳市双创科技中心，双创工作在示范区取得阶段性成果。

（三）合作架构日趋完善

与工信部合作成立了国家级科研机构——赛普工业设计研究院，与中国机械研究总院签订合作协议，促成企业与国内最大、实力最强的民营研发机构——安世亚太科技股份有限公司的重组上市；依托天津港便捷的跨区域通关政策，建设了安阳无水港；利用天津自贸区优惠政策，合作建设天津自贸区安阳"分片区"。对接洽谈的河南蓝谷应用技术学院、中清研安阳电子商务研究院、分布式地热新能源、LED 光源以及德众自动化LED、超精密磨床和航海仪器生产线等项目即将落户示范区。

三　政策举措

为了贯彻落实《国务院关于大力推进大众创业万众创新若干政策措施的意见》（国发〔2015〕32 号）及《财政部工业和信息化部国家发展和改革委员会国土资源部国家税务总局关于推动小型微型企业创业创新基地发展的指导意见》（工信部联企业〔2016〕394 号），大力实施创业创新生态培育、协同创新平台搭建、双创文化建设、创业创新资源共享、双创支撑服务体系五大行动计划，确保完成"创新之城，创业之邦"建设目标，建成立足安阳、辐射周边的区域性创新中心。

（一）培育创业创新生态

围绕各类创新主体的需求构建好生态系统是建设创业创新基地的关键，创业创新生态系统是创业"种子"、创业"土壤"、"阳光雨露"和创业文化等的系统集成。现实中，配套政策、财政补贴、资金引导、公共服务、奖励激励等措施就像阳光（配套扶持政策）、土壤（财政补贴的各类众创空间）、水分（加强资金引导）、空气（公共服务）、养分（奖励激励）五大元素，是"小苗木也可能长成参天大树"的基本生态环境，是创新创业的关键资源要素，最终形成一个生命力旺盛、根植力强大的复合生态系统，促使各类创业创新要素共生互助、聚合裂变，释放更大的能量，让政府的公共服务与企业的实际需求更加合拍，让企业有更强大的动力推陈出新。通过建立"众创空间内创业培育→双创中心内扶持孵化→双创中心内做大做强"的三级孵化模式，制度供给"做加法"，实现创业创新"做乘法"。

（二）搭建协同创新平台

围绕安阳市产业技术提升和经济社会发展需求，按照"整合、共享、服务、创新"的思路，由政府主导，通过跨单位、跨部门、跨地区的科技资源整合，建设以"一中心四基地"为主，以项目申报、金融咨询、资源共享、专利交易等平台为辅的创新平台；由企业主导，主管部门引导，在重点领域和优势产业上下功夫，引导企业进行创新平台建设，加快培育发展新一代信息技术，提高企业自主创新能力和核心竞争力，促进产业结构调整，推动产业转型升级，最终形成信息化模式管理，多平台间数据共享的创新平台体系。

（三）注重双创文化建设

坚持"协调创新、开放共享、绿色发展"的园区双创文化理念，通过产业创新、空间创新、模式创新，打造生活空间、生产空间高度协调融合的"创业生活共同体"，实现园区"8 小时工作圈"向"24 小时创业生活圈"转变；坚持开放园区建设，集投资者、创新者、旅游者为支撑性力量，浓缩园区双创文化，打造"园区客厅"，使各方参与，共享经验和数据；园区还将通过严苛的入园筛选模式、精细的园区规划设计、统一的生活文明公约，使园区达到产业上、环境上、生活上的全方位绿色化。

（四）共享创业创新资源

构建创业创新资源共享服务平台，利用大数据系统架构，形成一个涵盖工业、民生、政务在内的协同创新的社区云，进一步将资源转化为先进的生产力。充分利用互联网技术，为进驻基地的企业提供综合服务、产权交易、展览展示、科技金融、交流培训等服务内容，共享大数据和应用程序，让各类创业创新主体间形成"信息对称、资源共享、互动通畅"的发展环境，促进企业提升自主创新能力。

（五）完善双创服务体系

创新创业基地要紧随时代发展方向，不仅建设综合性的创业创新公共服务平台，还要建设包含众创空间、孵化器和类加速器等多种孵化形态，朝着形式多样化、功能专业化、投资主体多元化和组织网络化方向发展，形成自身特色。要围绕"聚集、聚合、聚焦、聚变"的发展定位，整合多方创新资源，为创业企业孵化、高新企业研发、创新人才培育、科技成果转化提供发展空间。

第一节　郑州大学

郑州大学是国家"211 工程"重点建设高校、"一省一校"国家重点支持建设高校、河南省人民政府与教育部共建高校。2017 年 9 月进入国家世界一流大学建设高校行列。站在新的历史起点上，学校确立了综合性研究型的办学定位，提出了一流大学建设"三步走"发展战略，力争到 21 世纪中叶建成世界一流综合性研究型大学。学校十分重视学生创新创业能力培养，探索出了"嵌入企业行为的创新创业教育实践"课程，教学效果良好，目前已在全校予以推广。为发挥双一流高校对双创引领带动作用，优化创新创业环境，郑州大学采取"集中建设、开放共享、专管共用，有偿使用"的模式，积极探索学校大型仪器装备开放共享管理的新模式，先期已建设、开放共享郑州大学现代分析与计算中心、超级计算中心、医学科学院转化医学等三个平台，取得了良好的社会和经济效益，为高校开放资源共享平台积累了有益经验。

一　双创基础雄厚

（一）双创资源集聚能力强

郑州大学学科门类齐全，学科实力雄厚。有 6 个国家重点（培育）学科，37 个国家临床重点专科建设项目，4 个学科（领域）ESI 排名进入全球前 1%，50 个河南省重点学科；有 7 个国家级科研机构，6 个教育部重点实验室、工程研究中心及人文社科重点研究基地，7 个省级协同创新中心；有资产经营有限责任公司、大学科技园、众创空间、大学生创新创业基地等；有 7 位专职院士，6 个国家中心、联合工程实验室，3 个国家研究、培训基地，120 多个省部级科研机构，具有较强的基础研究、应用研究和科技开发能力，先后承担各类科研项目上万项，获国家科技进步奖 5 项、国家技术发明奖 1 项、国家自然科学奖 1 项。

（二）主体活力突出

学校成立了"郑州大学校市校企合作委员会"，由学校主要负责人直接领导，以相关部处、院系、校内外产学研合作平台为合作支撑机构的校内产学研组织体系。"一把手工程"使这一组织体系在与地方的合作中，从沟通渠道到实施操作路径都形成了较强的推动力。为了激发青年教师的科研能力，学校出台了《郑州大学关于加强青年教师培养工作的实施意见（试行）》，通过设立"青年教师启动基金"和"优秀青年教师发展基金"，对新入职的青年教师和优秀青年教师给予科研经费支持，提升科研能力，进而使其全力冲击国家级科研项目和人才项目。

近年来，郑州大学根据创新创业的有关要求和部署，创建"郑州大学创业学院"和"郑州大学创新人才培养"机制，出台了《郑州大学就业创业工作考核与奖励办法（试行）》《郑州大学大学生创新创业项目扶持办法（试行）》，将创新创业教育作为培养创新型人才的重要途径，并将其融入专业教学和人才培养的全过程，开设就业创业必修课程，进一步促进郑州大学大学生创新创业实践能力的提高。

（三）坚持资源开放共享

郑州大学的实验室、研究所、协同创新中心等科研创新平台以及大型仪器设备、文献、数据库等资源对创新创业人员全面开放，为大学生、科研人员和创新创业者提供科研、检验检测、技术咨询等一系列服务，降低创业成本。学校大学生参加国家、省市各类大赛的获奖项目，都是出自这些实验室。

除以上公共技术平台以外，还有政策咨询服务、投融资服务、企业信息发布、人才培训等创新创业公共服务平台，主要从人才、财务、管理、技术、沟通、营销、投融资等方面为创新创业团队提供服务。

二 郑州大学科技园的典型做法

（一）以嵌入企业行为的创新创业教育实践课程体系培育学生创新创业能力

郑州大学十分重视学生创新创业能力培养，探索出了"嵌入企业行为的创新创业教育实践"课程，经过不断探索完善，该课程已日臻成熟，教学效果良好，目前已在全校予以推广。

1. 课程建设指导思想

以专业知识为基础、以社会需求为导向，指导学生学习运用企业管理、行业伦理及社会文化等素质教育知识，以团队协作形式，模拟企业行为设计与管理，开展创新创业实践，进一步加强学生创新意识、创新思维、创新创业能力培养。

2. 课程性质及形式内容

该课程为 2~3 学年课程，为必修课程，2 个学分。课程教学目标是根据学生专业特点，指导学生开展社会相关调查、了解专业相关行业企业发展状况、运营机制，组建虚拟企业，并围绕企业的生存与发展，开展有卖点的创新创意产品设计，引导学生分工合作、自我管理，在模拟实践中完善知识结构，加强工程应用能力锻炼，提高自身创新创业能力。

课程教学分为三个阶段，以电子信息类专业为例，主要包括：第一阶段，通识教育：嵌入企业行为理念。第一学年，主要嵌入"行业/企业通识教育"主题教育。如"工程伦理学""信息技术概论""电子信息前沿技术""现代企业组织行为""IT 企业的发展战略"等，使学生由浅入深地了解信息产业岗位的基本情况、从业基本技能、行业发展及所需的先进技术等。第二阶段，岗位教程：嵌入企业岗位知识。第二学年，主要嵌入"工程设计和管理"主题教育。如"项目管理""市场营销""文秘文档""专利申请"等，学生可以根据在"企业"运行过程中不同的角色和兴趣来选修所学课程，以满足企业运行中所需要的知识。第三阶段，仿真实训：模拟企业行为实践。第三学年，主要嵌入企业行为模拟。学生团队在教师指导下，以企业形式开展工作，包括共同完成有卖点的创新创意产品工程设计、项目筛选、产品成型等。学生以"付费"（虚拟货币）方式聘请教师"离岸"远程指导，按照经理、财务经理、质量管理、技术人员、秘书等职务协同工作，但所有成员均需参加技术工作。"企业"通过自建网站发布开发和销售进程的情况。

3. 课程考核评价管理

各团队学生须按指导教师要求，及时提供创新实践的市场调研数据、开题报告、分工协作方案、工作会议记录、工作日志、产品设计等材料，以供导师考评指导；课程结束时，需进行产品展示宣传，并向学院导师组提交企业产品并进行答辩。导师组根据课程指导思想及内容要求全面评价，按团队给出总分，团队经民主讨论依据个人贡献进行成绩分配。如有分配不公申诉，由学院专家团队依据该"公司"运行材料进行裁决。

4. 主要成效

该课程突破了传统的单一课堂教学形式，实现了专业教育与创新创业教育的有机融合，突出了学生在创新教育实践中的主体地位，其孵化的一些学生创新创业实践成果为学生就业发展提供了良好的支持。实践表明，该课程在提高学生专业素质、培养学生创新创业能力、团队协作能力、社会责任意识等诸方面，都发挥了积极作用，深受用人单位的好评。

（二）以资源开放共享平台建设助力区域创新创业生态环境

郑州大学采取"集中建设、开放共享、专管共用、有偿使用"的模式，积极探索学校大型仪器装备开放共享管理的新模式，先期已建设、开放共享郑州大学现代分析与计算中心、医学科学院转化医学等平台，取得了良好的社会和经济效益，助力区域双创环境营造。

1. 现代分析与计算中心

2014年成立郑州大学现代分析与计算中心，中心是学校的直属单位及校级公共共享服务平台。共享平台的创建与运行为郑州大学开创了大型仪器装备共享管理的新模式，为高校开放资源共享平台积累了有益经验。

目前，中心实验室面积超过3000平方米，已装备大型仪器设备18台（套），价值近亿元。共享平台有分中心及仪器信息共享中心31个。在共享平台上设立的课题组有222个，共检测样品8000多个，提供数据5万多个，为本校师生减免测试费用50余万元，免费培训校内外测试人员200多名。

中心与20多家企业签署了共建协议，与世界知名大型仪器公司岛津公司创建了合作实验室，岛津公司免费提供8台（套）先进设备，与国内知名仪器公司东西电子建立合作关系，东西电子免费提供6台（套）分析仪器。中心实行主管校长领导、学科与重点建设处监管、专家委员会指导下的主任负责制。根据学校实际，中心实行集中与分散相结合的统分管理体系。实验室已逐步建成表界面分析室、结构分析室、成分分析室以及若干个分中心。分中心隶属相关院系，设备与人员归属不变，分中心受中心与院系的双重管理，中心只对分中心测试业务、仪器设备利用率等进行管理与统计。设备的运行与管理，依据学校"盘活存量、用好增量"的指导精神，采取"集中建设、开放共享、专管共用、有偿使用"的模式，减少重复购置，提高设备使用效率。

（1）以共享为主导，资源统筹的设备配置模式

共享设备是指有较大共享度的仪器装备，由学科与重点建设处组织，现代分析与计算中心参与，会同学校相关部门，严格按照相关程序，对设备进行论证与购置，并做好共享设备的安置、安装与调试等工作。

（2）"分散安置、集中管理"的设备运行与管理模式

所有共享设备（包含本部与分中心）均需纳入中心实验室网络系统，实行动态网络化管理，包括对仪器的开机、使用人、运行时间、测试计算内容、测试收费等项目的管理。本校师生均可利用校园卡号登录平台进行预约测试。实验室网络管理系统统一由中心运行和维护。

（3）阶梯式的分类收费标准

仪器运行采用阶梯式收费：

第一阶段：试运行期间（2~4周），测试费全免；

第二阶段：初期（4~8周）仅收取耗材费；

第三阶段：针对校内外人员采取分类标准，实行正常收费。

（4）高水平成果奖励机制

利用中心入网仪器设备测试的数据、正式出版的高水平论文，根据其测试记录及相关票据进行及时奖励。

2. 医学科学院转化医学平台

医学科学院是集学科建设、科学研究和高层次人才培养三位一体的科研与管理机构，主要致力于肿瘤防治领域的科学研究。自2015年成立以来着力打造基础研究、实验动物、转化医学三大关键科研平台。

2017年8月，转化医学平台正式投入使用。现已建成可用于公共服务的分子生物学实验室、符合GMP标准的病毒载体制备室和细胞基因治疗制剂制备室。一期建设采购了流式分选细胞仪、激光共聚焦显微镜、长时间动态活细胞观察成像系统和荧光定量PCR仪等设备，价值3600万元。平台实行"开放、流动、联合、竞争"的运行机制，制定了《郑州大学医学科学院医学科研平台运行管理办法》等。

（1）平台仪器设备开放共享做法

设计先行。转化医学平台建设之初，将如何方便共享作为设计的理念核心要素之一。在设计阶段充分考虑物理空间布局及软研建管理系统。

建章立制。借鉴国际一流科研平台的先进经验，制定了切实可行的管理制度——《郑州大学医学科学院医学科研平台运行管理办法》。

分类管理。转化医学平台将设备共享分为三类：第一类是大型仪器设备（单台 40 万元以上）；第二类是非大型仪器设备，但对操作技术要求较高，需要专业技术人员完成；第三类是通用设备。根据类别制定相应的使用管理办法及收费标准。

灵活用人体制。转化医学平台通过购买服务的方式，聘用了运行服务人员。将共享服务的部分收入用于技术人员的能力培训和绩效奖励。

主动宣传。有针对性地宣传平台服务范围和能力，特别是能和平台研究方向相契合的研究者。

（2）取得成效

支持医科院研究中心科研进展及项目申请。平台入驻有医科院体系的细胞信号转导和蛋白质组学研究中心、细胞与基因治疗研究中心。加快了中心研究人员的科研进展，2017 年后半年发表了 SCI 文章 6 篇，其中一篇发表在 *Nature Communications*。细胞与基因治疗研究中心 2017 年度获得科技部重点研发计划战略性国际科技合作项目 1 项，国家自然科学基金面上项目 2 项，青年基金项目 2 项，联合重点项目 1 项等，国家级项目经费达777 万元。

支持学校国家级项目进展。根据平台运行管理办法，第一附属医院、第三附属医院、生命科学学院等单位 28 个国家自然科学基金项目等国家级科研项目团队入驻平台，共享平台的仪器设备。

吸引人才。医学科学院 2017 年后半年入职的来自南开大学、武汉大学等国内知名高校的优秀博士毕业生，都是考察了平台的建设及运行管理体系之后才确定加入的。2017 年底郑州大学青年学者国际论坛举办期间，让青年学者实地参观考察转化医学平台，增加了优秀青年学者加入郑州大学的信心，目前已经与 4 位学者达成初步意向。

第二节　河南农业大学

一　发展现状

河南农业大学长期以来秉承"厚生丰民"的办学理念，充分发挥教育、科技、人才等资源优势，以构建区域科技创新与大学生创业体系为重点，以服务现代农业为宗旨，以培植地方农业特色产业为切入点，通过做强一个产业、转化一批成果、推广一批技术、培养一批人才，加强与地方政府、企业的合作，坚定不移地走产学研紧密结合的办学之路，探索了创新创业新模式，积累了丰富的工作经验。近年来，学校不断加强校地合作，先后与河南省信阳、许昌、濮阳、济源等 8 个地市和方城、温县、滑县等 30 多个县（区）开展了校地合作。2005 年学校在总结校地合作经验的基础上，实施了"科教富民行动计划"，本着与地方特色农业发展相结合的原则，选派专业对口的专家教授担任该县的科技副县长、科技副乡长，选派青年教师担任科技特派员，建立了"科技副县长—科技副乡长—科技特派员"三位一体的科技推广服务长效机制。特别是学校与方城县 35 年的校地合作，为方城县域经济健康快速发展提供了强有力的科技、人才支撑，探索形成了校地合作的"方城模式"，创造了校地合作的典范。方城县也先后荣获全国科技进步先进县、全国科教兴村计划试点工作先进县等荣誉称号。

二　做法

（一）科技创新方面

学校构建了以提高科技创新能力、服务粮食生产能力和人才培养质量为主要评价指标的绩效奖励考评实施细则和量化指标体系。完善现有的科研业绩认证贡献，提升学校科研实力，激励科研人员从事科研活动，改革分配体制，落实学校科技战略目标。建立了"需求为主体，市场为导向，产学研相结合"为宗旨的科技成果转化体系，加强与地方政府和企业的合作。依据河南省特色农业产业布局，将校内各级各类科研机构向基层延伸，在全省建立了 25 个科研分中心，科研分中心结合已有的校内科研平台和乡村科技开发基地，形成了"校内创新平台＋地市科研站＋乡村科技开发示范点"的科技创新服务网络，构建了支撑河南现代农业发展的农业科技创新和推广体系，为农业科技成果的快速转化推广畅通了渠道。

（二）大学生创业方面

2002 年，学校率先成立了河南省第一个大学生创新创业中心，制定了《河南农业大学大学生创新创业训练计划管理办法（试行）》《河南农业大学大学生创新创业和核心课程教学方式改革专项计划》等一系列文件，每年邀请 20 名国内知名创业成功人士为学生做创业报告，直接受众在 1 万人次以上，每年发布适合大学生创业的信息 100 条以上，每年举办 20～30 场创业沙龙。同时学校把创业指导课程纳入学生必修课，加大对学生创业教育的引导力度。此外，学校为鼓励和支持学生创业，每年通过行政划拨、企业捐助等形式，设立创业资金近 100 万元，学校每年在创业计划大赛的基础上，评审 10～15 个项目予以支持。

三 总体部署

根据总体思路和发展目标，完善和发展新型创新创业服务模式，构建"三个体系"，完善"两套机制"，实施创新创业"八大工程"。

（一）构建三个体系

1. 农业科技创新体系

以教育部"双一流"建设和河南省"优势特色学科"建设为契机，加强以作物学、畜牧兽医学为主的学科和平台建设，增强国家"2011 计划"河南粮食作物协同创新中心、国家小麦工程技术研究中心、省部共建小麦玉米作物学国家重点实验室、新农村发展研究院、郑州国家玉米改良分中心、教育部作物生长发育调控重点实验室、农业农村部农村可再生能源重点开放实验室、国家烟草栽培生理生化研究基地、河南现代畜牧业协同创新中心等国家和省部级研究中心的科技创新能力。依托上述国家和省部级科研平台，按照资源共享、优势互补的原则，结合河南省优势、特色农业产业区域布局和地方经济发展，选定与学校优势吻合的地区和企业建立分中心（试验站），形成"校内科研平台 + 分中心（试验站） + 科技服务点"三位一体的科技创新服务网络。

2. 农业科技成果转化与推广体系

以科技部、教育部等八部委设立在河南省唯一的河南农业大学新农村发展研究院，科技部、工信部设立在河南农业大学的河南省国家农村信息化综合服务平台——中原农村信息港及其他优势资源为支撑，通过学校与政府职能部门、企事业单位、农业产业化龙头企业、新型农业经营主体等合作共建"综合示范基地、特色产业基地和分布式科技服务站"三类基地，开展农业科技成果示范、农业技术转移与推广，完善以大学为依托的"政产学研用协同发展"的新型农业科技成果转化与推广服务体系。

3. 现代农业人才"三级"培养体系

充分发挥多学科性农业大学综合优势，结合发展现代农业对不同类型、不同层次农业人才的需求，着力构筑现代农业人才培养体系。一是通过"两院"院士、"长江学者奖励计划"特聘教授、"国家杰出青年科学基金"获得者等领军顶尖人才的引进，大力提升学校科技创新能力，并通过他们的引领和带动能力，大力培养一大批河南省"百人计划"、中原学者等高层次人才。二是通过改革大学生创新创业课程体系和设立大学生科技创新创业项目，进一步调动大学生科技创新的积极性，培育大学生的科技创新能力，塑造学校浓厚的科技创新创业氛围。三是依托设立在河南农业大学的农业农村部现代农业技术培训基地、科技部科技特派员创业培训基地和河南省新型职业农民培育基地等，通过科技培训、创业指导、跟踪服务等形式，大力开展职业农民的创新创业培训，培养一支"能创新、善创业、懂经营、会管理"的职业农民队伍。

（二）完善"两套机制"

1. 校内政策激励机制

围绕学校双创工作，加大校内管理体制改革，制定出台或进一步完善一系列规章制度和办法，激发和促进学校各层次教师和大学生的创新创业动力和能力。

2. 校外政策保障机制

依托学校校地企合作资源优势，在基层建立校外政策保障机制，在企业落实科技特派员制度，激发广大教职工和大学生的创新创业积极性。一是学校争取地方政府支持，在校地合作基地所在的县乡构建"科技副县长—科技副乡长—科技副主任（大学生志愿者）"的校外政策保障机制，弥补学校在农业科技成果转化、农业技术推广服务中协调能力的不足，畅通农业科技成果转化与技术推广服务渠道。二是出台《河南农业大学教职工离岗创业管理办法》、《河南农业大学科技特派员管理办法》和《河南农业大学创业基金管理办法》等，鼓励广大教职工和大学生利用学校科技创新成果到基层创业，解决农业技术"最后一公里"问题。

（三）重点工程

1. "双一流"科技创新引领工程

整合资源，增强"硬实力"。以教育部"双一流"建设为抓手，集中优势力量，做好河南粮食作物协同创新中心和河南省优势特色学科建设工程等高层次的科技创新项目，增强本校作物学、畜牧兽医学等学科的创新能力，进一步加强和稳固本校在全省农业科技方面的引领作用，保持持久的创新能力，为学校的创新创业工作奠定坚实基础。

2. 高层次人才引进培养培育工程

大力实施推进人才强校战略，加大对高层次人才的引进和培育力度，构建层次清晰的人才系统，培育一批学术造诣深厚，具有国际领先水平的学科领军人物、学科带头人和优秀学术骨干，学校每年设立不低于5000万元的专项经费用于加强人才工作。

3. 农业科技成果转化推广示范工程

加强"政产学研用"协同，将新农村发展研究院建设与中原农村信息港建设有机结合，以学校承担的科研项目为依托，引导学院和相关部门与政府职能部门、企事业单位、农业产业化龙头企业、新型农业经营主体等合作共建"综合示范基地、特色产业基地和分布式科技服务站"三类基地，开展农业科技成果示范、农业技术转移与推广等，建立河南农业大学技术转移示范中心。

4. 师生基层创新创业示范工程

依托新农村发展研究院"综合示范基地、特色产业基地和分布式科技服务站"三类基地，发挥学校科技、项目、人才等资源优势，选择产业优势明显、易复制的示范基地开展师生基层创新创业计划。

5. "互联网 + 农业"服务工程

依托设立在学校的国家农村信息化示范省综合服务平台——中原农村信息港，在全省农业大县建立20个农业信息服务分中心、30个作物农情监测站，吸纳100家农业产业化企业和农民专业合作社、家庭农场、种养大户等作为农业信息化服务会员单位。建立多渠道、全方位、高覆盖的农业信息化综合服务体系，利用网络、电视、电信等现代科技和传媒手段，为现代农业发展提供方便快捷的信息服务。

6. 平台仪器设备共享工程

依托省科技厅科研平台、仪器、设备共享项目实施，充分利用网络信息技术，按照统一规范标准建立"河南农业大学大型仪器设备共享网络管理平台"，并逐步与河南省大型仪器设备共享网络管理平台对接，充分发挥学校科研平台和大型仪器设备的作用，提高使用效率和效益，优化资源配置，促进科技创新。

7. 大学生创新创业培育工程

形成合力，结合教务处、研究生处、校团委等部门，强化评奖评优中创新创业导向，创业典型的选树，放宽学生修业年限等；加大经费投入，学校每年拿出资金 100 万元支持创新创业专项，各学院配套创新创业资金。减少壁垒，通过职业规划、求职面试培训、就业程序说明和人事代理阐述，帮扶学生及早定位职业目标，减少迷茫，实现优质就业。通过在校外创业园、孵化园，设立大学生创业工作站，提供创业政策咨询、创业手续办理，减少流程，降低创业风险，提高创业成功率和职场竞争力。乘势而为，不断加大创业政策扶持力度，加大创业资金投入，落实"乘数效应"，整合学校的师资资源和专家团队，为有市场效应的项目把脉问诊，最大程度上做好宣传推介、技术支持、团队整合。排除障碍，消除体制障碍，完善就业创新学分制度、弹性学分制度、休学创业等；解除实际困惑，实施创新创业跟踪服务；排除安全隐患，在创新创业基地和创业园区的各类实施项目，开展定期检查，杜绝各类创业过程中的安全隐患。

8. 职业农民创新创业培育工程

依托设立在学校的国家级培训基地——农业农村部现代农业技术培训基地和科技部科技特派员创业培训基地，省级培训基地——河南省职业院校师资培养培训示范基地、河南省现代农业技术培训基地、河南省阳光工程农民创业培训基地、河南省涉农干部培训基地、河南省大学生村官培训基地等教育培训资源，每年培训社会发展急需的现代农业高层次人才及基层农技人员 1000 人；以地方农业教育资源为辅助阵地，提升其职业教育和继续教育的水平，每年为社会培训农业创业人才 3000 人；以在全省各地设立的各类基地，结合各类科技推广类项目，每年培训农业实用人才和职业农民 2 万人。

第三节　洛阳师范学院

洛阳师范学院具有百年办学历史，经过多年的发展，现已形成以研究生教育、普通本科教育为基础，以师范教育、应用型人才培养为特色，涵盖文学、理学、工学、经济学、教育学、艺术学、农学等十大学科门类的办学体系。

一　现状

学校高度重视大众创业万众创新工作，将创新创业作为学校转型发展的重要突破口和首要动力，重视顶层设计与要素保障。学校拥有全员化、专业化、职业化、专家化的创新创业指导队伍，建立健全"社会—学校—学院—班级—宿舍"五位一体的创新创业工作机制，构建并实施"一体两翼三驱动"人才培养模式，建有以"一基地三中心"为主要构架、覆盖全校的"启梦双创基地"和"一网六号"智慧服务平台，形成了"校政行企"多方联动、"产学研用"四位一体的双创工作新格局。

学校创新创业氛围浓厚，大学生的创新精神、创业意识和创造能力不断增强，学生高质量就业和自主创业人数不断增加，以创业带动就业工作成效显著，形成了"竞赛激励、项目驱动、成果转化三位一体，全程化培养创新创业人才"等典型做法和特色经验。学校先后荣获"河南省普通大中专毕业生就业工作先进集体""河南省大中专毕业生就业评估优秀单位""河南省普通高校毕业生就业工作先进单位"等荣誉称号。《人民日报》、《光明日报》、《中国教育报》及中央电视台、河南电视台等媒体对本校人才培养和创新创业工作多次报道，人才培养质量受到广泛认可。

二 双创基地建设工作成效

(一) 以赛促创,激发创新创业热潮

学校积极组织参加各级各类创新创业竞赛,成果显著。学校荣获全国首届"互联网＋"创业大赛河南省优秀组织奖、第四届"国家大学科技园杯"科技创新大赛最佳组织奖、第四届中国创新创业大赛河南赛区团队组三等奖及全国总决赛优秀组织奖、中国创新创业大赛河南赛区暨河南省科技创业雏鹰大赛优秀组织奖和"创青春"河南省大学生创业大赛优秀组织奖等。

学生荣获全国首届节能保温材料创新设计大赛泡沫混凝土组唯一的一等奖;创客三维作品《洛阳太学》包揽了全国计算机设计大赛的一、二、三等奖;纪实微电影《核桃树下》获第二届深圳青年影像奖纪录类最佳导演奖;荣获美国大学生数学建模竞赛一等奖 2 项、全国数学建模竞赛一等奖 14 项;荣获挑战杯创业大赛河南赛区一等奖 9 个、二等奖 16 个、三等奖 31 个;荣获机器人大赛全国冠军 7 个、亚军 7 个、季军 6 个,一等奖 42 个、二等奖 33 个。

(二) 项目驱动,提升创新创业能力

组织学生、教师结合专业特色积极申报大学生创新创业训练计划项目、各级创新创业课题项目,引导学生参与教师横向研发项目,以项目提能力,以能力促创新,以创新强创业。学生获批国家级大学生创新创业训练计划项目 215 项,河南省大学生创业体系建设引导专项资金扶持项目 4 项。500 多名学生加入工业机器人等研发团队,参与完成科研项目 120 多项,手指静脉身份识别系统等 53 项科技创新项目应用于企事业单位。杨数强副教授等指导的煤矿电动更衣吊篮已经在永煤集团嵩山矿、新疆伊宁煤矿等 7 家煤矿安装 1160 套,效益良好。

（三）创业带动就业，成效显著

学校创业氛围浓厚，学生自主创业人数不断扩大，目前共有 100 余个创业团体，其中入驻公司 26 个，直接带动毕业生或时间允许的学生就业 500 余人。毕业生廖永能、易春建等创办洛阳思图电子科技有限公司，从事教育竞赛机器人研发制作、技术方案设计及教育培训工作，产品主要销往北京、上海、广州等大中专院校及洛阳本地中小学。

三 政策举措

（一）成立双创基地建设领导小组

由洛阳师范学院校长梁留科担任组长，副校长潘留占、宋文献、赵海彦、李晓彦、郭新民担任副组长，科研管理处、招生就业处、研究生与学科建设处、教务处、学生处、团委、国有资产管理处、后勤管理处、网络与电化教育中心等部门负责同志担任成员。领导小组下设办公室，办公室设在招生就业处，负责双创基地建设的组织协调工作，办公室主任由招生就业处处长刁鸿安兼任。科研管理处负责筹划以及与省市相关部门的联络，组织申报国家级双创基地；招生就业处负责双创基地的规划与建设。

（二）打造创业生态圈

成立专利申请与保护、专利授权、企业运营、法律咨询等专门机构；建立以高校教师为主的科技成果转化队伍和以行业企业从业人员为主的运营、融资、财务、法律支援保障队伍；搭建双创基地的信息服务平台，为创业者展示艺术作品、发布创业产品提供便利条件。通过以上措施，为创新创业提供便利条件，整合有效资源，着力打造相互联系、可持续发展的创新创业生态圈。

（三）科技成果转化

学校在科研管理处下设成果转化科，配备专职人员负责科研成果的鉴定、统计、转化与推广，深化校政、校企之间的沟通联络、合同制定、横向项目管理、成果产业化等工作。以全国科技"三会"精神为指导，全面落实国家关于促进科技成果转移转化的政策，学校先后制定《洛阳师范学院应用性研究成果奖励办法》《洛阳师范学院应用科学与技术研究基金管理条例》等，明确科研人员在成果转化中的收益比例，激发科研人员成果转化的原动力，充分调动科研人员参与创新创业的积极性，发挥科研人员在创新创业工作中"领头羊"和"催化剂"的作用。

（四）双创激励机制

搭建双创优秀平台，构建双创保障体系，强化激励机制持续，永葆参与双创激情。通过邀请优秀创新创业人员做巡回报告，提供创新创业咨询与答疑，普及学生创新创业知识和政策，调动和发挥大学生参与创新创业的主体作用；充分发挥第二课堂的保障体系，将创新创业纳入第二课堂成绩单实施学分互换认定，对创新创业实践活动或获得非教学计划规定的各类职业资格证书或技能证书等纳入认定范围，极大地激发了学生参与创新创业的热情；鼓励学生积极参加"挑战杯""创青春"等创新创业大赛，邀请专家"一对一"指导，增强高年级学生做"导师"效应，带动学弟学妹参与到双创之中，充分发挥双创带动辐射作用；设立"十佳百星"之"创新创业之星"评选，每年度评选表彰十名创新创业优秀学生为"创新创业之星"，极大地树立了榜样模范示范引领作用。一系列措施的实施，有效地激发了学生参与创新创业的热情，形成了良好的创新创业氛围。

第四节　许昌学院

2015 年以来，许昌学院校地合作工作以"构筑平台、强化服务、内涵提升、突出创新、互利多赢"为指导思想，以"资源共享、优势互补、平等互利、共同发展"为工作原则，以地方需求为导向，与地方政府、企事业单位建立起良好的合作和互动关系。在推动学校转型发展和地方经济社会转型升级过程中，探索出了一条具有自身特色、被誉为"许昌模式"的高校服务地方发展、地方全力支持高校建设的良性互动发展之路。形成了学校重视校地合作，方向明确；地方政府大力支持，渠道畅通；校地互动频繁，产教融合的校地合作新局面。

一　积极探索校地合作体制、机制、模式和途径，形成校地合作的长效机制

作为高等教育结构调整的重要战略部署，引导地方本科高校向应用型转型，已经成为各级政府、教育行政部门的广泛共识；坚持立足地方办学，在服务地方经济社会发展中实现转型，也已成为地方本科高校共同的认识。地方高校应该怎样做，才能做到转型不出偏差？怎样才能把转型工作做好？这是摆在地方高校面前的首要问题。学校高度重视转型发展的顶层设计。经过全方位研讨，学校上下达成共识，形成了学校转型发展的指导思想：学校要实现转型，校地合作是抓手。校地合作，政府主导是关键。学校要坚持立足地方办学，在服务地方经济社会发展中实现转型；地方政府要成为地方高校发展的引导者；地方高校必须主动融入地方产业办学；地方本科高校转型发展必须坚持创新引领。在这一指导思想的指引下，学校专门成立了校地合作办公室，专门研究探索和服务于全校的转型发展和校地合作工作，校地合作办公室本着构筑体制、建立机制、创新模式和架设途径工作思路，没有制度，创新制度，没有体制，建立体制，没

有模式，开创模式，没有途径，构建途径。经过三年的探索，学校在校地合作方面形成了完善的体制、灵活的机制、有效的模式和畅通的途径新格局，走出了一条"政府主导、学校主体、产业参与、校地互动"——被誉为"许昌模式"的转型发展之路。

一是成立校地合作办公室，统筹全校校地合作工作。推动河南省教育厅和许昌市人民政府共同签署《河南省教育厅、许昌市人民政府共同支持许昌学院转型发展协议》，省市两级政府首度"联手"，共同支持许昌学院创建特色鲜明的高水平应用技术大学（许昌学院成为河南省首家省市共建高校）。与许昌市各县（市、区）、产业集聚区都签订了校地（或科技协同创新）战略合作协议，为学校校地合作的开展奠定了基础。

二是推动许昌市委市政府成立了支持许昌学院发展协调领导小组。由市委副书记任组长，常务副市长和主管工信、科技、教育的副市长、学校校长和主管科技、校地合作的副校长任副组长，许昌相关单位、学校校地合作办公室主要领导为成员，领导小组下设办公室，市委副秘书长办公室主任和分管科技、教育、工信科技与学校校地合作办公室主任任办公室主任，领导小组统筹协调校地合作事宜。与许昌市委市政府校地合作长效机制的建立，为校地合作的可持续发展提供了保障。

三是推动许昌市委和学校共同实施人才共建工程。许昌市政府实施了人才队伍建设"英才计划"，把许昌学院纳入了该计划，许昌学院引进的高层次人才可以同时享受许昌市相关政策的"优惠叠加"，这对许昌学院的高层次人才引进工作产生了明显的吸纳效应。另一条途径是实施校地人才共建"双百工程"，推进校地人才交流，打造"双师双能"教师队伍。"双百工程"是许昌学院与许昌市委市政府2014年起共同实施的一项人才共建工程，计划在五年时间内，许昌市选派百名行业企业骨干技术人才担任许昌学院兼职教授，许昌学院选派百名教师到许昌各县（市、区）人民政府挂职副县（市、区）长、机关副局长（或局长助理）、企业科技副总经理和产业集聚区副主任等实职锻炼。把地方和企业的人才请进来，参与相关专业的人才培养方案制定、课程体系建设、研发平台建设等工作，使人才培养与企业的需求紧密接轨。2015 年，"双百工程"被中组部评为"全国基层人才工作创新优秀奖"。

四是许昌市人民政府从 2015 年每年划拨财政预算 1000 万元，作为校地合作专项资金，许昌市科技局从 2017 年开始，在科技发展经费中，设立 200 万 ~500 万元的校地合作专项资金。这两项专项资金的设立，有效地推动了校地合作工作的开展。

五是针对各县（市、区）、产业集聚区开展科技与人才服务行动计划。2017 年，许昌学院—建安区科技人才服务行动计划启动，建安区人民政府出资 300 万元，作为启动资金。学校定期举行"校内资源到企业调研对接，校外资源进校园沟通交流"活动，提高校内资源对社会需求的认知和了解，提升校外资源对学校发展状况的认知和支持，为校地合作的开展奠定基础。一方面，邀请地方政府领导、企业负责人到学校与相关院所举办座谈会；另一方面，组织学校教师到校外企事业单位，开展调研和交流活动。这标志着学校与各县（市、区）及产业集聚区的校地合作走上良性发展道路。

六是由许昌市政府、许昌学院和中原发展研究院三方共同组建的许昌发展研究院于 2017 年在学校正式挂牌成立。这标志着许昌学院为许昌市提供智库服务迈上了新的台阶。

这些体制、机制的建立，彻底改变了校地合作长期以来缺乏体制机制支撑的局面，使产教结合真正地走向了产教深度融合，形成了可持续发展的长效机制。这是学校校地合作工作这几年来的最大工作亮点和特色。

二　构建协同创新平台，提升校地合作的创新能力和水平

许昌学院紧紧围绕区域产业发展需求，突出科技工作的应用导向，加强了校企协同创新和成果转移转化，加大了对科技创新平台的建设力度。

一是围绕地方产业结构和布局，结合学校学科建设和专业布局，协调

统筹校内外资源，与河南大学、河南财经政法大学联合建设了 3 家河南省协同创新中心，与许昌市 61 家企事业单位成立了 10 家校内协同创新中心和 12 个产学研合作基地。根据企事业单位的需求，开展科学研究、产品研发、科技服务等工作。

二是为更好地适应地方整体性科技创新产业升级形势的快速变化，积极参与省、市级工程技术中心的申报与建设工作。截至 2017 年，学校共有河南省中小城市公共交通信息大数据工程研究中心、河南省生物标识快检产品与装备工程实验室、河南省蜂产品质量技术监督检验中心、河南省高校电力通信数字信号处理工程技术研究中心、许昌市网络工程技术研究中心、许昌市工业机器人工程技术研究中心等 11 家许昌市工程技术研究中心。

三是为了更好地实现高端人才集聚、科技成果转化，许昌市政府依托许昌学院建设了许昌大学科技园，成立了许昌大学科技园发展有限责任公司，许昌市政府和学校分别出台了《许昌市人民政府关于大学科技园建设与发展的指导意见》、《许昌学院关于大学科技园建设与发展的指导意见》以及《许昌学院许昌大学科技园管理办法》。许昌大学科技园建设已初见成效，被认定为河南省大学科技园和河南省科技企业孵化器。累计获得奖补资金 340 万元，已孵化企业 53 家，入驻科技团队 132 家。

这些创新平台的建设，为学校转型发展、校地合作提供了广阔的空间。截至 2017 年底，共与 142 家企事业单位建立合作关系，签订合作协议 142 项，横向到账经费 1214.12 万元，获得河南省校地合作奖补资金 400 万元。取得了一批重要科技成果，工业机器人高精度减速机、环保型有色无铬铝合金表面钝化处理技术、水雾化预合金粉改性技术、溶剂雾化预合金粉技术、大规模全钒液流储能电池高性能电极材料、004 型假发前处理剂、过渡金属纳米材料在钧瓷釉中的应用技术、致病性微生物环介导等温扩增检测方法、催化功能膜电极氢氧分离电解水技术、气态水分子捕集和电解技术等多项成果处于行业或国内领先水平。与企业合作的微纳米金属氧化物在钧瓷釉料的应用及产业化、雾化—扩散新型预合金粉末的制备和产业化技术、电机自动化装配中机座自动翻转机械手研制、用于检测食品中转基因成分以及食源性致病菌的十八种检测试剂盒的生产技术、蜂产品综合开发与原辅料质量指标的快速评价、药食同源特种食材培育开发、变电站智能安防系统等 8 项产学研合作项目被确定为河南省产学研合作试点项目（全省共 132 项）。

三 积极探索，扎实开展成果转化工作

积极探索科技成果转化体制机制，承担"高校科技成果转化与知识产权转移体制、机制、模式、路径研究"河南省知识产权局软科学研究项目 1 项。经过探索与实践，形成了一套行之有效的科技成果转移转化的模式，出台了《许昌学院科技成果转化管理暂行办法》。三年来，共转化科技成果 4 项，受益 65 万元；以无铬钝化液技术入股成立了河南艾斯韦尔化工科技有限公司，技术股份占比 49%，折合人民币 1151.5 万元，学校科技成果迈出了可喜的一步。

第五节 黄淮学院

黄淮学院位于河南省驻马店市，占地 2460 亩，具有 46 年的办学历史，走过了 15 年的本科办学历程，是一所综合性全日制普通本科高校。学校设有 16 个二级学院，全日制普通在校生 2 万余人，42 个本科专业（方向），22 个专科专业（方向），在职教职工近 1100 人，有一批国家级特色专业、河南省特色专业、综合改革试点专业。

黄淮学院是教育部确定的应用技术大学改革战略研究试点院校，应用技术大学（学院）联盟副理事长单位，河南省首批"应用技术类型本科高校示范校"。学校高度重视创新创业教育，成立了创新创业教育工作领导小组，加强对创新创业工作的指导、协调、督促和检查，形成了统一领

导、齐抓共管、全员参与的创新创业教育工作格局。学校积极整合利用校内外各种资源，依托大学生创新创业园，成立创新创业学院，构建了创新创业教学质量保障体系，形成了较为完备的创新创业教育管理规章制度，规范了创新创业管理，确保了创新创业教育工作的有效运行。

近年来先后被评为首批"国家级众创空间"、"国家级科技企业孵化器"、"中国大学生创新创业产学研合作示范基地"、"河南省大学生创业教育示范校"、"河南省大学生创业示范基地"、"河南省科技企业孵化器"、"河南省创业孵化示范基地"、"大学生 KAB 创业教育基地"和"促进全民创业先进单位"等。2016 年 8 月份，获评教育部"2016 年度全国创新创业典型经验高校 50 强"。2017 年 2 月学校被教育部授予"全国首批深化创新创业教育改革示范高校"，被省政府授予"首批河南省双创基地"。

一 优化课程结构，践行"五个融入"教育教学模式

学校以人才培养方案修订和课程改革为突破口，以培养学生创新创业精神、提升创新实践能力和创业就业能力为目标，重构教育教学体系，优化和调整课程结构，将创新创业教育融入人才培养全过程。一是按照"在新常态下抢抓转型发展，在转型发展中突出双创驱动"的理念，将创新创业教育深度融入人才培养顶层设计；二是按照"注重实践、加强选修、专业发展、突出创新、强化创业"的思路，深度融入课程教学体系，面向全体学生开设了《创新创意基础》等 3 门公共必修课和《企业管理》等 15 门选修课程，以及 KAB、SYB 系列创业培训课程，给予学时、学分保障；三是秉持"产学研相结合，教学做一体化"的理念，依托学校电子信息、经济管理、建筑工程、动漫艺术等学科集群，探索将创新创业融入专业建设；四是探索建立与社会机构、行业企业协同培养机制，通过与行业和企业相关机构的合作，将创新创业融入实践，不断完善"理论＋实践"教育模式和教学体系，与企业合作建设虚拟商业社会环境，针对有创业动机和意愿的学生进行 VBSE 创业版培训，营造了良好的创新创业校园生态文化；

五是实施创新创业学分转换、弹性学制,对创新创业休学学生保留学籍,量化学生创新创业方面的评价指标在学生日常发展评价体系中的考核比重,使创新创业意识和能力的提升成为每一个学生学习成长的必要内容。

二 提升创新能力,探索"项目+团队"创新实践模式

(一)注重"埋种子、长枝芽"

坚持"并非人人都适合创业,但人人都需要具备创新创业意识和能力"的理念,注重对学生创新精神和企业家精神的培养。按照"面向全体、培育精神,分类培养、强化实践,立足专业、创新创业"的原则,结合专业教育面向全体学生培育创新创业精神,面向创业学生强化创业素质能力,面向新形势探索创新创业教育的新途径。建立健全创新创业教育课程体系,建设依次递进、有机衔接、科学合理的创新创业教育专门课程群,探索多样化的创新创业教育模式,开展丰富多彩的创新创业教育活动。

(二)实施项目带动

深入实施"大学生创业引领计划""大学生实践创新行动计划""大学生科技创新训练计划""大学生创新创业项目孵化计划"等创新创业实践活动,积极组织学生参加"'互联网+'大学生创新创业大赛""中国创新创业大赛""挑战杯"等各级各类大赛活动,实现项目带动、活动引领。

三 搭建训练平台,构建"众创+微创"创客空间集群

(一)搭建"1+N"创客空间集群

搭建广阔丰富的创新创业平台,依托创新创业园建立了"黄淮众创空间",强力打造以大学生创新创业园为"1"的校级综合性"众创空间",以院系创新工作室、创业工作室(坊)为"N"的专业较强、微小型创客

空间集群建设，努力打造具有学校特色的"众创 + 微创"式创新创业教育实践平台。

（二）推进校内创新实验平台建设

持续落实《黄淮学院实验室开放管理办法》，加大实验室开放力度，对培养计划之外的综合性、设计性、研究性、创新性项目进行开放场地和设备的开放使用，并配备一定数量的指导教师和实验技术人员参与开放工作。筹建了创业实验室、企业模拟经营平台等形式多样的创新创业模拟实训平台，从国外引进 3D 打印设备，购进 VR 虚拟现实 3D 眼镜、金属雕刻机、激光雕刻机、贴片机、回流焊机等专业机器设备，供学生开展研究和创新型学习，制作创新创业作品和产品。

（三）建立校外创新创业基地

学校与苏州科技园、四川华迪、郑州富士康集团、河南保税物流中心、驻马店电子商务产业园、昊华骏化、天方药业等联盟单位共建不低于200 个校外创业就业基地，承担学生创业培训、创新实践、创业孵化。

四　完善服务体系，打造"创业导师"一体化服务平台

（一）深化创业指导服务

一方面，学校成立创新创业教研室，组建了 STH 科技导师团、华为通讯为代表的企业专家导师团队、用友新道为代表的管理咨询导师团队、北京昆吾九鼎为代表的投融资导师团队等 300 多人组成的创新创意种子启发团队、科技指导团队、创业指导团队等导师团队，为"易团队"、"微建筑"、KAB 俱乐部、创新创业协会等学生创新创业团队配备创业导师，为学生创业计划进行评估指导，提供技术性、前瞻性的指导。另一方面，学校充分发挥创新创业园的作用，园区内实现 Wi-Fi 全面覆盖，为创新创业

学生团队提供开放式的办公工位以及 3D 打印机、激光雕刻机等大型工作设备，具有"工作室+加工车间"的特点。

（二）设立专项资金

学校每年设立 20 万元的"创业项目孵化基金"、10 万元的"创新成果奖励基金"、20 万元的"创业竞赛奖励基金"，多种途径鼓励学生创新实践。作为国家级众创空间、省级创业孵化示范基地和科技企业孵化器，创新创业园与天中孵化器联合，设立总额 300 多万元的创业孵化基金和科技孵化基金，专门用于科技项目孵化，帮助大学生实现创业梦想。

（三）整合政府、社会各方资源

学校积极与驻马店市政府及有关部门合作，学生可带着创业项目入驻地方电子商务园区，获得提供 50 平方米的办公场所和装修补贴，10 万元的"企业担保、政府贴息"贷款作为创业基金，有效地破解了学生创新创业面临的难题。

（四）提供财务法律咨询

学校与知名财务咨询公司和律师事务所等机构合作，为创业学生免费提供财务管理、法律咨询等方面的业务服务和指导。

（五）营造良好创新创业氛围

建立并继续良好运行大学生创新创业园网站、"创新创业汇"微信公众号等媒体平台，为学生提供丰富的创新创业理论知识和国家指导政策，并通过宣传栏、制作简报等形式，宣传创新创业政策和工作成果，传播学生创新创业典型事迹，在学生中树立榜样力量，培育良好的创新创业精神和文化氛围，成功掀起"大众创业万众创新"潮流。

第六节　黄河科技学院

黄河科技学院始创于 1984 年，是全国第一所民办普通本科高校，2013年获批教育部首批"应用科技大学改革试点"单位，并成为中国应用技术大学联盟的首批成员与河南省首批转型发展的试点高校；2014 年，获批"全国毕业生就业典型经验高校"，学校创新创业成果获得国家级教育教学成果二等奖；2015 年，获批"全国首批众创空间""河南省首批'十三五'示范性应用技术类型本科院校"；2016 年，获批"国家级科技企业孵化器"，获评"全国民办高校创新创业教育示范学校"，荣膺首批"全国创新创业五十强高校"；2017 年，获批教育部首批"深化创新创业教育改革示范高校""河南省首批高校双创示范基地"，大学生创业园荣获"全国大学生创业示范园"。学校的发展史就是一部成功的创新创业史，曾两次被美国弗吉尼亚大学商学院写进教学案例，被《人民日报》、中央电视台等著名媒体多次报道。

一　黄河科技学院采取的政策举措

为更好地服务于双创工作深入开展，黄河科技学院结合河南省创新驱动发展战略和产业发展需要，结合黄河科技学院双创示范基地建设需要，在双创人才培养、双创人才流动、科技成果转化、大学生创业支持体系、双创支撑服务体系五个方面创新思路、先试先行，制定并出台以下政策措施。

（一）基本政策措施

1. 优化双创生态环境

学校将创新创业教育作为一项长期战略性工作来抓，将创新创业教育纳入《黄河科技学院事业发展规划（2016—2020 年）》，以创新引领大学生创业，以创业促进大学生就业，为大学生创新创业营造更好的"双创"环境。一是运用各种有效手段，多渠道、全方位宣传创新创业工作，引导全校师生人人参与到创新创业中，营造浓郁的创新创业氛围。二是建立宽容失败的政策保障和激励机制，积极营造"鼓励创新、宽容失败"的良好氛围，逐步消除阻碍创业的体制性、机制性、观念性障碍，充分激发大学生的创新创业活力，消除大学生创业者的后顾之忧。

2. 加强双创人才培养

2015 年，学校制定了《黄河科技学院关于进一步加强创新创业教育工作的实施意见》，作为黄河科技学院创新创业教育改革的纲领性文件，明确了创新创业工作的指导思想、发展目标、主要任务与保障措施。制定了《黄河科技学院关于提升学生创新创业能力培养的实施意见》，对优势特色专业集群建设、开设多形式创新创业实验班、健全创新创业教育课程体系、完善创新创业教育实践平台、加强创新创业教师队伍建设、完善创新创业教育管理体制和激励政策等做出了详细的规划和部署。出台了《黄河科技学院关于修订本科专业人才培养方案的指导意见》，指导各专业从人才需求调查、教育思想观念变革、课程体系改革、课程建设、教学模式改革、教育评价体系改革等多个方面开展人才培养方案综合设计。

3. 完善创新创业人才流动机制建设

学校创新"教育＋科技"集团化办学体制，建立"学校—企业"教师队伍新体系，实现了创新创业人才的双向流动。学校出台了《关于柔性人才引进的暂行管理规定》《关于专业教师到企业挂职锻炼的暂行管理规定》《学校体系人才队伍管理办法》《企业体系人才队伍管理办法》《企业人员到高校任教薪酬管理办法》等相关政策，逐渐形成包括人才引进、培养、激励、流动、退出、服务在内的比较完善的人才政策体系。

4. 加快科技成果转化

从 2007 年开始，学校实施科研与学术建设工程，并在《黄河科技学院 2011—2020 年中长期改革和发展规划纲要》中明确提出未来 10 年科研的发展目标和任务，重视科研引领作用，强化管理和积极激励相结合。学校在 2009 年制定并出台了《黄河科技学院科研成果奖励办法》，2012 年出台《黄河科技学院科研工作量计算办法》，对师生取得的项目、论文、著作、专利等科技成果都给予奖励，学校科研工作发展势头好，服务地方社会发展的能力不断提升。

5. 构建大学生创业支持体系

黄河科技学院作为教育部首批"深化创新创业教育改革示范校"、全国首批创新创业 50 强高校、全国民办高校创新创业教育示范学校，已经制定了《黄河科技学院鼓励和扶持大学生创业的促进措施（试行）》《黄河科技学院大学生创业项目评审管理办法》《黄河科技学院大学生创业导师聘任与管理办法》《黄河科技学院大学生创业项目资助管理办法》《黄河科技学院大学生创业扶持资金管理办法》等，构建了从园区服务、项目遴选、导师指导、资金扶持等方面的大学生创业支持政策体系。

6. 建立健全双创服务保障体系

学校出台了《黄河科技学院大学科技园孵化器孵化基金管理办法》，积极引导推动创业投资、创业孵化与学校科技成果转化相结合；学校连续两年举办中国（河南）新药研发交流与技术转移对接会，设立 3000 万元新药研发基金，资助鼓励科研人员积极参与新药研发；学校加入河南省大型科学仪器开放共享平台，建立健全仪器共享制度，面向社会提供检测服务。

（二）保障政策举措

1. 组织保障

学校设立双创基地建设领导小组，由校长、校党委书记任组长，学校其他领导担任副组长，教学、科研、对外合作、人力资源、财务、后勤集团等部门有关负责人为成员。下设领导小组办公室，明确分工，强化责任。由领导小组办公室具体负责双创基地建设的策划、组织、协调、落实等工作。成立双创协同理事会，负责基地建设的领导决策和顶层设计。成立创新科技平台、校企战略合作、智慧校园等专项工作小组，实行项目负责制，制定详细的工作方案，明确双创基地建设项目任务书、时间表和路线图，细化工作内容，分阶段、按步骤有序推进基地建设。

2. 经费保障

学校设立"双创基地"专项建设经费，确保基地建设的顺利进行。经费预算向支撑"双创基地"建设的创新创业教育改革、高水平"双师双能"教师队伍建设、科技成果转移转化等方面倾斜。创新资金来源渠道和筹措方式，健全多元投入机制，在努力争取政府财政资金支持的同时，积极引入天使投资、创投基金、产业基金等社会资本，并采取技术入股、仪器设备入股、融资租赁、众筹等多种形式获得多元化经费支持。

3. 激励机制

以全国科技"三会"精神为引领，以新一轮科研管理改革为契机，改进科研项目资金管理，简化经费预算，下放预算调剂权，大幅提高人员费比例，优化项目结余资金管理。全面落实国家关于促进科技成果转移转化的政策，下放科研人员对科技成果的使用、处置和收益权等，增加科研成果转化方式，扩大科研人员成果转化收益比例，提高科研人员成果转化的积极性和原动力。强化创新创业奖励制度和激励机制，分类制定《科研人员创新创业奖励办法》和《学生创新创业奖励办法》，加大对师生创新创业奖励力度，充分调动和发挥科研人员与大学生参与创新创业的主体作用。大力做好双创基地建设的宣传引导工作，制定双创基地评估指标体系，纳入高校教育评估和学校评估指标体系，加强对各学院和各职能部门的考核激励，充分发挥双创基地的示范引领效应。

二 黄河科技学院创新创业成效显著

（一）创新创业文化氛围浓厚

黄河科技学院是在改革开放大潮中诞生的，建校以来始终将创新创业作为引领学校发展的第一动力，其发展历史本身就是一部创新创业史，发展基因当中充满了创新创业的元素，凝练出"开拓、拼搏、实干、奉献"的黄河科技学院精神，"敢为天下先"成为学校师生的品质特征，并深深内化至学生的行为习惯中。学校重视发挥创新创业文化在思想引领与精神锻造方面的核心作用，潜移默化地引导学生关注创业，积极创新，形成浓郁的创新创业校园文化。

（二）创新创业生态体系完善

学校建成"创客工作室—众创空间—孵化器—加速器—产业园"全链条创新创业生态体系，获批国家级众创空间、国家级科技企业孵化器、河南省大学科技园、河南省科技企业孵化器、河南省创业孵化示范基地等高层次创新创业平台。与二七区人民政府共建的"U创港"创新创业综合体，作为郑州市唯一的校政共建综合体，被郑州市人民政府列为重点建设项目。黄河众创空间，设有216个办公工位，学生创业团队可享受网络、社交及便利化服务，现入驻团队98个；孵化器面积1.86万平方米，为学生创办的小微企业提供基础设施、技术指导和高水平孵化服务，现已入驻企业64家。加速器为企业加速发展提供支撑，现有企业15家。建有河南省民办高校中第一个省级重点实验室——纳米复合材料与应用重点实验室，以及省院士工作站、省博士后研发基地、省高校工程技术中心、省非物质文化研究基地等省级科技创新平台6个，市级科研平台12个，校级科研平台20个。还建有中国（河南）创新发展研究院、河南新经济研究院等高端智库，郑州市高校专利产业化服务平台、郑州市医药创新科技服务平台等科技服务平台。

（三）创新创业资源愈加丰富

首先，通过双创工作开展学校汇聚了高层次创新创业专家学者、海外留学归国人员和创新创业人才，组建创新创业团队，指导师生创新创业。

其次，学校所有实验室对校内外企业开放，仪器设备实现开放共享。最后，搭建高层次创新创业交流平台，学校建成的国家众创空间、大学科技园、黄河众创咖啡、创客工厂、"U创港"等多次成功举办国内外高规格的创新创业活动。

（四）学生创新创业能力显著提升

三年来，学生共获得包括全国电子设计大赛一等奖、全国数学建模一等奖等在内的国家级科技竞赛奖励1100余项。在两届全国"互联网+"创新创业大赛中学校获得两银两铜的好成绩。师生共获得专利1348件，专利授权量2015年、2016年连续两年在河南省高校中名列第二。在校生674人参与创业，获得各类创业扶持资金近300万元，2015年被哈佛录取后选择休学创业的赵杰，创办公司入驻园区，获得真格基金创始人徐小平投资1300万元，目前公司经过发展，市值1.5亿元。毕业生李威创办郑州飞轮威尔实业有限公司，产品远销全球50多个国家和地区，产值近亿元。

（五）高新技术成果转移转化培育成效显著

目前，学校大学科技园入驻企业（团队）130余个，其中年产值千万元以上企业15家，高新技术企业3家。在生物医药、电子信息、文化创意等领域形成了产业集聚效应。学校16个研发中心全部孵化了企业。其中新药研发中心成功孵化了河南晟翔医药有限公司和美国Sunnylife PharmaInc公司。纳米功能材料研发中心承担了10项国家自然科学基金项目，成功孵化了河南奥孚森高分子材料科技有限公司和河南纳晶科技有限公司，已有2项科技成果转化，被认定为河南省高校工程技术研究中心。

（六）创新创业品牌效应彰显

学校创新创业工作引起了各级领导、著名企业、兄弟院校、名人创客的广泛关注，共计 3 万多人次到校指导、考察、交流。省委常委、郑州市委书记马懿，副省长徐济超等先后到学校视察。华谊兄弟（天津）实景娱乐公司、中关村软件园等著名企业和团体也前来学校考察学习，商谈合作事宜。清华大学、德国雅各布大学等 40 余家国内外兄弟单位前来考察交流。

第六章
河南企业双创基地建设

企业双创基地围绕转型升级，不断加快建设双创支撑平台，加速释放创新潜能，以产业链协同创新为支撑，着力激发双创主体活力。

第一节　中信重工机械股份有限公司

一　发展现状

示范区围绕实现重型装备行业"企业转型发展"与"双创示范"两大目标，积极打造中信重工重装众创线上资源共享、线下实验与验证和成果孵化三大众创平台，不断壮大技术、工人、国际、社会四支创客团队，探索出了"互联网＋转型"、增长模式转变等典型经验，有力地促进了新技术、新产品、新业态、新模式发展和科研成果产业化转化。2017 年公司实现营业收入 46.21 亿元，同比增长 22.52%；当年实现扭亏为盈，实现利润总额 1.12 亿元，同比增加 16.25 亿元；实现净利润 0.66 亿元，同比增加 16.31 亿元；实现经营活动产生的现金流量净额 5.66 亿元，同比增加 12.80 亿元，创 2013 年以来最好水平。

二　具体做法

中信重工机械股份有限公司，前身为洛阳矿山机器厂，是国家"一五"期间兴建的 156 项重点工程之一，是国家级创新型企业和高新技术企业、中国最大的重型装备制造企业之一、全球最具竞争力的重型矿山装备供应商和综合服务商,是国家首批"双创"示范基地、国家专业化"众创空间",国家首批认定的国家级企业技术中心。中信重工的发展备受党和国家领导人关怀,习近平、李克强、胡锦涛等党和国家领导人莅临考察,2015年9月23日,国务院总理李克强专门到中信重工视察双创工作时,高度肯定了中信重工大工匠和职工创客群的工作,并明确指出:"你们以开展创客群活动推动大众创业万众创新,促进了企业转型升级。你们的实践证明,双创不仅是小企业或者小微企业的生存发展之路,也是大企业的繁荣兴盛之道。"公司以此为开端,大力弘扬工匠精神,更加有效地推动了双创工作的开展。

特别是近年来,中信重工以2016年5月8日、7月28日分别被国家有关部门授予首批"国家双创示范基地"和"先进矿山装备国家专业化众创空间"为契机,以国家双创示范基地为依托,以双创工作为抓手,以双创工作为动力,将国企改革与双创实践紧密结合、深度融合,牢固树立创新、协调、绿色、开放、共享的新发展理念,加强顶层设计和统筹谋划,加快贯彻落实"创新驱动"发展战略,打造双创支撑平台,先行先试,不断探索,实施"智能化改造"和"传统动能+新动能"双轮驱动,营造良好的创业创新生态和政策环境,并释放双创主体效能,辐射双创示范效应,形成重型装备、关键基础件、工程成套、机器人与智能装备"5+1"现代产业体系的大格局。同时,积极践行国家"一带一路"发展战略,加快国际化进程,在沿线国家设立了8个海外公司或办事处、7个备件服务基地,市场范围覆盖沿线36个国家和地区,已成为落实"一带一路"国家战略的标杆和典范。中信重工抓双创助发展效果日渐显现,公司总体经营形势日趋向好。

(一) 三大众创平台建设进展

中信重工双创示范基地建设的核心主体是重装众创线上资源共享平台、重装众创线下实验与验证平台和重装众创成果孵化平台,"三大众创平台"建设与"互联网+"、智能制造相融合,与先进矿山装备国家专业化众创空间建设相同步,突出专业性、开放性、实用性,目的是实现创新资源共享与合作,促进大中型企业和小微企业协同创新,共同发展。

1. 线上资源共享平台

通过"互联网+""赋能+"向创客提供专业研发、设计、分析、仿真等软件环境和大数据共享服务,实现"产学研用供"五位一体的合作创新及全流程柔性衔接。

众创研发设计仿真实验分析云计算系统。铸造仿真、流体运算、颗粒分析等专业仿真分析软件配置到位,具备上线条件。线性、非线性、多体动力学、疲劳等仿真功能工具及软件具备配置要求。仿真云资源调度和高性能运算进行产品功能和性能的POC测试。

工业物联网云管家服务系统。首批提供提升机设备远程查看、动态数据采集、静态资料管理、远程故障诊断、运行预警服务等功能的用户正在接入云管家。为客户提供升级、远程巡检、故障预警与排除、自主运维、专家咨询等产品运维增值服务的系统拓展,已与中信云网工业物联网团队组成联合项目组并有效开展。

大数据资源共享服务系统。在中信云网开辟"信云智"一站式大数据云服务,开展了软件培训和企业图谱大数据分析工作。

此外,中信重工双创示范基地门户网站和微信平台在陆续补充完善平台内容的同时,进入正常运行。平台分创新需求、技术方案、科技咨询、配套资源、中信双创等板块。通过平台可了解中信重工双创示范基地最新进展、科技信息等内容,并能通过配套资源板块链接到中信集团产业互联网平台,全面满足企业需求的云计算基础服务。平台将通过市场化运作,吸引并培养年轻人才,协调企业内外部创业资源,促进员工创新创业,形成可持续发展的创新创业生态体系,并且将中信集团各子公司专业技术能力开放,实现资源共享、业务协作。此外,平台可以协调内部和外部创业资源,为创客连接上游创业导师团、投资人和社会各类力量,组织各类双创活动，促进创客双创项目的形成。

2. 线下实验与验证平台

承接中信重工矿山重型装备国家重点实验室、矿山提升设备安全准入分析验证实验室资源，优化技术、装备、资本、市场等创新要素，向专业技术创客提供各种新技术、新产品、新工艺检测、实验、分析、验证、评价等开放式服务。

重载大功率高、中、低压变频控制及基础零部件试验系统。重载大功率高、中、低压变频控制，摩擦材料、重型装备制动及矿井提运辅助试验系统配置到位，用于实现对各类变频器、电控系统等进行 IP 防护等级试验、振动试验、高低温试验、盐雾试验等环境耐受性能测试的变频控制环境试验系统选型已确定。

露天矿山开采设备试验系统。配备的交直流移动电源、数据采集处理系统、应变遥测系统、振动故障诊断分析系统、尾气分析仪、激光跟踪仪等仪器均已到位，具备初步的试验条件。

矿物加工装备及工艺选型试验系统。针对矿物加工装备与工艺选型进行试验分析整体技术方案编制完成。

特种机器人试验检验系统。面向特种机器人基础试验、性能试验、环境试验等的视觉识别、遥控数传、远程图传等系统已投入使用。2017 年线下平台累计为 150 家用户开展实验 500 多项（次）。

3. 成果孵化平台

提供有利于各类创客成果转化和创新创业的孵化条件，为创业创新者有创意、有技术、有需求、有成果的项目给予产业孵化支持。建设特种机器人、节能环保及修复再制造产业基地等。

集研发、试验和制造于一体的伊滨特种机器人生产基地自 2016 年 9 月 8 日建成以来，产品圆满完成大庆油田、中石化、沧州市危险化学品等危化企业、故宫博物院等消防实战演练。并孵化出洛阳、唐山、徐州、东营、大冶、余姚、共青城、鄂尔多斯、台山、渭南、宁波、甘泉堡、柯桥

13 个特种机器人生产基地,形成特种机器人产业化和社会化的生产协作。

高效节能环保装备产业基地。基地厂房全面建成,主要产业化生产制造装备正在进行产业化加工设备等招标采购。

大型高强磨损零部件修复再制造研发产业基地。主要建设大型立磨磨辊堆焊修复再制造生产线、大型辊压机挤压辊堆焊修复再制造生产线、大型冶金支承辊堆焊修复再制造生产线,正进行堆焊修复再制造技术方案和技术路线的论证。

除霾塔产业基地。基地完成除霾塔样机试制和基本性能测试与试验,但是样机仍存在技术难题,正在进行方案论证。

(二) 体制机制深化改革创新进展

中信重工把示范基地建设与国企改革相结合,紧紧围绕人才、技术、资本等各类创新要素的高效配置和有效集成目标,积极探索与双创相适应的管理体制与激励机制,努力将国有企业的传统优势、国际化企业的创新活力、民营企业的激励机制融合成独特的自身优势,深化改革有序推进,组织管控、"放管服"、干部竞聘、绩效管理等取得突破,激发了体制活力和内生动力,公司组织绩效和员工工作活力显现。

中信重工已初步形成了一整套的培养机制、评价机制、激励机制和成果转化与应用机制,涌现出一批"首席设计师"、"创新蓝领"与"大工匠和金牌工人",形成了人人有创新热情、处处有创新课题、事事有创新空间、个个有出彩机会的全员创新格局。

1. 企业信用体系建设

中信重工坚持诚信为本、客户至上、变革创新、精致管理的经营理念,用诚信肩负起社会责任,以诚信构筑起与客户双赢的桥梁,并且取得了长足的进展。2016 年 12 月,中信重工顺利通过国家海关高级认证企业(AEO)认证,成为洛阳市首家获得海关 AEO 高级认证资质的评定企业。中信重工获得国家海关总署"AEO 高级认证企业"资质,意味着中信重工获得了全球快速通关的"VIP"，为公司海外业务拓展创造了便利条件。海关高级认证企业是海关认定的信用等级最高的企业，既是海关"信得过"的企业，也是外贸企业的诚信典范和先进"标杆"。通过 AEO 标准认证的企业，海关会将其作为诚信、守法、安全的企业，从而给予其本国和互认国海关的进出口货物通关便利，包括减少查验或与监管有关的风险评估等手续、安全贸易伙伴身份的承认、货物优先通关、贸易连续运行保障机制等。近年，公司顺利通过了中国船级社组织的两化融合体系认证年度复审。

2. 企业组织管控体系优化

长期以来，中信重工采用的是直线职能制的组织管控方式，与当今多元业务发展需求不匹配，存在一定滞后性，业务发展受到局限，亟待优化完善，为公司业务发展形成更加高效的合力。

2016 年 8 月 29 日，公司人力资源体系优化项目正式启动。公司成立人力资源体系优化设计项目组，通过与知名管理咨询公司美世咨询公司合作，先后开展了组织管控体系优化、岗位体系优化、薪酬体系优化、绩效体系优化。

通过公司现状调研、行业标杆研究、高管干部访谈、公司材料研读、顾问专家研讨，形成《组织管控体系优化项目材料》，对公司管控模式、组织结构、权责匹配、管控流程等提出了改革建议和详细方案，经内部项目组结合实际进一步细化后，完善了《管控权责匹配表》，制定下发了《集团化管控指导意见》和针对四个产业板块的具体管控办法。并本着"积极稳妥、有序推进"的原则逐步实施，实现了改革方案落地。

3. 企业岗位体系优化

开展岗位梳理和岗位职责匹配工作，形成了完整的岗位职责匹配表，编制了部门职责说明书、科室职责说明书、岗位说明书和部门岗位架构图。对公司岗位进行分层分类，梳理了管理类、技术类、营销类、工程类、运营类、制造类等岗位序列以及子序列。运用 IPE 岗位价值评估工具进行岗位价值评估，建立了公司岗位图谱。岗位价值评估为下一步薪酬体系设计打下了基础。

4. 企业薪酬体系优化

通过对公司全面计划及薪酬总额管控现状进行诊断，规范了薪酬总额管控方式，优化了单位薪酬总额与组织绩效指标考核结果的挂钩关系，制定了超额利润加速计提办法，增加了人均效能分析指标，通过薪酬总额管控有效控制了人工成本的无序增长，发挥了薪酬激励作用。

按照"为岗位付薪、为能力付薪、为绩效付薪"理念，按照着重解决内部公平性、适当兼顾外部竞争力原则设计了新的薪酬体系，按照差异化设计原则，各类岗位选取不同市场对标水平和不同固浮比选择区间，设计了宽带薪酬体系。

按照"总额控制、有升有降"的原则完成了全部7000余名员工的薪酬套算，并指导各单位根据员工业绩表现和能力表现进行优化套算，公司薪酬体系顺利实现新旧切换。

薪酬改革规范了公司薪酬管理机制、流程和规范，建立了薪酬预算体系，赋予了单位负责人更大的员工薪酬管理权限，以更好地发挥薪酬激励作用。

5. 企业绩效体系优化

通过优化设计公司全面计划管理，建立了组织绩效体系，优化公司组织绩效指标体系，导入平衡计分卡管理工具，建立了组织绩效运作体系，形成目标设定、监控运行、考核评价、结果运用的管理闭环，有力推动了公司经营指标的达成。

同时结合公司实际制定了《员工个人绩效管理指导意见》，对各单位负责人和人事劳资员进行培训，指导各单位根据自身情况制定员工个人绩效管理细则。

6. 企业创新机制改革

中信重工着力构建了富有活力的创新机制。（1）严格的选聘机制。首席技术专家、大工匠每两年评聘一次，采取动态管理，对作用成效不明显的将取消评聘资格。（2）高效的交流机制。一是通过脱产培训、专项培训等，提高员工技能；二是搭建交流互动平台，联动打通研发、设计、制造资源；三是强化外部学习与互动，选派首席技术专家参加国内外学术交流或考察、组织大工匠到先进企业学习交流，接待社会团体到公司交流"双创"经验，近年来上百家单位到公司学习交流。（3）灵活的运行机制。实行公司统筹指导、各单位具体操作的两级管理模式。（4）动态的考评机制。实施以课题为核心的评价考核体系。年初提出创新课题，年中检查督促进度，年末进行验收评估，把创新成果作为衡量年度创新工作的重要依据。（5）完善的激励机制。以奖励激发创新，针对技术创新每年设立创新基金 1000 万元；设立以个人名字命名的创新工作室并提供创新活动经费；每年科技大会对优秀创客团队予以表彰奖励。一系列机制的建立和完善，激发了员工参与创新创造的热情，形成了爱岗位、学技能、肯钻研的浓厚氛围，有力推动了"双创"工作的扎实开展。

（三）科技成果转移转化工作与成效

中信重工以产业结构调整为抓手，从组织管理制度创新切入，积极利用双创平台发展新技术、新业务、新模式。中信重工转型坚持传统动能、新动能双轮驱动、混合驱动。面对全球能源结构调整的新形势，中信重工在矿山、建材、煤炭、冶金等传统产业领域加大调整力度，持续强化核心制造，争取实现传统产业绿色突围。在新产业领域，围绕供给侧结构性改革，重点发展重型装备、特种机器人及智能制造、节能环保装备、新能源动力装备、军工装备等产业，加快新技术、新产品、新业务的产业化步伐。2017 年完成国家、省重大科技计划项目立项 7 项，当年新获授权专利66 项，其中发明专利 28 项。

按照"专业化生产、社会化协作、全球化配套"的发展思路，中信重工着力打造以总体设计、总装制造和试验验证为龙头，以核心系统和设备专业化研制为支撑，以社会化协作配套为依托的新型装备制造创新体系，充分带动社会各方的创新创业热情。改变以往单纯依靠投资扩产实现企业增长的发展模式，通过投资入股、参股、控股及技术、品牌、管理输出方式，打造国有资本轻资产、轻结构的增长模式。

1. 特种机器人项目

中信重工 2015 年底借力资本市场，购买国内知名的自动化装备与特种机器人装备制造企业唐山开诚 80% 股权，开始大力发展基于特殊工况和高危环境下的特种机器人产业。2016 年 9 月 8 日，中信重工在洛阳本部投资建设的集研发、试验和生产为一体的特种机器人产业基地一期工程正式投产，与唐山基地合计具备年产 1500 ~ 2000 台特种机器人的生产能力。

如今，特种机器人已成为推动企业创新发展的新动能。2017 年机器人及智能装备板块营业收入 8.5 亿元，利润 2.4 亿元，其中机器人销售 847台，利润 2.12 亿元，利润率 28.2% 。在国家工信部发布的《2017 中国机器人产业发展报告》中，中信重工开诚智能荣列我国智能特种机器人活跃企业第一梯队首家企业，不仅在特种机器人领域创出了中信重工的知名品牌，而且成为国内产品线最全的特种机器人研发制造基地，成为中国最大的基于高危环境和特殊工况条件下机器人产业基地及国际领先的大型矿山智能成套装备服务商。

公司将进一步优化机器人产业布局，以更加优质、高效的机器人产品打造特种机器人领域的中信重工品牌，形成推动企业创新发展的新动能。

2. 自行式重型机械手项目

针对大型矿用磨机衬板拆装技术的瓶颈和难题，公司自主研发出用于大型矿用磨机衬板拆装的自行式重型机械手。该项目于 2016 年初完成样机生产试运行后，2016 年 8 月在太钢集团岚县矿业有限公司进行了现场试验。试验表明，公司研发的重型机械手采用 7 自由度、线控和遥控设计，操作灵活，方便使用，可提升作业效率，缩短检修时间，大大降低了工人的劳动强度，同时工人作业安全得到了有效保障。

3. CHIC 系列重载大功率工业专用变频器项目

CHIC 系列重载大功率工业专用变频器具有调速精度高、调速范围宽、启动转矩大、运行稳定可靠、节能效果明显等优点，整体技术性能达到了国际先进水平。其中 CHIC1000 系列、CHIC2000 系列变频器分别配套公司矿机提升机、矿用磨机，依托主机品牌优势，变频产业通过与主机配套的方式快速将产品推向市场。

该产品从开始研发至今 2 年多的时间里迅速实现市场化、产业化，目前已签订合同百余套，在豫光金铅半自磨机、平煤干熄焦风机、塔牌水泥磨机、西藏巨龙铜业、中国黄金西藏华泰龙矿业磨机等现场成功投运，并出口澳大利亚、伊朗、刚果（布）、蒙古、乌克兰等海外市场，充分体现了该系列产品的集成创新力与产品辐射力。

目前，CHIC 系列重载大功率工业专用变频器已达到年产 300 台的产能，极大地带动了公司主机业务、成套业务及相关产业销售。产品研发成功后目前已实现该系列变频器销售收入 2.5 亿元，利润 4000 万元；带动中信重工机械股份有限公司主机业务、成套业务及相关产业销售收入 1 亿元，利润 1000 万元。

目前 CHIC 系列变频器产品已经正式面向全球市场推出，中信重工将通过雄厚的资本支撑，打造媲美国际顶级性能指标的高端变频器品牌，为打破国外品牌垄断格局和高端装备进口替代带来全新的探索思路。

4. "一带一路" 签约项目

近年来，国际市场业绩日趋向好，中信重工国际市场订单份额占比最高时达到 50%；"一带一路" 签约项目硕果累累，总包 CMIC 公司日产 5000 吨水泥生产线工程开工；总包位于柬埔寨的 KCC2 日产 2500 吨水泥生产线和缅甸 MCL 日产 5000 吨水泥生产线已经开始正常生产水泥熟料；与菲律宾世纪顶峰矿业公司实现两度合作；与巴基斯坦 GCL 公司签订 2 × 250TPH 水泥粉磨站 EP 合同；中标阿尔及利亚 GICA 水泥集团 BENI SAF

水泥公司日产 6000 吨熟料水泥厂 EPC 成套总包工程等。经过深耕细作，厚积薄发，仅 2016 年中信重工在俄罗斯市场成功签订的合同金额超过 1 亿元，创造了近年来在俄罗斯市场订货的最好业绩。

特别是 2016 年开工建设、2017 年工程投产的 CMIC 项目，系由柬埔寨集贸集团和泰国 SCCC 水泥公司合资兴建的在柬埔寨最大的、也是最现代化的水泥项目，总投资 2.56 亿美元，与中信重工合同总额 1.56 亿美元。该总包工程实施中，由于采取了创新流程设计和工艺重组、创新融合了智能化车间理念等六大创新举措，从 2016 年 3 月初打第一根桩，到 2017 年 11 月 1 日出产、包装销售第一袋水泥产品，整体周期比国际同类项目工期以及合同工期提前了 4 个多月。由于 CMIC 项目高水平、高质量的实施，受到了业主高度肯定，业主专门拿出 150 万美元对项目部进行了奖励。此项工程进一步提升了中信重工在东南亚的品牌影响力，既是我国在海外总包建设现代化水泥生产线的示范工程，也是中信重工践行"一带一路"国家战略布局的成功典范；受到了央视、《中国建材报》、河南电视台等国内多家媒体及柬埔寨多家媒体的宣传报道。

目前，中信重工产品覆盖共建"一带一路"30 多个国家和地区，构建了全球化研发、营销、生产、服务四大功能的国际化布局，形成了成套、主机、备件、服务四大全球化服务领域。自开展双创工作以来，"一带一路"成套项目等国际市场订货签约合同额实现大幅提升，由 2015 年的 18 亿元增长至 2017 年的 64.6 亿元。

5. 石膏专用过滤机项目

针对真空皮带脱水机在使用过程中存在滤饼水分高、设备能耗高、烟气二氧化硫含量高等缺陷，中信重工进行实地调研和试验，并基于自身在真空立盘过滤机技术上的丰富经验，进行了详细的试验，并制定了升级改造方案，研发出了石膏专用过滤机，不仅降低了滤饼水分含量，降低了脱硫浓度，而且提高了生产效率。自专项研发团队成立以来，中信重工已完成 10、20、30、40、60、80、100、140、180 平方米石膏专用过滤机系列化开发。目前，公司申请9项国家发明专利，27项实用新型专利，1项外观设计专利，共获得10余项专利授权。近年来，GLL-300高效盘式过滤机研制项目先后获得河南省科学技术进步奖二等奖、中国机械工业科学技术奖二等奖，2017年石膏专用过滤机项目又获得洛阳市科学技术进步二等奖。2016年12月2日，GPYT40-8石膏专用过滤机通过了由中国机械工程学会组织的科技成果鉴定，一致认为其应用前景广阔，并建议进一步加快产业化推广应用。公司盘式过滤机投入市场以来，运行稳定，各项性能指标优于国外进口设备。到目前为止，已实现订货400余台（套），创产值4.9亿元，利润9834万元。

6. 高比压、高摩擦系数衬垫及导向轮布置技术研究

中信重工参与的国家重点研发计划课题之一——深竖井大吨位高速提升装备与控制关键技术中子课题"高比压、高摩擦系数衬垫及导向轮布置技术"，正如期向前推进。课题中研制的高比压、高摩擦衬垫主要是应用于矿山用多绳摩擦式提升机，开发高比压和高摩擦系数的钢丝绳衬垫，提高比压和摩擦系数的工程应用许用值，可以提高装备的提升能力，降低设备选型规格，达到节能减排的目的。

对于课题研究，研发人员注重借助于社会力量，同在该领域有一定制造及研究能力的社会团体、企业进行合作交流，借鉴经验、共享信息。目前，部分研发人员深入洛阳百克特科技发展股份有限公司，对衬垫在不同速度、温度、压力及油脂等工况下的磨损状态，与其技术研发人员进行了深入的交流。

7. 永磁驱动提升机研究

永磁驱动是节能环保型新技术，目前在提升机行业的应用仍为空白，但用户有此类产品的需求。中信重工矿研院看到了未来广阔的市场前景，主动和大连电机厂进行技术交流，中信重工具备提升机的技术特长，大连创为具备电机的技术特长，双方在未来的市场是互补共赢的关系。在短短半年时间内，双方紧密合作开发出了新型"内装式永磁驱动提升机"，将

中信重工的提升机技术、闸控技术、变频器技术，和大连创为的永磁电机技术、冷却技术有机结合，开发的提升机是一款机电液高度集成化的产品，通过合作研发，掌握了在中小型提升机上的推广应用技术。

该产品是典型的中信重工根据用户需求，和供应商主动合作开发新产品成功的案例。中信重工在设计研发中不再是单打独斗，而是借助于协作电机厂的力量，并且取得了变频器研发人员的帮助，实现了"短平快"的研发效果，达到中信重工和大连创为双赢的效果，取得了值得推广的成功合作模式和经验。

8. 辊压机项目

辊压机是集机、液、电气自动化为一体的节能粉碎设备。在开发过程中采取自身研发的同时与国内外其他技术力量合作的开发模式，取得了良好的科技成果并成功转化到辊压机产品，提升了辊压机技术水平。如与河南科技大学合作进行辊压机理论及结构分析；与 FAG 公司联合进行轴承寿命等技术研究工作；与梧州港德硬质合金公司、中南凯大公司联合开发柱钉技术等。

通过多项科技成果的转化工作，研究成果成功应用在 RP200 - 180、GM200 - 150 等大型辊压机，并促进了中信重工辊压机产品质量不断提升，产品的市场认知度不断提高，为辊压机产品的成功奠定了坚实的技术基础。2 米直径系列大型辊压机在建材和矿山行业累计销售 6 台，为公司创造产值 8800 万元；在建材和矿山行业累计实现订货 40 余台，为公司创造产值 4 亿元。

9. 智能控制掘进装备研发制造

隧道掘进装备渐入佳境，产品陆续实现投用。在隧道掘进装备产业领域，中信重工充分利用"协同创新，合作共赢"的创新发展模式，强强联合，优势互补，取得了耀眼的成绩；研制的国内首台 Φ5 米硬岩掘进机在总长 6640 米的"引故入洛"项目中大显身手，隧道于 2017 年 7 月初全线打通。我国自主设计的中信重工和中铁工程装备联合制造的国内规格最大的广东汕头苏埃通道用 15.03 米泥水平衡盾构机 2017 年 10 月 26 日成功下线，投用顺利，实现产值 7613.14 万元。在超深矿建井技术装备的研制中取得了一系列成果，AD120/900 竖井钻机、AS12/800 竖井钻机、AD130/1000 竖井钻机等；近两年来通过对外合作，中信重工紧紧抓住洛阳市委市政府提出的"洛阳地铁洛阳造"的政策机遇，依托新成立的中信铁建重工（洛阳）掘进装备有限公司，合作生产盾构机，取得不俗的成绩。

10. 大型矿用磨机研发制造

面对矿业、建材等传统服务领域持续去产能的严峻态势，作为世界最大的矿山装备研发制造服务商、工业解决方案提供商，中信重工化挑战为机遇，绿色发展、智能升级、品质提升、服务转型和海外拓展等创新措施，巩固和提升了重型装备、工程成套等传统产业的竞争优势，不断从价值链的低端走向高端，形成了以全球性稀缺制造资源为依托，以技术创新体系为支撑，以高端制造为核心，服务遍布国内及世界矿业巨头。企业独有的矿山装备成套优势、先进的选矿工艺技术、坚实的矿山装备制造平台，展现成色十足的"含金量"，步入大型、智能、成套的绿色产业新时代。

大型矿用磨机已装备到国内外 20 多家矿山企业，国内市场占有率达 85%。在矿山重大装备数字化设计技术、先进试验技术、可靠性安全性和寿命评估技术等方面的成果显著，突破了多项制约我国矿山重型装备研发的重大技术瓶颈。

旋回破碎机、圆锥破碎机、半移动式破碎站、高压辊磨机、球磨机、自磨机、半自磨机、立式搅拌磨、大型矿井提升装备九大装备齐头并进，实现了对矿业领域核心装备全覆盖。

新型原矿高压辊磨技术优化破碎流程，实现了"多破少磨"，工艺和结构设计达到国际先进水平，拥有 30 多项发明、实用新型专利和计算机软件著作权，关键零部件生产执行 ISO、STM、EN 等国际先进标准，GM140-60 高压辊磨机被列为国家战略性创新产品。

以智能控制为导向，成功推出低速、重载、大功率、工业专用变频技术，打通了主机自动化、智能化控制的软硬件接口，实现了工艺设计、装备制造、控制系统的全覆盖。成功将 CHIC 系列专用变频器应用于提升机、半自磨机、球磨机等煤炭、矿山、冶金装备领域，使磨机具备低速爬行、抖闪、智能化选择转速等功能，提高了系统的整体效率和产量。

领先的集成创新理念，提供从物料试验、方案选型、设计研发、产品制造到现场调试等全生命周期服务，不断引领我国装备制造向自动化、信息化、智能化转型。

中信重工着力打造矿用磨机、回转窑、提升机、辊压机（高压辊磨机）、旋回破碎机、立式搅拌磨六大核心名牌产品。2017 年六大核心产品订货总量占主机订货总额的 81.37%，其中公司矿用磨机在国内市场占有率达 80% 以上。为铜陵有色厄瓜多尔米拉多铜矿 2000 万吨/年采选项目研制的 $\Phi 10.97 \times 5.4$ 米半自磨机是出口海外规格最大的半自磨机，代表了全球矿业装备的先进水平。基于中信重工在国际矿山装备领域的卓越成就，2017 年 11 月 28 日成功举办 2017 国际矿业高端装备及工艺优化高峰论坛，黄金、有色、冶金、矿山等行业国内客户代表、国际矿业公司及有关高校、设计院所代表共 200 余名学者、专家及行业精英出席盛会。

（四）企业员工创新创业成果

中信重工利用企业员工的不同工作特点，以创客空间模式建立了四个层面创客团队，即技术创客群、工人创客群、国际创客群和社会创客群，是公司深耕双创实践，深植双创文化，着力推进大众创业万众创新的重要抓手和独特亮点。

通过"四群共创"创客体系的构建，加速了产学研用供协同创新和成果转化，直接参与者超过 800 人，影响带动了 1000 名技术人员和 4000 名一线工人创新创效，创出了品牌、团队、机制和活力，促进了企业转型升级。公司初步形成了一整套的培养机制、评价机制、激励机制和成果转化与应用机制，涌现出一批"首席设计师"、"创新蓝领"和"金牌工人"，形成了人人有创新热情、处处有创新课题、事事有创新空间、个个有出彩机会的全员创新格局。

1. 技术创客群创新创业成果

以首席技术专家为核心建立"18＋"个技术创客团队，通过院士工作站、博士后工作站、矿山重型装备国家重点实验室、产业创新联盟等平台，以及与国内外知名高校的合作，围绕矿物加工、节能环保、资源高效利用、智能控制及变频技术等开展技术创新、科技攻关及创客活动812次，辐射带动中信重工1000多名技术人员积极投身技术创新，为中信重工培育了一支拥有国家"863"主题专家、"973"首席科学家、国家友谊奖专家的技术领军创新团队，培养集聚了一大批高端创新人才。"年产千万吨级超深矿建井及提升装备设计及制造技术""年产千万吨级移动和半移动破碎站设计及制造技术"等20多项核心技术的掌握，形成了中信重工大型化、集成化、成套化、绿色化、智能化的产业发展新格局。

（1）矿物加工核心装备技术创新团队

该团队瞄准世界高端和前沿技术，依托矿山重型装备国家重点实验室、澳大利亚SMCC工艺技术公司，在矿物磨机领域深耕细作，大型旋回破碎装备、大型圆锥破碎机、大型破碎站、大型提升机、大型自磨机、半自磨机、球磨机、高压辊磨机、立式搅拌磨等是装备研发与实践上的显著成果，九大具有国际竞争力的大型矿用装备，实现出口共建"一带一路"国家30余台（套），产值近40亿元。

截至目前，中信重工 Φ6 米以上大型磨机在国内市场的占有率达81%，全国排名第一；全球占有率达23%，全球排名第二。与此同时，中信重工大型矿用磨机获得"中国名牌产品"，大型矿磨设备关键技术研究被列入国家"973"科技计划项目。2016年11月，国家工信部网站公示了首批制造业单项冠军示范企业名单，中信重工矿物加工创客团队研发的矿物磨机，上榜制造业单项冠军示范企业名单。目前，中信重工已成为全球最具竞争力的大型矿业装备供应商和服务商。

其中，立式搅拌磨以其先进的粉磨机理、简单的结构和工艺流程以及良好的操作维护性，被越来越多地用作选矿工艺的再磨设备，并且取得了理想的使用效果。其较传统磨矿工艺节能 25% ~ 30%，节省研磨介质 150% ~ 200%、耐磨件 45% ~ 110%，精矿品位 3% ~ 8%，提高金属回收率 0.5% ~ 2%，实现资源的有效利用。

项目团队针对目前国内立式搅拌磨规格小、产量低、结构落后的情况，于 2012 年开始研发立式搅拌磨，在 5 年时间内累计销售了 9 种型号、共计 18 台 CSM 系列立式搅拌磨，同时公司实现了立式搅拌磨的出口，目前已经研发出最大功率达 2500 千瓦。近两年来，市场投入的产品规格型号包含了从 60 千瓦到 1200 千瓦，实现产值约 4.81 亿元，均已投入运行且顺利达产达标，关键件的使用寿命均能够满足合同要求，得到了用户的一致好评。这标志着我国超细粉磨设备研制技术取得了重大突破，实现了超细粉磨装备及工艺的完全国产化。

（2）余热发电成套工艺与装备技术创客团队

中信重工作为河南省余热利用工程技术中心，该创客团队依托公司核心技术、核心装备优势，不断拓展成套服务领域，研发出一系列具有自主知识产权的余热利用技术，包括在水泥、焦化、烧结、冶金、石灰及钢厂全流程余热回收，可为不同的客户提供完整的、多角度的余热综合利用整体解决方案，致力于打造我国节能环保产业领域最具竞争力的成套服务商之一。

其中，依托水泥窑余热发电技术，独创了复杂热场的多点取热工艺及装置，发明了纯低温余热双压发电工艺系统，开发研制了高效双压低温余热锅炉、渐缩等压涡壳式补汽汽轮机；依托高效炉冷烧结机余热发电技术，独创了高效高温烧结炉式冷却工艺，拥有了炉冷烧结机余热发电成套工艺专有技术，创新研制出了高效冷却机，研发出了适用于复杂粒度高温物料的大倾角、耐高温运转工艺及装备，开发了密闭炉冷烧结机余热发电集散控制系统；依托硅冶炼矿热炉余热发电技术，发明了硅铁矿热炉余热发电工艺流程及设备配置，独创了硅铁矿热炉滑动式炉门结构，首创了硅铁矿热炉烟道管道内保温结构，研制了高效双压余热锅炉；依托干熄焦技术，开发了高效清洁熄焦成套工艺技术，研制了高效清洁熄焦关键设备，开发了间断型高温余热回收控制系统，设计完善了高温高压余热发电系统；依托低温 ORC 余热发电技术，应用于石灰窑余热利用系统。

近两年来，相关技术已成功应用于鄂尔多斯冶金集团 8×25000 千伏安硅铁矿热炉余热发电项目、中国平煤神马集团首山焦化 3×125 吨/小时干熄焦节能工程、平煤京宝 160 吨/小时干熄焦项目，并已陆续实现发电投产；缅甸 MCL 5000tpd 水泥熟料生产线余热发电项目，一次性调试达标达产并通过甲方验收，获得一致好评；江阴兴澄特种钢铁有限公司 360 平方米烧结机节能改造项目 2018 年底投产，安阳鑫磊干熄焦余热发电项目正加紧推进。

通过相关技术不断引领市场、创造需求，从水泥行业不断拓展应用到干熄焦、烧结矿、玻璃、化工等行业余热发电新领域，近年来累计为中信重工实现新增订单总额 70 多亿元，新增利税 10 多亿元。

相关技术在国内冶金、化工、建材、电力等领域陆续推广应用，不仅能减少热能直接排放损失，提高热量回收利用率，而且能够实现节能降耗、低碳环保，促进环境的改善，有着持续的、广泛的推广应用价值，具有显著的经济、社会效益和广阔的市场前景。

（3）特种机器人开发研究团队

团队专注于高危环境下和特殊工况的特种机器人应用研究，为适用于不同市场需求、不同作业环境而开发的消防灭火侦察机器人、小型消防工作站、水射流机器人、矿用轮式巡检机器人、轨道巡检机器人、水下巡检机器人等机器人五大平台 20 多种机器人产品。特别是目前在矿山救援领域已成功研制出矿用灾区侦测机器人、钻孔探测机器人、特种消防机器人和矿用水下机器人 4 类产品，均填补了国内空白，取得发明专利 4 项，实用新型专利 17 项，外观专利 4 项。

集研发、试验和制造于一体的伊滨特种机器人生产基地自 2016 年 9 月 8 日建成以来，产品圆满完成大庆油田、中石化、沧州市危险化学品等危化企业、故宫博物院等消防实战演练。并以特种机器人产业为代表，公司在新产品、新市场、新领域的产业化方面均取得了很大的突破，结合用户需求和市场要求建立了前沿技术、产品技术、工程技术、应用技术为一体的技术创新体系，采取"产业 + 市场"双落地的模式，取得了良好的市场反响。目前，公司机器人已在全国孵化打造出了洛阳、唐山、徐州、东营、大冶、余姚、共青城、鄂尔多斯、台山、渭南、宁波、甘泉堡、柯桥 13 个特种机器人生产基地，形成特种机器人产业化和社会化的生产协作，市场出现爆发式增长。2016 年下半年形成批量生产后，两年来共交付各类机器人近 1200 台，实现利润总额突破 4 亿元；仅 2018 年前四个月公司特种机器人实现销售收入两亿元。特种机器人进入国家第一梯队第一名，中信重工开诚智能被列为我国智能特种机器人活跃企业第一梯队首家企业。

（4）辊压机粉磨系统工艺研究及关键装备优化团队

团队开发设计了国内第一个高压辊磨试验系统，其开发的终粉磨技术可以使系统节能 25% 以上，产能提高 30% ~ 50%，作业效率提高 15%，在金属矿山中可实现提前抛尾 35%。由于技术先进和节能显著，该产品被评为国家级战略性新产品，高压辊磨机技术获得机械工业科学技术一等奖。2016 年和 2017 年公司不断进行辊压机大型化推广，相继开发了 GM200 - 130、GM200 - 150、GM200 - 160、GM200 - 180 型大型辊压机，并成功将大型辊压机推向市场。

同时公司不断对辊压机结构进行优化创新，开发了双侧调节进料装置、快速更换辊面柱钉的换钉装置及换钉方法、新型换辊装置、新型耐磨下侧板等结构，并完成新型结构的成果转化。通过新型结构的应用，使辊压机优势更加明显，获得用户的高度认可。

（5）固液分离技术创新团队

团队凭借多年丰富的经验积淀和领先的矿物实验手段，在固液分离领域进行了多项持续深入的试验研究和集成创新，研发推出了世界首创的GPYT系列5种规格石膏专用过滤机，可提高效率近3倍，为脱硫、石膏脱水提供了高效、节能、稳定的先进工艺，开启了石膏脱水的新革命。公司盘式过滤机投入市场以来，运行稳定，各项性能指标优于国外进口设备；到目前为止，已实现订货400余台（套），创产值4.9亿元，利润9834万元，用户遍及河南、山东、广西、山西、贵州等省份，并远销到东南亚、南美洲等地。

（6）隧道掘进装备创新团队

智能控制掘进装备产业基地，建成的掘进装备组装生产线，融合数字化、网络化、智能化制造技术，实现智能产品全生命周期服务。采用智能计划与调度系统，生产线具备满足同时组装8台盾构机的生产能力，使得中信重工成功进入智能控制掘进装备领域，拉长了产业链条，产品附加值得到进一步提升。

在国内率先打造的首台拥有自主产权的Φ5米硬岩掘进机，该台设备在洛阳市故县水库引水工程1#隧洞项目施工中成功应用，并于2017年7月1日完成施工，施工长度6.7公里。在此施工过程中充分验证了该设备在针对硬岩、特殊地层的高效、安全、可靠的隧道掘进性能，表现出色，并创造了日掘进66米和月掘进1010米的纪录。由于该台TBM在施工中的出色表现，得到交通设计院、水利设计院、黄委会、长委会等多家设计单位和施工单位的青睐。2016年公司和中铁装备合作，共同设计开发了国内最大的15.03米直径的盾构机；这台盾构机由公司制造，设备总重4000余吨，目前整机调试完毕并已发往汕头苏埃通道工地，2018年下半年开始掘进。2017年，在省领导和洛阳市领导的大力支持下，公司和铁建重工、洛阳轨道公司共同成立合资公司，生产用于洛阳地铁的牡丹号盾构机。牡丹号盾构机直径6.41米，长度达到80米，是集掘进、管片支护、连续皮带出渣、智能纠偏导向为一体的综合性产品。目前，成立的合资公司已经签订 1 号线 11 台盾构机。其中牡丹 1 号、牡丹 2 号、牡丹 3 号已经在史家湾站施工，牡丹 4 号等其他盾构机根据工地需求进度正在生产、装配。其中首台（套）牡丹 1 号盾构机，针对史家湾站砂卵石地层（施工难度大），每天掘进达到 15 米以上，远超项目计划时要求速度（计划速度月进尺 300 米）。

2. 工人创客群创新创业成果

中信重工以 5 个大工匠工作室、1 个全国劳模工作室为引领建立的 22 个工人创客群，围绕"五个定位"，即优化工艺技术、解决生产难题、形成典型工艺规范、固化创新成果、塑造大工匠精神开展创客活动。创客群坚持以课题为核心，坚持成果量化，坚持团队建设，坚持总结推广，坚持经验与科学的融合，传承和弘扬工匠精神，开展工艺技术攻关，破解生产难题，采用科学合理的工艺方法和刀具等，有效整合了设计、工艺、设备等创新资源，形成了立足岗位全员创新、协同创新、开放创新的浓厚氛围，为公司创出了成果、效益、团队、品牌和活力。

2016 年，工人创客群开展创新攻关活动 926 次，10502 人次参与，取得成果 105 项，固化先进操作法 83 项，保证了重点生产任务的顺利实施。

2017 年，公司通过三个阶段工匠精神大讨论，依托官方微信公众号、企业报、企业网、班前会等线上、线下方式全面展开。全年参与大讨论的微粉数超过 8000 人次，各微信公众号的有效留言数超过 1000 余条，不少独到见解博得众多微粉点赞。各创客群团有序开展工匠讲堂活动，开展各类"传道授业"活动 40 余次。凝聚和激发全体员工树立"工匠"意识，职工创客群 22 个工作室完成创新成果 99 项，参加活动 11080 人次，工匠大讲堂专题授课 9 期，工作室内部授课 135 期，职工创客与生产攻关紧密结合，不仅破解了生产难题，而且收获一批成果，全年取得实用专利 5 项，发表论文 10 篇，节能降耗 4044 万元，创效 1.65 亿元。荣获荣誉国家级 5 项、省级 10 项、市级 20 人次，是公司近三年来获得荣誉层次最高、数量最多的一年。

近两年来，刘新安获得"河南省百名职工技术英杰"称号；作为洛阳市仅有的两名代表之一，2017年光荣出席党的十九大；刘新安全国劳模工作室成为国家级技能大师工作室。2016年杨金安荣获全国五一劳动奖章、"中信集团优秀共产党员"、首届"中原十大工匠"荣誉；2017年初，杨金安当选洛阳市出席河南省第十三届人民代表大会代表；杨金安大工匠工作室成为全国示范性劳模和工匠人才创新工作室。谭志强先后被授予全国五一劳动奖章、"全国技术能手"。中信重工职工创客群红红火火，成效十分突出。

3. 国际创客群创新创业成果

公司以澳洲研发中心和SMCC公司为核心建立了国际创客团队。国际创客团队充分利用国际科技信息和人才资源直接参与课题研发，与国内技术中心创客团队协同创新，形成了海外和国内协同创新、开放创新的工作格局，建立了国际化设计、制造、服务、实验、技术标准及规范，实现了研发创新工作和国际接轨。国际创客团队以各自的业务专长活跃在公司总部、海外机构的技术研发、市场开拓和客户服务等领域，成为公司国际化转型的宝贵资源。

澳大利亚马来西亚籍首席机械设计师林苍隆，在中信重工澳大利亚悉尼研究中心从事设计的近5年里，先后创新完成CSM立式搅拌磨型号、4个圆锥破碎机型号、4个颚式破碎机型号、一个卧式搅拌磨型号设计及板式喂料机设计方案，多项产品在矿山机械领域具有"革命性"影响。2017年国庆前夕林苍隆荣获中国政府友谊奖，在人民大会堂接受了颁奖。

中信重工立式搅拌磨国际创客团队整合国内外创新资源，联合澳大利亚研发中心及悉尼大学，针对绿色节能高效的立式搅拌磨进行研究。首台产品由国际创客团队负责方案设计、图纸审查和国际市场订货；中信重工总部承担图纸设计、施工设计、设备制造、售后服务等环节；联合浙江工业大学开展理论研究，开发立式搅拌磨物料力学模型，借助于颗粒力学模拟软件和有限元分析软件分析搅拌器工作时搅拌器与钢球介质的相互作用力,搅拌器承受的应力应变和搅拌器的最大应力。20 余名国内外创客经过反复交流确立了新产品的关键技术参数,实现了新产品开发的国内外创客联动和产学研协同创新,最终开发出中信重工首台绿色节能高效 CSM - 250 立式搅拌磨。

立式搅拌磨一经开发,就取得了产品研发及国际市场开拓的双重突破,首台即被全球最大的铜生产商——智利国家铜业公司定购。在国内,2016 年 7 月,中信重工为云南锡业研制的 CSM - 250 立式搅拌磨顺利投产。短短两年时间内,中信重工新型立式搅拌磨在国内和国际市场迅速"开花结果"。目前,中信重工已累计实现立式搅拌磨的合同订货 11 台,实现产值约 1 亿元,国内主要客户有云南锡业集团、云铜集团、铜陵有色等,同时该设备实现了出口,远销世界最大铜生产商——智利国家铜业、俄罗斯车里雅宾斯克等客户。

正是由于与国际接轨,全面贯彻和实施国际标准与国际规范,中信重工的产品在国际市场受到广泛青睐。近年来,公司先后为巴西淡水河谷破碎机项目、澳大利亚 SINO 铁矿项目等重点工程提供工程成套和提供备件服务,为瑞典 LKAB 公司生产大型破碎站,为老挝 Phonesack 集团 KSO 金矿项目提供两台 Φ8.8 × 5.5 米半自磨机和两台 Φ6.2 × 11.5 米球磨机等主机产品。除此之外,中信重工凭借核心制造 + 成套服务的综合优势,在国际水泥工程总包与主机成套、矿山装备与矿山工程总包市场取得了显著成绩。

4. 社会创客群创新创业成果

依托集团及公司双创平台资源,开展创客群协作、创客培育、创客提升活动。通过协作开发平台、远程服务平台、标准服务平台、人才培养平台等向社会发布中信重工产业链需求信息,吸引深圳固高、数码大方等中小微企业、科研院所、高校和其他社会创客开展协同创新,促进提升行业技术进步。

借力外部高端智力资源，中信重工成立了由谭建荣、潘建生、孙传尧、郭东明、刘玠、王梦恕、柳百成、钟掘等13位院士、专家组成的院士专家顾问委员会，形成了一支集业内各领域科学泰斗组成的高层次专家团队和高智力创新载体。院士专家顾问委员会在企业战略决策上发挥咨询作用，在各专业领域确立研发方向、目标和研发项目实施上发挥指导作用，在各院士专家研究领域科研成果转化应用和产业化上发挥催化作用。

以产学研用供合作推动创新资源集聚，中信重工与昆士兰大学、清华大学、中国矿业大学等20多所高校，以及中国科学院、北京矿冶研究总院、中国冶金科工集团等30多个科研院所，并协同巴西淡水河谷、澳大利亚必和必拓、智利铜业、瑞典力矿集团、中国黄金集团、江铜集团等行业巨头，外加澳大利亚JK矿物研究中心、西门子自动化控制实验室、机械传动国家重点实验室、河南省耐磨材料工程中心等，通过建立战略合作联盟，全面启动了高端矿山重型装备技术创新工程，实现了大型磨矿设备实验选型及设计制造技术、干熄焦余热发电成套工艺技术及装备、年产600万吨级高压辊磨设计及制造技术等30多项技术突破，培育出大型磨机、大型破碎机、大型辊压机、大型搅拌磨等12大具有国际水平的核心产品。这些成果的获得以及产业化推广，满足了矿产资源行业的重大需求，引领了行业的技术发展，既培育了中信重工的核心竞争力，又勾勒出美美与共、合作多赢的新局面。

中信重工通过协作开发平台、远程服务平台、标准服务平台、人才培养平台等，吸引深圳固高、数码大方等中小微企业、科研院所、高校和其他社会创客开展协同创新。利用"Linkedin"（领英）全球化平台，实现软硬资源共享。目前公司在线人数达到396人，带动教授、研究员、工程师、博士等200多个行业知名学者参与项目策划、产品性能分析、数据处理，形成解决方案。

按照"专业化生产、社会化协作、全球化配套"的思路，中信重工将可以通过社会协作的中间产品、配套件通过协作的方式交由社会专业的协作方配套，形成以总体设计、总装制造和试验验证为龙头，以核心系统和设备专业化研制为支撑，以社会化协作配套为依托的新型装备制造创新体系，充分带动社会各方的创新创业热情。

目前，中信重工与 50 多家高校、科研院所、企业、用户等共同合作，开展超深特种机器人制造、远程故障诊断云平台、烧结矿炉冷余热发电、煤炭清洁高效利用和新型节能技术、矿井提升系统研究、矿用摩擦衬垫等 48 项社会化协作创新项目的实施。这些项目关系着行业产业结构调整和国家重大装备的国产化、智能化、绿色化，是社会创客群深入推进创新创业实践的重点，构成了公司开放创新、联合创新、协同创新的新图谱；近 5 年来，通过社会创客群深化协同创新、集智创新，为企业创造价值超 100 亿元。

（1）特种机器人项目

中信重工收购唐山开诚 80% 股份，其与唐山开诚实现了"国民联手"，奠定了引领特种机器人行业发展的优势。借助双方优质资源，特种机器人项目组成功研制出 5 大系列机器人平台、20 款机器人产品，很快形成规模化生产、批量化销售，目前消防机器人已销售 1000 多台，并出口德国、俄罗斯等海外市场。

中信重工与科大讯飞洛阳语音云创新研究院合作，成功研制出我国首款声控消防机器人，让特种机器人更智能化、人性化；与中科院自动化所等合作，开展特殊环境高适应性机器人设计等关键技术研究；与金华市志能科技合作，开发袋装水泥全自动装车机器人；与清华大学、深圳固高、太极计算机等联合建设特种机器人制造智能化工厂；等等。新产业链条上大中小微企业全方位参与、宽领域合作，将有力促进我国高端智能装备制造业和机器人产业的发展。在国家工信部发布的《2017 中国机器人产业发展报告》中，中信重工开诚智能荣列我国智能特种机器人活跃企业第一梯队首家企业，不仅在特种机器人领域创出了中信重工的知名品牌，而且成为国内产品线最全的特种机器人研发制造基地，成为中国最大的基于高危环境和特殊工况条件下机器人产业基地及国际领先的大型矿山智能成套装备服务商。2017年机器人及智能装备板块营业收入8.5亿元，利润2.4亿元，其中机器人销售847台，利润2.12亿元，利润率28.2%。

2017年5月，依托中信重工强大的机器人与智能控制装备领先技术和制造能力，联合中信建设与白俄罗斯AMKODOR-BELVAR有限责任公司三方投资参股成立的中信阿姆智能装备有限责任公司正式入驻中白工业园，在园区内研发生产消防机器人和巡检机器人等智能装备。开辟中信重工相关智能装备在白俄罗斯、俄罗斯等"一带一路"沿线国家及欧盟国家的广阔市场并展现了良好市场前景。

（2）煤炭清洁高效利用和新型节能项目

2016年国家重点研发项目——煤炭清洁高效利用和新型节能技术，中信重工作为国内余热发电技术行业的领跑者及牵头单位，联合宝钢节能、华北理工大学、东华大学等12家科研院所、高校、企业共同参与，80余名骨干带动4400多人协同创新，研究形成烧结行业节能减排的整体解决方案，建功国家循环经济、绿色经济。

（3）矿井提升机智慧云管家平台

中信重工通过与深圳固高科技有限公司创客联合研究开发的矿井提升机智慧云管家平台，可以提供矿井提升机全生命周期管理的远程诊断服务。目前，首批用户26台提升机陆续接入。通过该平台的建设，一方面促进了用户提升机生产现场的良好运行，提高设备运行效率，降低设备故障率；另一方面极大促进了深圳固高科技有限公司技术发展，帮助该公司在矿井提升领域实现了市场突破。

（五）内外部投融资进展与成效

1. 投融资措施

公司外部融资的政策主要是以合作共赢为原则，利用上市公司平台，整合各种资源，充分保障自身融资的需求，并为上下游供应链稳定运行提供有效的金融支持。融资的主要渠道方式包括银行贷款、承兑汇票、国内买方信贷、融资租赁等。通过各方友好合作，各项融资工作均按计划有序开展，既保障公司各项工作的金融需求，又为上下游供应链提供了及时的金融支持。

（1）首次公开发行 A 股股票募集资金

2012 年 7 月 4 日，上海证券交易所出具《关于中信重工机械股份有限公司人民币普通股股票上市交易的通知》（上证发〔2012〕21 号），同意公司股票在上海证券交易所上市交易。证券简称为"中信重工"，证券代码为"601608"。

2012 年 7 月 6 日，公司发行的 A 股股票在上海证券交易所上市。中信重工 IPO 是 2012 年当年审核通过并发行融资规模最大 IPO 项目，同时也是新股发行制度改革后第一家通过初步询价结果直接定价的沪市新股，创下了河南省有史以来上市公司 IPO 募集资金规模最大的纪录，也是洛阳市在 A 股主板首发的第一只股票。

根据公司 2011 年第一次临时股东大会、公司第二届董事会第五次会议和 2012 年第一次临时股东大会决议，并经由中国证券监督管理委员会证监许可〔2012〕631 号文核准，公司向社会公开发行人民币普通股（A 股）68500 万股，每股面值 1 元，每股发行价人民币 4.67 元。并经上海证券交易所同意，本公司由主承销商中德证券有限公司向洛阳城市发展投资集团有限公司、中国信达资产管理股份有限公司、中国黄金集团公司等 6 家机构及社会公开发行人民币普通股，融资总额为人民币 31.99 亿元，扣除发行费用人民币 11337.5827 万元，实际募集资金净额为人民币 308557.4173 万元。

首次公开发行股票募集资金已投入到下述与公司主营业务相关的两个项目。

① 高端电液智能控制装备制造项目。该项目属公司成熟产品的配套项目，主要用于提升公司高端电液智能控制装备的生产能力，继而为公司生产的机械设备提供自动化配套，同时，部分产品也可以直接面对市场进行

销售。2015 年 4 月该项目已基本建设完成并陆续投入使用。截至 2017 年 12 月底，累计投入金额 3.95 亿元。建造 40 套重型矿山装备智能闸控系统、500 套重型矿山装备液压润滑成套系统、545 套重型矿山装备电气自动控制成套系统、115 套高性能防爆型煤炭设备。

②节能环保装备产业化项目。该项目属于行业新兴产品的产业化，主要用于增加公司在节能环保装备上的生产能力。截至 2017 年 12 月底，累计投入金额 1.70 亿元，该项目 1#、2#、3#厂房已全部建成，厂房内风、水、电、气、热力、消防安装完成。建成后可形成每年 5 套水泥窑消纳城市垃圾产业化成套装备、375 套尾矿及选矿处理与利用成套装备、50 套矿渣钢渣破碎粉磨与利用成套设备、47 套高压辊磨机的生产能力。

（2）再融资

①发行 28 亿元公司债券。为了调整债务结构，降低财务成本，2012 年公司上市当年启动了公司债券的发行工作，2012 年 11 月，公司向中国证监会报送了申请发行公司债券的材料。经审核，中国证监会于 2013 年 1 月 6 日签发了"证监许可〔2013〕5 号"文，中信重工获准于境内公开发行面值总额不超过 28 亿元的公司债券。获取批文后，公司分两期择机发行了 28 亿元的公司债券，具体情况如下：

2013 年 1 月 25～29 日，公司成功发行中信重工机械股份有限公司 2012 年公司债券（第一期）18 亿元。本期债券分为 5 年期和 7 年期两个品种。其中，5 年期品种（简称"12 重工 01"，债券代码 122220），附第 3 年末发行人赎回选择权、发行人上调票面利率选择权和投资者回售选择权，发行规模为 12 亿元，票面利率为 4.85％；7 年期品种（简称"12 重工 02"，债券代码：122221），附第 5 年末发行人赎回选择权、发行人上调票面利率选择权和投资者回售选择权，发行规模为 6 亿元，票面利率为 5.20％。

公司已于 2016 年 1 月（即 5 年期债券第三个付息年度）行使了 5 年期品种（债券代码：122220）的赎回选择权，对 12 亿元公司债进行了赎回。

公司已于 2018 年 1 月对 7 年期品种进行了回售，7 年期品种有效申报回售的数量是 473619 手，回售部分债券兑付日期是 2018 年 1 月 25 日，回售实施完毕后，7 年期品种在上海证券交易所上市并交易的数量为 126381 手，合计金额为 126381000 元。

2014 年 11 月 20 ～ 26 日，公司成功发行中信重工机械股份有限公司 2012 年公司债券（第二期）10 亿元公司债券。本期债券为 5 年期品种（简称"12 重工 03"，债券代码 122345），附第 3 年末发行人赎回选择权、发行人调整票面利率选择权及投资者回售选择权。

公司已于 2017 年 11 月完成了对"12 重工 03"公司债券的赎回工作。

②发行 31 亿元短期融资券。为了拓宽融资渠道，合理利用多种融资工具，公司于 2015 年 9 月启动了短期融资券的注册发行工作，2015 年 10 月底，公司向中国银行间交易商协会申报了注册发行短期融资券的申请文件。

2015 年 10 月，公司注册成为中国银行间交易商协会会员。2016 年 2 月 17 日，公司收到了中国银行间市场交易商协会出具的《接受注册通知书》（中市协注〔2016〕CP32 号），交易商协会同意接受公司注册金额为 31 亿元的短期融资券。

2016 年 2 月 25 日，公司在中国银行间债券市场成功发行 2016 年度第一期规模为人民币 15 亿元短期融资券，发行利率为 3.20%。2017 年 1 月 16 日，公司在中国银行间债券市场成功发行 2017 年度第一期规模为人民币 16 亿元短期融资券，发行利率为 4.30%。截至目前，上述合计 31 亿元短期融资券的本金及利息均已全部兑付。

2. 投融资进展与成效

（1）资本市场整合——收购唐山开诚

2015 年 1 月，公司筹划向唐山开诚电控设备集团全体股东以发行股份及支付现金的方式购买其合计持有的唐山开诚 80% 的股权，并同时进行配套融资。交易标的为 8.48 亿元，交易总金额为 11.66 亿元。

资本市场对于中信重工与唐山开诚的收购整合非常认可，公司股票于2015年5月7日复牌，随后连续15个涨停，且创下了盘中股价最高达30元，总市值达822亿元的历史最高水平。2015年11月23日，项目经中国证监会上市公司并购重组审核委员会第100次工作会议审核，获无条件通过后的24日，公司股票复牌后涨停。2016年9月8日，中信重工洛阳本部特种机器人产业基地一期正式投产，具备年产特种机器人1200台的能力。

2017年，公司机器人及智能装备板块先后布局唐山、徐州、东营等8个特种机器人产业化基地；重点开展了以大功率消防机器人、综合管廊机器人、铁路列检机器人、水下机器人、水泥码垛机器人、高压水射流机器人等产品为重点的技术研发工作；消防侦测及灭火机器人陆续列装唐山、洛阳、徐州、北京、宁波等10余地的消防支队和危化企业，巡检、水下机器人正在全面推向市场。

公司特种机器人多次参加重大火灾事故现场救援，在实战过程中展现出了良好的性能，获得了客户的高度认可。《2017年国家机器人产业大会》报告显示，中信重工位列中国特种机器人领域企业活跃度第一梯队首位；《2017年全国消防机器人采购中标统计》报告显示，中信重工位列80家采购中标企业首位。中信重工瞄准特种机器人研发与制造的国际前沿技术强势发力，向着打造国际领先的特种机器人研发与制造基地迈出了坚实步伐。

（2）上下游客户投融资

中信重工对上下游客户通过国内买方信贷、融资租赁等方式支持了客户节能环保项目的建设，产生了巨大的经济和社会效益。针对公司下游客户中小企业融资难融资贵，近年来公司与租赁公司合作，推动了十几亿项目的实施。但随着市场变化和国家信贷政策调整，该种模式受到政策管制，融资中的敞口也增加了公司风险。针对河南鑫磊等客户的实际融资需求，公司积极探索新的融资模式。通过深入交流与实地调研，公司与交行合作，积极向省行和总行申请政策，在供应链融资模式下，开辟了项目贷款加流动资金贷款的组合融资模式，完整解决客户资金缺口，并通过各级银行协调，动态监控业主风险和区域金融动态。在落实整体担保手续后，成功为河南鑫磊解决资金缺口，有效保障了项目资金需求，目前该项目正按计划建设。此外，中信重工还帮助江门嘉洋新型建材公司通过融资解决了项目建设资金，项目进展顺利，利用钢厂废渣生产矿渣微粉，变废为宝。

（3）合作投资

合资成立中信铁建重工。2017 年 8 月，为共同在隧道掘进装备产业方面展开深入合作，中信重工、中国铁建重工集团有限公司与洛阳市轨道交通有限责任公司三方共同以现金方式出资在河南省洛阳市伊滨区设立中信铁建重工（洛阳）掘进装备有限公司，实现了洛阳地铁盾构机批量订单，为后续做大做强盾构机产业奠定了坚实基础。

收购科佳信。2017 年 10 月，公司抓住国家军民融合发展机遇，在充分发挥现有军工关键配套优势的基础上，以 0.35 亿元自筹资金完成了对北京科佳信电容器研究所有限责任公司［后更名为"中信科佳信（北京）电气技术研究院有限公司"，以下简称"科佳信"］60.00％ 的股权收购。科佳信是国家级高新技术企业，拥有军工相关资质，专注于研发和制造军民两用高压脉冲电容器、直流支撑/滤波电容器和特种电容器，以及电容器为基础的直流变频和脉冲电源为主的整机产品，产品广泛应用于航空、船舶、雷达、高能物理等民用和国防配套领域。对科佳信的成功收购有助于公司开拓智能变频装备市场，提升智能变频装备研发水平，增强国防装备配套生产能力。

（六）"产—学—研—用—供"协同创新进展与成效

近几年来，中信重工机械股份有限公司依托工程设计优势、产品设计优势和制造工艺优势，形成了具有鲜明特色的三位一体的技术研发体系。为支撑三位一体的创新体系，建立了四个研发平台：工业实验室平台、数字模拟实验平台、国际标准技术平台和信息化平台。在澳大利亚建立了矿山机械研发基地，使公司的研发体系与国际接轨，处于技术前沿。

中信重工首创"产—学—研—用—供"全产业链协同创新体系，通过与国内外高等院校、研究院所及用户、供应商开展技术合作，共建实验室等方式，实现资源共享，优势互补，使得公司创新周期缩短、成本降低，提高了科研成果转化速度。目前，中信重工与20多个高等院校、30多个科研院所、13家大型全国煤炭基地、巴西淡水河谷、澳大利亚必和必拓、英美资源、世界三大矿业装备工程公司、世界五大水泥生产商、国内10大钢铁集团、澳大利亚JK矿物研究中心、西门子自动化控制实验室、机械传动国家重点实验室、河南省耐磨材料工程中心等机构，建立了河南省双创基地（洛阳）管理创新联盟、河南省矿业工程产业技术创新战略联盟、河南省工业余热利用技术创新型科技团队等战略合作联盟，实现资源共享、协同创新。近年来，中信重工已经累计签订"产—学—研—用—供"合同40多项。这些合同不仅带动了高等院校、科研机构以及上下游企业的协同创新能力与热情，而且也为公司带来了巨大收益，实现了合作共赢。"产—学—研—用—供"合作已逐步成为公司技术创新的重要手段，并且起到了强大的助推作用。

为加强公司产学研项目管理，更有效地规范管理程序，维护公司正当权益，充分利用社会资源，提高公司科研开发项目研究质量，促进科技成果转化速度，中信重工根据国家有关政策、法规和实际情况，制定了《中信重工产学研项目管理规定》，使产学研项目真正纳入程序管理。目前，中信重工进行的科研开发项目中，产学研合作项目比例达到40%以上。通过这些项目的开展与实施，加强了技术人员凝聚力和协作精神，一批重点大学的研究生、博士、博士后和世界顶级技术专家纷纷加入中信重工创新团队。目前，中信重工已经拥有技术创新人员2946人，研发团队895个，形成省级认定创新团队3个，并且成立了院士专家委员会，聘任公司内外首席技术专家，为公司进一步发展提供智力资源。

近两年来，中信重工承担省级以上科研课题 6 项（如国家 973 项目——超深井大型提升装备设计制造及安全运行的基础研究；国家支撑计划课题——大型矿山提升设备齿轮传动装置轻量化及降噪技术研究；基于全生命周期的高端重型装备制造服务系统关键技术研究与应用；超深井大载重高速提升装备及关键安全技术研究；飞机快速回收轨道加工及装配技术研究；炉冷烧结机余热发电技术研究及工程示范）。此外，中信重工与高等院校、科研机构、上游供应商企业、下游用户企业等单位协同合作创新，目前完成其他创新研究与基础研究项目 28 项，获得国家科技进步奖一等奖 1 项、二等奖 1 项，获得中国机械工业科学技术奖二等奖 1 项、三等奖 1 项，获云南省科技进步特等奖 1 项；河南省科技进步奖二等奖 2 项、三等奖 1 项，洛阳市科技进步奖一等奖 2 项；获得中国机械工程学会成果鉴定 4 项。近两年来，中信重工获国内授权专利数量 215 项，国内授权发明专利数量 75 项，创造了非常显著的社会效益和经济效益。其中"北京正负电子对撞机重大改造工程"项目获国家科技进步一等奖，"重型装备大型铸锻件制造技术开发及应用"项目获国家科技进步二等奖，"关键基础部件双金属复合材料设计及制造技术开发应用"项目获中国机械工业科学技术奖二等奖，"水力式升船机成套技术创新与应用"项目获云南省科技进步特等奖，"千万吨级矿井大型提升成套装备研制"项目获河南省科技进步二等奖，"Φ5 米敞开式硬岩掘进机"项目获河南省科技进步二等奖。

2017 年以来，以成立中信重工创新研究院为突破，秉承"协同共创、合作共赢"理念，正通过产学研供用合作开放办企业；致力于打造集"研究院 + 产业园 + 投资人"为一体的新产业研究及孵化基地，正全面运作，首批 10 个创新团队，包括水射流机器人、智能工厂等一批创新项目已入孵研发。以市场为导向，以产业化为目标，一批新产品、新技术将逐步落地，在市场取得实质性突破。

1. 高压大功率变频器关键技术研发

项目被列入河南省重大科技专项，该项目获得省拨经费 500 万元，并于 2016 年 5 月通过河南省科技厅组织的专家验收。该项目联合浙江大学进行产学研合作，目前已具备年产 300 台高压变频器的能力，并带动中信重工机械股份有限公司主机业务、成套业务及相关产业年销售收入 1 亿元，利润 1000 万元，取得较好的社会经济效益。

2. 自行式重型机械手研制及应用

项目被列入洛阳市科技计划项目，获得市政府财政支持 300 万元。该项目联合河南科技大学进行产学研合作，2016 年初完成了样机生产试运行，于 2016 年 8 月在太钢集团岚县矿业有限公司进行了现场试验。目前，已逐步实现产业化，产业化后预计将实现年订货 50 台（套），年创产值约 1 亿元，利税约 4000 万元。该产品的推出将减少我国矿山企业对进口设备的依赖程度，可完全替代进口产品，大大提高工作效率，保障了作业安全，推动智能装备制造业技术发展，经济效益和社会效益显著。

3. 特种消防机器人关键技术及产业化

项目被列入 2016 年河南省重大科技专项，获得省拨经费 900 万元。该项目在现有的履带式机器人平台技术基础上联合河南科技大学、中国科学院自动化研究所研制开发高性能灭火消防机器人。本项目成功实施不仅能够提高消防部队抢险救灾能力，极大地减少国家和人民群众财产损失以及灭火救援人员伤亡，也将对我国特种机器人技术体系和产业链的发展起到积极的引领和推动作用，对打造中国特种机器人产业基地和形成行业技术及产业示范，具有十分重要的意义。

4. 高端关键基础件技术支撑增长强势

强力推进大型特大型铸锻件关键基础件材料等基础研究、产品研发和市场开发，在航空航天领域，从神舟 1 号到神舟 11 号连续 11 次为神舟飞船提供逃逸仓及为逃逸火箭提供发动机壳体锻件，在石化加氢领域，为石化行业成功锻造出了世界最大规格的 6.7×3.95m 加氢筒体和 Φ7.8m 整体加氢管板，在海工领域，成功锻造完成国内最大规格、最大重量的钢锭重 489t、产品重 321t 的特大型海工替打环等大型特大型产品，以航空航天、电力（火电、核电）冶金、石化加氢、核电机海工装备锻件等为代表的高端关键基础件技术支撑增长强势。2017 年生效订货 5.6 亿元，新增订货同比增长 156.23%，其中石化加氢锻件订货呈爆发式增长，生效订货 3.9 亿元，关键基础件销售收入首次突破 10 亿元。

5. 务实推进构建军民融合的协同创新体系

通过与解放军信息工程大学等单位合作，构建军民融合的协同创新体系，重点推进智能装备、机器人等领域的军民融合产业发展，工业 CT、军用无人机等项目将逐步落地。

（七）技术转移平台建设

中信重工双创示范基地专业化技术转移平台，以促进科技成果转化和技术转移为目的，按照"整合、共享、服务、创新"的总体思路，通过体制机制创新，构建以市场主导、需求牵引、开放共享、机制创新、系统推进的技术转移新格局，实现"三个一"的总体目标：建立一个面向产业提升，针对产业科技发展、创新需求、技术方案、创新资源共享的信息服务平台；建立一个面向科技成果转化和技术交易的线下服务平台；建立一个对接产业领域的会展活动和业务培训平台。目前信息服务平台已利用中信重工双创示范基地门户网站进行内测；线下成果转化业务已促成中信重工机器人与智能控制研究所和上海交通大学在码垛机器人项目上达成合作意向，在排爆机器人关键技术产业化项目上达成合作，与深圳固高科技有限公司创客联合推进矿井提升机智慧云管家平台产业化项目正在推进之中；业务培训平台正在筹划围绕中信重工大学、人力资源中心建设专业化创客人才培养基地。

（八）公共服务平台推广进展与成效

1. 矿井提升机智慧云管家平台

公司通过研发该平台，可实现矿井提升机全生命周期管理的远程诊断服务。该项目开发矿井提升机进行集中监控和统一管理的"矿井提升机智慧云管家平台"，该平台通过远程服务中心（以下简称"远程中心"）将客户现场"矿井提升机智能远程监测系统"连接起来，并提供真正意义上的远程服务。在矿井提升机现场搭建"矿井提升机智能远程监测系统"，通过采用相应的检测技术及手段，提取设备的状态信息，并通过互联网将其传递到位于公司总部的"矿井提升机智慧云管家平台"上。现场人员可以通过访问位于公司总部的"矿井提升机智慧云管家平台"获取自身设备的运转信息。

该平台完成后，既可对矿井提升机进行在线监控，实现故障的预警，也可对出现的故障进行专家系统诊断。远程诊断服务平台，是建设中信重工智慧矿山云服务平台的第一步，是迈向"互联网＋"时代的一步，现已逐步复制到其他领域，如磨机、TMB 等。

2. CAE 仿真云平台

仿真云平台是依托中信重工双创示范基地，整合矿山机械国家重点实验室、国际权威 SMCC 选矿工艺研发中心，以及中信重工现有装备制造业仿真实验资源的基础上打造的集仿真资源、仿真技术及实验验证为一体的，为社会创客服务的全流程的仿真实验分析云计算平台。

仿真云平台具有专业前后处理、结构静力分析、非线性分析、流体分析、多体动力学分析、颗粒分析、模态分析、显式动态分析、疲劳分析和结构优化分析，以及材料性能计算分析、各种工艺分析等多种仿真分析手段集成、超大规模工程问题并行计算和实验验证等一体化的仿真服务功能，通过这些功能的实现为社会创客提供专业的、高效稳定的系统解决方案及服务。

近年来，仿真中心先后利用仿真云平台为 BHP（必和必拓）、VALE（淡水河谷）、LKAB、ANGLO（英美资源）、中信泰富、中国黄金、江铜集团、太钢集团、武汉钢铁、铜陵有色、中铁资源、金堆城钼业、西藏甲玛等数十家国内外知名公司的破碎机、高压辊磨机、磨机、搅拌磨、球团窑、洗矿机等数十种矿山设备提供了仿真分析服务，有效地保障了上述产品出口到包括澳洲、美洲、亚洲和非洲等 34 个国家和地区。

同时，中心还为成飞公司、秦皇岛港、曹妃甸港、靖江港、唐山港、黑白矿山公司、北方重工业集团、中钢西重、鹤壁北岩科技等多家企业的堆（取）料机、装（卸）船机、塔吊、起重机、翻车机等数十种设备提供了有限元分析服务，为企业解决了多项技术难题，应用行业涵盖了航空、军工、港口和重工等领域，累计取得经济效益 300 余万元，并获得广泛好评。

3. 检测检验服务

设置在洛阳矿山机械工程设计研究院的国家矿山机械质量监督检验中心利用搭建的公共服务平台，积极贯彻落实关于"双创"的各项任务，与政府部门和国内外客户建立了良好的互动关系，在许可证检验、安标检验、新产品定型检验、仲裁检验和社会委托检验等方面开展了大量的工作。

充分利用公司专业化、市场化的技术转移平台开展服务推广，成效显著，创造了 1000 余万元的直接经济效益，并为服务对象创造了良好的社会经济效益。具体表现在以下几方面。

（1）大型测试

近几年，检验中心根据在大型港口设备的动载荷测试计算分析、钢结构性能检测、设备验收等方面积极进行技术创新，树立严谨的工作作风，不断提高测试水平，通过科学准确的测试分析，赢得用户充分的信任。2017 年共完成秦皇岛港、唐山港、曹妃甸港等港口 46 台大型设备的测试任务，为这些港口的安全生产提供了技术支撑和技术服务。

（2）矿山在用设备检验

利用双创项目投资检测手段，积极完成安徽、江苏、甘肃等省非煤矿山提升系统安全检测 230 多台（套）、钢丝绳检测 120 余条、提升系统主轴及连接装置探伤 110 多套，非煤矿山罐笼、防坠器、空压机、水泵检测等 140 多台（套）、摩擦衬垫检验近 40 套。通过检验及时把控设备的安全使用状况，对发现的安全隐患及时告知用户，并督促用户进行整改。该项工作帮助用户提高了安全意识，消除了生产设备的安全隐患，为矿山安全生产保驾护航，创造了良好的社会经济效益。

（3）委托检验

完成了破碎机、磨机、减速器、振动筛等多种产品 40 余台（套）的委托检验，为用户提供了良好的技术服务。

（4）项目管理

2017 年完成了"巴基斯坦 GCL7000t/d 水泥项目""俄罗斯纳谢德基诺金矿项目""江苏鹤林水泥生料磨改造项目""广东国鑫余热发电项目""柬埔寨 CMIC 项目""山西松蓝活性石灰项目""辽宁工源矿渣微粉项目"设备监理或项目管理，主要负责设备制造阶段各供货方之间的协调和设备制造进度的管理及部分设备制造阶段的质量监理，向承包方定期报告设备制造质量、进度情况，为公司重大项目的完成贡献了一份力量。

4. 矿山重型装备国家重点实验室

矿山重型装备国家重点实验室依托我国重矿机械行业龙头企业——中信重工机械股份有限公司建设运行。实验室以矿山重型装备性能、可靠性与寿命、制造关键技术和节约减排四大方面为自己的研究方向，切中重矿装备技术在我国经济转型中的关键技术，通过实验室网站向社会展示，并提供试验服务，搭建了我国矿山重型装备设计与制造应用基础研究的国家级技术平台。

矿山重型装备国家重点实验室自建设、运行以来，除承担依托单位上百项科研课题外，还相继承担了"973"计划、"863"计划、支撑计划等40 余项国家及省部级科研课题，课题和成果涵盖了应用基础理论和技术研发、材料和工艺以及实验技术等，形成了一大批具有自主知识产权的科技成果，主要技术指标达到国内一流、国际领先水平。先后获省部级以上科技成果奖励 20 余项，其中"国家科技进步二等奖"2 项。

2016 年为行业提供 JK 落重试验 9 项，高压辊磨试验 15 项，活性石灰煅烧试验 3 项，磨矿试验 11 项，球磨功指数试验 15 项，物料磨蚀指数试验 16 项，物料过滤试验及物料分析试验等其他项目 42 项。2017 年为行业提供 JK 落重试验 11 项，高压辊磨试验 20 项，活性石灰煅烧试验 5 项，完成磨矿试验 7 项，球磨功指数试验 27 项，物料磨蚀指数试验 16 项，物料过滤试验项目 19 项，物料分析试验等其他项目 30 项。此外，为秦皇岛港港务局、唐山曹妃甸港股份有限公司等单位提供了重型装备性能检测分析和评价服务。

（九）基地建设工作保障举措

中信重工获批国家首批企业示范基地以来，严格按照示范基地建设工作方案内容，加紧推进制度、平台、团队、文化建设，逐步形成一套确保双创工作落地的制度体系。

1. 深入动员学习

董事长、总经理等公司领导高度重视示范基地建设进展与公司双创工作的开展情况。近年来，带头深入基层专题宣讲企业改革、双创规划 60 多场次，形成了"创新是第一生产力""直面危机、深化改革、创新发展"的共识和"创新驱动引领发展"的企业发展战略，促进了企业深化改革、双创工作的有力开展。董事长俞章法亲自撰写题为《"双创"助推国有企业改革发展》等文章，解读中信重工的"双创"实践。

2. 设置管理机构

中信重工成立以董事长为组长、总经理为副组长的双创示范基地建设工作领导小组，全面负责公司双创工作，将双创工作纳入董事长、总经理月度督办重点事项，巡查督办及时跟进督促落实，推动公司双创活动深入开展。设立中信重工双创办公室，负责双创示范基地日常管理。公司 40 个部门（单位）协同配合，建立信息沟通制度，形成上下联动、分工协作、统筹推进、全员参与的工作格局。

3. 完善制度建设

结合公司机制体制改革的工作计划和《中信重工双创示范基地工作方案》，公司统筹规划，陆续出台《双创工作管理办法》《双创项目申请管理办法》《双创项目孵化基金管理办法》《双创项目财务管理制度》《创新工作人才管理办法》《协同创新平台管理制度》等 30 多个配套文件，为双创活动的深入推进提供制度保障。

4. 强势宣传双创

利用企业报、公司网站、微信公众号等全媒体宣传平台，设置《双创在线》、《双创风采》专栏、专题及专用账号，加大双创文化、双创典型的宣传力度，努力营造创新创业的文化氛围。近年来，央视、新华网、省市及行业媒体推出公司双创宣传稿件 800 余篇。消防机器人实战演习的画面 10 多次登录央视《新闻联播》《朝闻天下》等品牌栏目，扩大了新产品新技术知名度。

5. 组织双创活动

通过平台交流、创新讲座、公开课等形式，加强创新创业教育，营造鼓励创新、宽容失败的氛围。近年来，公司组织的"互联网＋"及"双创"专题培训、河南省特种机器人及智慧服务云平台高级研修班、中信集团"双创"现场交流会、第四届中国创新创业大赛代表参观交流、在创新研究院积极组织入驻项目路演等活动，累计 100 余场次，参与人数 1.5 万多人次，激发了员工及产业链上下游参与创新创业的活力。

（十）领导和专家一致好评，双创示范效应初步显现

2016 年 12 月底，接受中国科协对示范基地各项政策落实情况开展的第三方评估，评估组对中信重工双创示范基地建设评估后，对其给予了高度评价，并做出评估结论：中信重工被确定为全国首批企业双创示范基地以来，目标明确，规划全面，组织到位，措施得力，基本按照双创基地建设方案有序展开各方面建设任务，在双创模式、业态、团队、机制等方面

创出了初步成效，建设成果持续显现，蓬勃发展的双创新局面在逐步形成，初步显现了国家双创试点的示范带头作用。

2018 年 4 月 8 日、5 月 7 日河南省委书记王国生和省委副书记、省长陈润儿先后莅临中信重工考察指导工作，肯定了中信重工以国家双创示范基地为依托，通过狠抓双创工作的推进落实，坚持创新驱动战略引领转型发展的做法，均给予了充分的肯定。陈润儿勉励中信重工继续加大创新转型谋发展的力度，大力推进盾构产品的系列化、智能化，不断增强企业对市场的应变能力；省长陈润儿明确表示：省委省政府将重点支持像中信重工这样的标杆企业，在省市重点工程建设中，同等质量、同等价格的条件下，省里将优先采用中信重工的装备。

综合而言，通过双创示范基地的建设，中信重工坚持供给创新、坚持需求引领、坚持产业链协同、坚持人才为先、坚持开放融合，聚焦突破核心关键技术，强化企业创新主体地位和核心作用，提高创新能力，全面提升产品和服务价值链，实现产业规模持续壮大，创新能力和竞争力明显提高，产业结构得到提质。近年来，中信重工传统服务领域面对市场下行和国家深化供给侧结构性改革双重压力，持续加大装备智能化改造投入，不断强化自主创新能力，以提升装备智能化激发技术创新，以技术创新支撑转型发展，加速了"传统动能"和"新动能"接续转换，高端化、绿色化、智能化、融合化新兴产业化体系持续推进，双创示范基地转型升级的样板区、新兴产业培育先导区、军民融合发展示范区、开放创新引领区、体制机制改革先行区初步显现，双创引领发展、示范发展、率先发展标杆效应持续放大。2017 年营业收入同比增长 22.86%，利润总额同比增长 107.38%，以智能化改造为核心的技术改造投资占工业投资比重达 86.3%，推动企业自主创新能力明显增强，工业新产品产值率提高到 94.6%，先进产能比重 60%，企业信息化实现全覆盖。2017 年中信重工传统动能收入占比 68%，新动能收入占比 32%，新动能在收入中占比进一步提升。

三　典型示范意义

（一）建设了多通道高技能人才成长体系，筑牢企业发展根基

据统计，"四群共舞"创客体系直接参与者超过 800 人，影响带动了 1000 名技术人员和 4000 名一线工人创新创效，涌现出一批"首席设计师"、"科学带头人"、"创新蓝领"和"金牌工人"，为企业发展注入了强劲的动力。

（二）加速了产学研用供协同创新和成果转化

"四群共舞"创客体系是基于离散型生产制造的特点，通过汇聚企业内外部人才资源、打通企业内外部生产制造流程，实现资源内外衔接，以优势资源铸造中国装备高端品质。以项目（课题）为轴线，以打造中国品牌为目标，通过双创平台、"互联网＋"等手段实现互联互通，这为协同创新与成果转化创造了非常有利的条件。

（三）激发体制活力与内生动力，促进国有企业经济体制改革

中信重工由此探索出了一整套与双创相适应的培养机制、评价机制、激励机制和成果转化与应用机制，将国有企业的传统优势、国际化企业的创新活力、民营企业的激励机制融合为自身创新优势，激发了体制活力和内生动能。这为企业转型升级、蓬勃发展开辟了新道路，探索了新途径。

第二节　汉威科技集团股份有限公司

汉威科技集团股份有限公司成立于 1998 年，2009 年上市（股票代码：300007），注册资本 2.94 亿元。是国内首批、河南省首家创业板上市公司，国家火炬计划重点高新技术企业，是河南民营企业现代服务业 30 强中唯一一个软件和信息技术服务业企业，也是河南省首个销售收入突破 10 亿元大

关的民营 IT 企业。公司在物联网、大数据和人工智能的技术背景下，构建了技术品种齐全的完整产业链，具备提供"传感器＋监测终端＋数据采集＋空间信息技术＋云应用"系统解决方案的能力。业务应用覆盖智慧城市综合解决方案、工业安全监测解决方案、居家智能和健康业务等行业领域，在所涉及的产业领域里都形成了较为领先的行业优势。汉威科技集团股份有限公司作为国内传感器行业的龙头企业，能够一直保持着较高的增速，这得益于汉威打造的创新引擎。

一 主要做法

（一）定向精准孵化，构建"传感器＋"产业生态圈

在双创基地建设过程中，汉威对基地的技术方向始终保持清醒认识，坚持聚焦"传感器＋"领域，站在优化传感器产业生态圈的角度进行项目孵化。汉威一方面激励内部员工众筹创业，对于有一技之长且有风险承担能力与意愿的员工给予宽松政策空间，允许其离职独立组建新的公司实体进行创业。如果达到公司项目筛选标准，公司将会以股权注资的方式进行前期资金资助。为降低员工创业失败成本，员工创业如果不成功还可以随时回汉威公司就职。另一方面为了提高优化产业生态圈的速度，汉威面向资本市场筛选能够形成产业互补的创新型公司，通过分阶段注资或控股等多种方式执行精准孵化，在提速的同时有效降低了投资风险。

（二）增强内部创新创业氛围，完善内部创新创业机制

汉威自 2013 年启动了淘青春梦之队的创业计划，在创新团队内部挖掘好的苗子培育创新创业团队。在合作方式上，汉威只是以技术参股的股东，只享有股东权利，不参与直接经营，创新创业团队独立于汉威体制之外。创业团队大部分资金优先在汉威创新团队内部众筹完成，在经营决策上汉威电子不进行干涉，只充当"保姆"的角色。通过加大对自主创新创业的支持和

投入，建立容错试错机制，公司内部整体呈现出了火热的创新创业氛围。

（三）开放研发资源共享平台和产业化平台，实现合作双赢

开放汉威已有的国家级企业技术中心、省级工程研究中心、省级工程技术研究中心、院士工作站和博士后工作站等创新平台及汉威传感器智能制造产业化平台，为初创企业提供了研发、实验、中试等所需的设备硬件条件，满足入驻企业在技术研发、产品试验验证等方面的需求。汉威公司以微利的价格开放自身技术资源，一方面为双创基地提供了必需的研发平台，另一方面也提升自身固有资源的利用效率，实现了合作双赢。

（四）围绕战略重点，量身布局产业中试推广平台

充分利用自身技术优势，积极介入智慧城市发展大势是汉威公司的重要战略部署。为了推动在智慧城市领域的布局发展，汉威以 PPP 模式控股郑州高新区供水公司、供热公司，以这些公司为载体进行全国领先的智慧水务及智慧热力平台的部署。通过这些建设，既提高了自身的竞争实力和盈利回报，也为智慧城市领域的入孵相关企业量身定制了高水平的中试和产业推广平台，极大地降低了基地被孵化企业的双创成本。

（五）针对双创需求，打造商学培训及投融资平台

双创活动不同于企业日常的经营活动，双创主体在进行双创活动时面临着大量的不确定性和风险，在投资规模、节奏及融资方式、渠道等方面都需要专业化的指导与服务。针对这一现实需求，汉威公司主动引入专业化的咨询公司及资本运作公司，对孵化企业进行专业化服务。譬如汉威与"和君咨询"合作，在汉威产业园内建立了和君商学院教学基地，为入驻企业提供专业的企业管理经营等方面培训和指导，并利用投融资平台不断为入驻企业争取投融资机会。实践证明，这种与专业化咨询及金融机构的高效服务显著降低了双创企业在特殊阶段的市场及内部风险，对双创活动

产生了有力助推效果。

二 双创基地建设的经验

(一) 龙头企业是塑造行业双创生态的核心推手

与企业日常经营相比双创行为面临特殊风险，但是一旦成功可以迅速被推广复制，所以其又具有很大的正向外部性，鉴于双创的这种特性，政府必须营造一种环境推动双创工作。但是政府自身的组织特性决定了由政府直接进行双创是不现实的，必须由企业来开展双创。任何时候企业都是双创的主体，也是政府推动双创的关键载体。企业作为双创的主体，必须同时具备双创的能力与双创的意愿。行业龙头企业或大企业由于具备相对完备的基本资源要素，如果理顺内部体制机制，将是政府实现双创目标的有力抓手，也是塑造行业双创生态的核心力量。同时，龙头企业占据行业较大的市场份额，双创行为一旦成功，龙头企业将获取较大收益，所以龙头企业作为双创的关键推手能较好解决能力与激励相结合的问题。

(二) 政府服务水准是营造双创生态环境的关键要素

双创工作具有天然的高风险性与不确定性，正如人处于婴幼儿时期，需要特别的外部环境保护，很多时候这些外部保护仅靠市场来提供是满足不了需求的，需要政府在关键节点提供支持。譬如，在基础营商环境保障上，在针对双创的专门融资渠道建设上，以及产业方向指导上等，都需要政府部门的专业化服务。同一般业务相比，双创行为对可预期的营商环境有更高的要求，政府只有提高相关服务质量，才能有效降低企业进行双创工作所面临的非市场风险，才能真正激励企业开展双创。

(三) 双创基地运营团队职业化程度是影响绩效的直接变量

如果说建基地搭平台属于投资，基地后期活动的开展就具有更多的运营性质。一个基地的运营团队是否具备相应的职业化水平对于基地持续健康运营至关重要，尤其对于综合性双创基地而言更是如此。对于一个双创项目，既需要把投资决策建立在可靠的行业背景预测上，也需要具备可执行的商业模式实现其运营，还需要有高效的资本运作能力为项目筹到低成本的资金，所有的这一切都离不开专业化的运营团队。运营团队要在项目筛选、商业模式选择、融资渠道服务等一系列方面为双创主体提供增值服务，才能助力提高双创绩效。

三 汉威双创基地建设的启示

通过这次较为系统的走访调研，近距离观察分析双创基地，了解基地的实际建设运行状况，总结梳理典型做法和经验，主要得到以下几点启示。

（一）政府是决定双创生态基础设施建设第一责任人

好的双创生态离不开勇于面对不确定性的市场主体，也离不开好的双创环境与土壤，而好的环境单靠企业是不行的。双创环境具有公共产品性质，具有显著的外部性，不管是工商服务、产业共性技术的提供，还是基础研究资金的筹措，甚至商业信用和执法效率等制度设施，都离不开政府的支持和参与。政府应该把这些具有公共品性质的基础设施建设好，才能引来高水平的参与者，避免劣币驱逐良币，开启双创生态良性循环。

（二）风险收益匹配与责权利对等是影响双创生态的核心机制

要实现不同主体之间的良性互动，仅有美好蓝图是不够的，还要有能够协调好不同利益主体之间风险收益关系的机制，风险收益匹配与责权利对等是实现合作可持续的基本原则。政府和企业之间，投资者与市场主体之间，很多有价值的事情落不了地，根本原因就在于没有细致处理好这个问题。

四　推进双创基地建设的对策与建议

（一）政府在搭建双创平台前要有好的产业定位

政府在双创链条中作用不可或缺，但其发挥价值的地方是有重点的。整体而言，政府应该把工作重心放在软硬基础建设上面，放在幕后服务上面，台前活动尽量交给市场主体。具体到双创平台搭建，政府事前要根据自身条件及战略发展方向在产业定位方面给予高质量的服务与引导，只有这样才能提高平台比较优势及存活率，更好地进入后期运营阶段。

（二）政府在推动双创工作时要有好的抓手

政府的资源也是有限的，为收到事半功倍的效果，在进行资金扶持时应该选择技术前景看好及管理机制高效的重点企业或项目作为抓手，通过这些抓手以点带面营造出各自行业双创生态圈，而不是一竿子插到底，那样既做不好，实际上也做不到。

（三）企业在践行双创活动时要有好的机制

企业作为践行双创活动的主体，只有建立双创导向的激励机制，把员工的利益同其双创行为挂起钩来，在风险分担上面提供配套措施，在不影响其努力积极性的前提下降低其从事双创的风险成本，才能使员工愿意创，能够创，最终实现企业与员工的共同发展。

第三节　昊华骏化集团有限公司

昊华骏化集团有限公司（以下简称"骏化集团"）始建于1967年（前身为驻马店地区化肥总厂），是由国家计划经济体制下的小氮肥企业经历几代骏化人艰苦卓绝的奋斗改制而成。骏化人为实现波澜壮阔的"骏化梦"，致力于建设绿色能源化学品、绿色材料化学品、绿色环保化学品为主的新型化工产业集群。同时搭建电子商务平台、物流信息平台和金融平台，支持主业板块的强势增长。骏化以省级煤化工工程技术研究中心为依托，建成15个基础实验室和专业实验室，设有博士后科研工作站，国家级企业技术中心。

一 骏化集团的创新举措

（一）技术创新

昊华骏化集团有限公司处于转型发展的关键期，调整优化产业结构，实现绿色制造，面向未来大力发展技术创新，不断促进公司技术进步，提高核心竞争力。

1. 把"技术创新"作为企业发展动力，建立创新型企业

昊华骏化集团有限公司根据公司实际，一直致力于自主研发创新，不断充实完善科技创新体系，理性规划发展方向，不断优化发展过程中的经验教训，形成了"技术创新在基层"的技术创新体系，成立10个研究所作为创新平台，积极调动全员创业创新，通过项目制实现全员创新，项目内容涉及生物有机作物营养、新能源、新材料、环境工程与环境科技、装备制造、工艺改进等多个领域，企业鼓励内部员工、社会公众申报项目及工艺改进项目，立项后从研发设施、人才培养、资金扶持等方面支持研发及创新，并设置奖励机制，有效的创新机制和适宜的创新环境极大地激发了全体员工的创新积极性。"技术创新在基层"的创新组织体系颠覆了传统意义上的实体研究所，将创新机构虚拟设置在生产制造及研发一线，设置在基层，从生产及研发实际工作出发，根据生产工艺、设备、能耗、研发方案进行基层创新、全员创新，充分调动全体员工的积极性，激发员工的个人潜力，形成"大众创业万众创新"的常态，实现创新机制的项目化、常态化。

2. 实现管控手段变革，以信息化带动工业化，实现智能化制造，打造核心竞争力

公司加快信息化与工业化深度融合，大力引进和推广应用智能科技装备和智能产品，推进重点领域制造过程智能化，促进"研产供销"集成一体化和智能管控，紧紧围绕流程创新、制度创新，逐步改变公司营销方式、生产制造和企业管理，秉承"制度流程化，流程表单化，表单电子化，管控信息化，工厂智慧化"的管理理念，用现代信息化的管控手段改造传统产业，构建公司管控运营平台。

3. 资源综合利用，实现节能降耗清洁生产

公司立足现有技术走向市场，发展清洁能源产业。公司自主创新的国际领先的乙醇工业化技术，通过在西北部地区建设清洁燃料乙醇，分质利用高挥发煤炭资源，为国家能源结构调整做出贡献。骏化秉承工匠精神、契约精神、创新精神确保产品品质、服务品质，扎扎实实做质量、做品牌，将技术创新根植于心，实践于生产一线，实现绿色制造，提升发展质量，真正实现卓越运营。

（二）商业模式创新

2017年，在原料价格暴涨、融资困难、企业安全环保形势异常严峻的情况下，骏化不断强化基础管理，推进技术进步，实施节能减排，向内挖潜，加快产业优化升级，提高自动化控制，减员增效，持续改进，推进卓越绩效管理，坚持以价值为导向，转变商业模式，创新发展方式。

1. 创新外部商业模式

通过签订项目合作协议或合同，约定项目建成后公司、科研院校、设计院的利益分配，不同项目可选择不同的专业性较强的科研院校、设计院合作。目前与郑州大学和华陆工程研究设计院共同开发环氧丙烷清洁工艺项目；正在积极推进与江南大学和无锡中粮工程科技有限公司开发生物有机肥项目；正与煤炭科学研究总院和中国天辰工程有限公司就油渣气化中试及同向多轴气化项目洽谈三方合作协议。通过外部协同创新为公司引进不同层面的技术人才，保证项目的有序稳定开展，形成动态的网络型项目团队，推动公司产业链的形成。

2. 创新内部运作模式

内部创新主要指为调动广大员工干事创业的积极性，充分挖掘经营潜力，坚持以利润为中心，效益优先的原则，鼓励为企业持续增盈，通过承包制、合伙人制、入股等奖惩机制，采取内化而非嵌入的奖惩办法，充分调动广大员工的创业积极性，激发广大员工的创新热情，深挖创新潜力，全员均可参与，使员工和公司形成利益共同体，员工在获得丰厚报酬的同时也充分实现了个人价值，实现员工与公司双赢的局面。在 2017 年公司年终总结大会上，公司着重强调了内部创新的商业模式推广，对于下一步工作中可实现内部创新的项目，会后立即进行签约，同时下发骏化〔2018〕3 号红头文件再次强调商业模式转变的重要性，文件中首先根据年度审计制定年度目标，超额完成的可给予 30% ~ 50% 的奖励，一企一议，一个项目一议；完善考核体系，以往年度先进指标为基数，从装置、固定资产、安全环保三个方面进行考核；生产型企业建立承包制、合伙人奖惩机制，利润增加额的 30% 奖励给承包人和合伙人团队；贸易、服务、装备制造企业以往年度先进指标为基数，以本年度比基数实际增长数比例分配奖励薪酬、年薪和奖励工资，上不封顶下不保底，最大限度发挥个人所长，充分调动员工创新创业的积极性。

（三）打造创新生态文化环境

骏化以"持续改进，致力卓越久远"为核心理念，以"成就顾客、富裕员工、回报股东、造福社会"为宗旨，奉行"以客户为中心，服务为根，奋斗者为本"的核心价值观，为实现"安全环保、效益效率优先、创造受尊敬的公司"的愿景，提出了"一体两翼，联动发展，实现四个创新；主业突出，相关多元拓展支持，利润中心专业化；立足国内，走向世界"的总体发展战略，通过科学规划，有序实施，达到科技含量高、经济效益好、资源消耗低、环境污染少、管理效率高的新型工业化最佳格局，打造国内领先、国际一流的绿色生态产品制造商和服务商。

骏化经营的宗旨和出发点是让"工匠精神、创新精神、契约精神"能够在产品的品质、品牌价值和服务中得到体现，做世界上最好的产品、最好的品牌，让客户和消费者感受、认可、接受骏化的产品品质、品牌价值和服务，打造骏化长盛不衰的"DNA"和发展动力。

近年来，骏化不断发展多方合作，分别与相关政府、同行企业、高校和科研机构等在平等互利的基础上实现共同发展；坚持"想顾客所想，服务让产品增值"的服务理念，构建供应发展价值链，提升客户服务水平，加强供应商的管理；秉承"洞察市场趋势，把握顾客需求，共同创造价值，搭建情感纽带，培育骏化粉丝"的营销理念，完善农化服务，不断推进农业生产；骏化肩负"绿色生态，创造健康价值"的光荣使命，开展造福民生、对口帮扶、公益助学等活动来感恩社会，以"促行业交流、塑健康环境、领产业未来"为产业责任来奉献社会。骏化致力于企业价值最大化与个人价值最大化的和谐统一，最大限度地发挥每位员工的潜能，努力使每位员工的敬业精神、工作绩效和创新意识得到公正的评价与合理奖惩。建立了完善的绩效管理体系，绩效评估结果作为员工晋升、岗位轮换、薪酬、福利、奖惩、培训以及职业生涯规划的依据，帮助每位员工提高工作绩效和工作能力。

二 骏化集团创新创业取得常态化、项目化、机制化运行体系

(一) 万众创新全面化、全员化、常态化

在骏化，创新从来不只是少数科研人员的工作，集团公司每一位员工，尤其是一线车间的职工都在积极参与，骏化集团依托下设的 10 个一线科研平台，从精神和物质上鼓励并营造万众创新的环境。上至董事长、总

工程师，下到部门经理，公司在各种场合，尤其利用好每周一大调度会的平台不断表彰和鼓励创新，鼓励员工发现、提出并解决生产管理中存在的问题，并作为岗位晋升的依据；公司每月组织持续改进提案评选，依据降低消耗和易于操作为主线对提案进行评选，分别给予 100～5000 元不等的个人奖励，最大限度调动一线岗位人员参与创新工作的积极性。

（二）创新投入持续化、项目化

骏化集团公司董事长亲自作为创新工作的参与者和引路人，并作为工程技术研发部门的直接领导人，在人员和资金投入上提供了最大保证。创新尤其是原始创新需要大量资金的投入，这是保证创新工作能够持续开展（保证人才队伍稳定及相关设施、设备的提供）的前提。骏化集团对于创新资金的投入和管理有一套行之有效的规范：分公司负责人、子公司负责人、集团工程技术研发负责人、集团公司总经理、董事长针对创新项目的投资额均有一定的审批权限，对于审批通过的创新项目拨付专项资金并建立档案（资金使用和项目进度），保证了专款专用，为万众创新解决了后顾之忧。

（三）创新制度机制化

创新投入具有一定的风险性，尤其是原始创新成果具有偶然性，且效益往往具有滞后性，原始创新要有千年等一回的耐心和决心，因此企业对于创新人才的激励要有远景化的规划和认知（骏化历经近十年的艰苦卓绝的努力成功自主开发出了煤热解气化一体化分质利用技术及煤基燃料乙醇合成技术，成功投入运行并实现了商业化运营）。首先，建立与创新活动相一致的收入分配制度，给创新者应有的待遇，支持他们做眼下做不出但从长远看是非常重要的工作，给创新者营造坚持下去的环境；其次，建立成果分享制度，对于原创成果，骏化建立了企业、团队、个人三级成果分享体制；最后，建立人才合理流动制度，对于高学历人才，骏化鼓励他们多下一线锻炼，多到相关部门学习，从一线发现问题后带到工程技术研发部门攻关，经过骏化多年的运作经验表明，人才合理流动对于创新工作的开展是非常有益的。

第四节　河南黄河旋风股份有限公司

河南黄河旋风股份有限公司（以下简称"黄河旋风"）由河南黄河实业集团股份有限公司、日本大阪金刚石工业株式会社、郑州磨料磨具磨削研究所等法人发起设立，1998年11月26日在上海证券交易所上市（股票代码：600172）。公司现已发展成为集科研、生产、贸易于一体的国家大一型企业，世界知名超硬材料供应商，国内超硬材料行业首家上市公司，综合实力位居超硬材料行业国际前三强。公司是河南省政府重点扶持50家大型企业之一，也是少数被国家列为"火炬计划"重点高新技术企业的民营上市公司。公司拥有国家级企业技术中心、企业博士后科研工作站、超硬材料标准化工作组和河南省企业技术中心、河南省超硬复合材料及其制品工程技术研究中心、河南省大单晶金刚石合成技术及应用工程研究中心，拥有多项核心关键技术和自主知识产权，其中部分产品的综合指标已达到国际先进水平，是国家高新技术企业。公司主要产品有超硬材料、超硬材料制品、UDS系列金刚石压机、建筑机械等，主导产品是超硬材料和超硬材料制品，其中人造金刚石年产量超过世界其余各国的总和。"旋风"牌系列产品畅销日、美、欧等发达国家和地区及东南亚市场，"旋风"牌人造金刚石分别被国家质检总局、国家工商总局认定为"中国名牌"产品和"中国驰名商标"。公司已成为世界上最大的超硬材料生产基地，国内超硬材料及制品行业龙头企业。

近年来公司依靠科技创新先后获国优金奖2项，科技进步奖8项，先后参与省、部、国家级科研项目32项，完成新产品开发300余项，拥有国家授权专利198项，其中发明专利14项、实用新型184项，储存了100多项企业核心专用技术。高新技术产品销售额已占总销售额的90%以上。在宝石级大单晶金刚石、PCD/PCBN超硬复合材料、PCD/PCBN超硬工具等方面的研发能力处于国内同行的前列。

一 黄河旋风推动双创工作的总体战略

(一) 黄河旋风双创工作总体发展思路

深入贯彻国家大众创业万众创新的精神，按照国家要求，推动双创在示范企业的全面落实，发挥示范企业在双创工作中的引领作用。通过试点示范，搭建双创支撑平台，构建双创发展生态环境，调动双创主体积极性，支持各类双创主体不断开办新企业、发展新技术、开发新产品、建立新模式、开拓新市场，同时，总结双创示范经验并在行业中复制和推广，进一步促进社会就业，形成双创蓬勃发展的新局面，实现发展动力转换、结构优化的目的，促进经济提质增效升级。

(二) 黄河旋风双创基地战略定位

黄河旋风坚持在稳定做好人造金刚石及制品基础上，以完善碳系新材料、新能源和智能化制造为今后五年产品发展方向，以功能性超硬材料、石墨烯、三元聚合物锂离子动力锂电池、新能源汽车充电桩、增材制造（3D打印）金属粉末材料及工业4.0智能制造为主业产品，建立互为上下游的三大产业链，向专业化、精细化、智能化的现代化商品业态发展。致力于搭建一个开放的可以复制和推广的创业平台，一方面将员工转化为创客，从命令执行者转变为创业者；另一方面，平台对社会资源完全开放，只要怀有创业梦想都可以通过黄河旋风的创客孵化平台进行孵化，最终打造成为创新创业、线上线下、孵化投资相融合的"众创空间"，为小微创新企业成长和个人创业提供低成本、便利化、全要素的开放创业生态系统。

创客智慧空间。为创客提供实体、网上的虚拟创客智慧空间，降低单个创客的创业成本，目前已经布局智能硬件创业生态区，后续将在完善智能硬件创客部落的基础上，继续拓展其他产业生态圈。

创客工厂。黄河旋风开放互联工厂，成就创客梦想，提供高起点的互联制造工厂，让创客从传统的大规模定制模式，升级到满足用户个性化定制和体验的互联工厂模式，本项目建设中将首先开放中试基地和数字化加工工厂，为创客提供从 0 到 1 的解决方案。

创业服务。提供线上创业服务平台和线下创业服务，为创客搭建孵化及加速过程所需要的商务、产业配套、物流、售后等全流程服务。开放黄河旋风的金融资源和财务服务能力，为创客提供融资辅导、财务服务、基金投资等多种服务。

创新资源平台。开放黄河旋风的技术资源网络、企业实验室资源、检测研制服务资源和供应商资源网络，为创客提供从创意到工程解决方案、检测验证、供应商匹配等服务。建立智慧生活生态圈，以碳系新材料为基础，影响整个制造业的生态系统，把黄河旋风建设成为全球最佳智慧生活的创客孵化、加速和成长基地。

（三）黄河旋风双创工作发展目标

未来 3 年，公司要在做好已有超硬材料及制品、原辅材料、预合金粉基础上，以调结构、转方式为发展理念的战略性新兴产业规划核心产业：碳系新材料板块、新能源板块、智能制造板块，聚集行业资源，建立一个面向超硬材料行业、区域制造业开放、共享线上线下相结合的双创支撑平台，开展超硬材料产业链相关的创新创业活动，带动超硬材料产业、区域制造业转型升级。开放互联工厂，成就创客梦想，提供高起点的互联制造工厂，同时为创客提供专业的创业指导和智慧空间，通过以培训为切入提升创客能力，通过集聚效应吸引政府、高校、孵化器等资源，建立适合创客发展的管理体系，帮助创客小微对接各类资源，搭建创客孵化加速生态圈。

（四）黄河旋风双创工作重点任务

1. 支持技术创新平台建设

着力搭建黄河旋风内部创新资源共享平台，积极引进国内外一流大学、科研院所和龙头企业建设研发创新平台，支持省内外高校、科研院所联合骨干企业、行业协会组建产业技术联盟、创新联盟等新型创新组织，大力培育具有市场化、专业化特点的产业技术研究院等新型研发机构，支持建设省级以上企业技术中心、工程（重点）实验室、工程（技术）研究中心、博士后工作站等高水平创新平台。推进研发设计、技术转移、科技金融、检验检测等专业公共服务平台建设，为创新创业企业提供创业投资、研发设计、技术标准、市场推广、科技咨询等第三方服务。鼓励建设"互联网＋服务"平台。对符合条件的平台建设项目，给予省财政资金专项支持。

2. 引进、培养创新型人才和团队

落实省"百人计划""中原学者"等人才工程，积极引进一批具有国际视野和拥有国际领先成果的高层次领军人才。依托高水平创新平台，吸引各类创新人才和团队聚集。把招商引资和招才引智相结合，以项目为纽带，引进各类人才和团队。完善柔性引才政策，建立灵活高效的人才培养开发、评价发现、选拔任用、流动配置、薪酬激励等机制，对接省"百人计划"，加快构建与创新创业发展相适应的人才供给体系。制定具体管理办法，允许符合条件的高校和科研院所科研人员经所在单位批准，带着科研项目和成果、保留基本待遇到企业开展创新创业。改进科研人员薪酬和岗位管理制度，破除人才流动的体制机制障碍，促进科研人员在事业单位与企业间合理流动。加快社会保障制度改革，完善科研人员在事业单位与企业间流动社保关系转移接续政策。建设海外人才离岸创新创业基地，集聚海外高端创新创业人才。

3. 完善科技成果转移转化激励机制

全面落实《促进科技成果转化法》，探索建立适应创新规律的科研经

费管理制度。制定实施科研人员股权和分红激励政策，鼓励科技成果以股权或者出资比例形式给予科技人员个人奖励。完善职务发明奖励报酬制度，在集团公司范围内，设立大众创业万众创新平台，在尽可能宽泛的产业范围内，实行项目研发、转化一条龙管理体制，即项目研发人员完成项目研发，技术参股成立新公司，自己经营、自负盈亏，充分调动科技人员积极性，加快高精尖成果的研发与转化，真正体现干与不干不一样，干好干坏不一样，想主动干事与被动参与不一样。形成大众创业万众创新的创新氛围。形成人员不分内外，鼓励、支持干事创业考核不留死角，不讲彼此，只要有想法、有成果均可以纳入平台管理支持之列。

4. 加大科技投入支持重大项目建设

围绕企业转型升级方向，以产业链协同创新为支撑，加大科技投入力度，支持重大项目建设，将双创基地建设方案中的重大项目纳入省重点项目管理，强化要素保障，优先保障土地、环境容量、水、电、燃气、供暖、宽带网络等需求。开辟项目审批绿色通道，推行"并联"审批，强化全过程服务。省、市级财政资金优先支持重大项目建设，积极争取中央资金支持，政府投融资平台积极为项目提供投融资支持。通过政府、金融机构共同设立产业基金，三方齐努力，加大项目的资金投入，以解决资金紧缺等问题。

二 黄河旋风优化双创环境的主要举措

（一）构建企业双创顶层设计

建立组织领导工作机构与制度体系。成立黄河旋风双创工作领导小组，由黄河旋风公司董事长担任组长，总经理任副组长，副总经理为小组成员。黄河旋风双创工作领导小组下设工作小组，由公司企管部、办公室、人力资源部、研发中心、财务部、安全环保部、外事部、网络发展部、审计部、基建部和集团下属各子公司及事业部负责人组成。同时，建立黄河旋风双创大事记制度，完善工作推进机制，落实资源配套。建立工作例会制度，由领导小组指定相关单位定期召开工作推进会。完善监督检查机制，定期组织巡检和专项督办，落实责任，明确责任人。其次是明确公司双创工作指导思想。在摸清、找准企业具体现状的基础上，深入贯彻国家大众创业万众创新的精神，按照国家要求，推动双创在示范企业的全面落实，发挥示范企业在双创工作中的引领作用。通过试点示范，搭建双创支撑平台，构建双创发展生态环境，调动双创主体积极性，支持各类双创主体不断开办新企业、发展新技术、开发新产品、建立新模式、开拓新市场，同时，总结双创示范经验并在行业中复制和推广，进一步促进社会就业，形成双创蓬勃发展的新局面，实现发展动力转换、结构优化的目的，促进经济提质增效升级。

（二）着力构建拓展双创引智引技平台

牢固树立"以人为本"的科技发展理念，调整人才结构，培养和引进高层次科技人才，建设一支高素质科技人才队伍。积极引进技术带头人和急需紧缺人才。按照"不求所有，但求所用"的人才引进政策，采用兼职、合作、学术交流、技术入股等办法，以个别引进、项目联动等形式，吸纳人才资源。对于自带项目的科技人员，继续奉行"项目负责人提出的合作的条件就是公司提供的条件"的人才引进政策。为更好地为创业项目和团队提供全方位的投融资支持，公司与台湾客商、美籍华人、麻省理工学院宋健民博士强强联合于2016年7月成立了河南烯碳合成材料有限公司，注册资本1335万元，其中黄河旋风1000万元，台湾客商宋健民博士以技术出资335万元，主要进行石墨烯系列产品的研究开发、生产、销售及应用。同时，公司还建立健全激励约束机制，充分调动公司的技术合作方——同济大学研究人员的工作积极性，推进双方合作项目——高比能硅碳负极材料项目的研发进度，有效地将股东利益、公司利益、经营管理层利益、员工利益和合作方利益结合在一起，使各方共同关注公司的长远发展。根据《公司法》的相关规定，公司于 2017 年 10 月进行 A 轮融资，将 200 万元人民币的原始股份额度以众筹的方式分给公司内部管理人员和技术骨干；将 200 万元人民币的原始股份额度以众筹的方式分给公司的合作方——同济大学的研究人员。公司完成 A 轮融资后，为了公司的快速、稳定发展，公司将会针对重大客户，进行 B 轮融资，通过融资与客户形成长远的战略合作关系，为小微企业创业和个人成长提供低成本、便利化、全要素的开放创业生态系统。

（三）积极搭建开放创新平台

黄河旋风长期致力于超硬材料领域的研究与应用，具有雄厚的技术积累。依托公司国家级企业技术中心，公司与中国科学院、清华大学、同济大学、郑州大学等国内多所顶尖高校进行资源共享，优势互补，拥有多个技术合作开发项目。目前公司已与郑州大学橡塑模具国家工程研究中心、材料成型及模具技术教育部重点实验室，联合签署了合作协议，将共同就石墨烯在导电导热高分子复合材料、结构化轻量化热塑性复合材料、新型储能材料中的应用、国家战略领域所用聚合物制品等方面的研制进行技术开发和共建郑州大学研究生创新实践基地。同时公司还联合郑州大学建立了河南省金刚石光电材料与器件重点实验室，为建设宝石级大单晶金刚石产业化及电商服务的线上线下双创平台奠定了基础。通过不断整合更多的社会研发资源，聚拢一批社会优质资源成为紧密合作伙伴，最终搭建形成黄河旋风集协同设计开发为一体的"双创"平台。

三　黄河旋风优化双创工作的主要成效

（一）有力推动了企业逆势增长

近年来，公司围绕碳系新材料、锂电池及充电桩、石墨烯、3D 打印等领域引进高层次团队 4 个，引进高层次人才 18 人；以宝石级大单晶金刚石产业化、生命源宝石级金刚石研发、超硬材料表面金属化单晶及高品质微粉产业化、新材料加工用金刚石线锯产业化、石墨烯制备研发及应用推广、锂离子动力电池产业化、新能源汽车充电桩产业化、增材制造（3D 打印）专用金属粉料产业化、智能制造系统集成及硬件推广 9 个在孵项目为重点，成功孵化出河南力旋科技股份有限公司、河南烯碳合成材料有限公司、河南蓝电智能科技股份有限公司 3 家科技型企业。在公司强力推动双创工作，探索内部创业机制背景下，面对经济新常态、应对经济下行压力的情况下，2017 年三季度末，黄河旋风实现营业总收入 23.93 亿元，同比增长 40.12%；实现净利润 2.76 亿元，同比增长 8.41%。主营业务毛利提升，整体保持稳定发展。

（二）有效带动了社会创新创业

通过将内部创业平台向社会延伸开放，采用合作、众筹等方式，近一年来共引入民资 535 万元参与石墨烯材料的开发建设。2017 年 9 月，公司开发的石墨烯成功亮相中国国际石墨烯材料应用博览会。截至 2017 年 11 月底，公司已完成石墨烯材料及应用开发试验中心和生产车间的建设，具体包括恒温、恒湿、无尘（十万级净化）车间的改造，拉曼光谱、比表面测试仪、激光粒度仪、高压物理拆层机、离心机、均质机、蒸馏机、马夫炉、烘箱、振实密度测试仪、十万分之一分析天平等试验设备以及高纯水机、石墨气流破碎机、微波烘干机、石墨专用净化系统等石墨提纯系统生产设备的采购、安装与调试。目前公司已实现锂电池石墨负极材料用球形石墨的批量生产与销售，石墨烯浆料、石墨烯粉体、石墨烯基导电油墨的批量生产与客户试用，高比能硅碳负极材料的研发。经过近一年时间的探索实践，黄河旋风双创工作已取得初步成效，为企业双创基地建设进一步发展奠定了坚实的基础。

第五节　普莱柯生物工程股份有限公司

普莱柯生物工程股份有限公司是依托生物科技快速发展壮大的高新技术企业，主营业务从事兽用生物制品与化学药品的研发、生产与销售，属于战略性新兴产业。公司从创立伊始坚持创新驱动发展的总体战略，先后主持或参与国家"863"计划、高技术产业化项目、河南省重大专项等国家、省、市科技项目30余项，通过项目的顺利实施，技术创新与产品研发实现了重大突破，相继开发了成功填补国际空白的禽流感（H9）三联、四联灭活疫苗和填补国内空白的猪圆环病毒2型灭活疫苗、鸭瘟灭活疫苗、动物专用抗生素原料药及制剂盐酸沙拉沙星、头孢噻呋等产品。公司先后被科技部等国家部委认定为"国家火炬计划重点高新技术企业"和"国家技术创新示范企业"，并于2015年5月顺利实现了在上海证券交易所主板成功挂牌上市。在我国经济发展进入新常态时代背景下，普莱柯公司成为不依赖要素驱动、践行创新驱动的行业典范，2016年被河南省政府认定为"河南省创新龙头企业"，2017年被河南省政府认定为首批"河南省双创基地"。

一　双创基地建设的主要成效

经过20余年专注动物保健行业的发展，普莱柯生物工程股份有限公司已成为集产学研用于一体的行业创新龙头企业。为积极践行国家"双创"战略，普莱柯依托品牌、资本优势和国家兽用药品工程技术研究中心的技术优势，形成了以产业链协同创新为支撑的创新创业新局面，支持地方经济转型升级。

（一）拥有三个国家级创新平台，创新能力居行业领先地位

公司始终将自主创新和集成创新作为企业发展的原动力，拥有国家兽用药品工程技术研究中心、国家级企业技术中心、动物传染病诊断试剂与

疫苗开发国家地方联合工程实验室三个国家级创新平台，并设有博士后科研工作站和河南省兽用药品开发院士工作站，研发场所面积近 2 万平方米，以博士、硕士为主体的技术研发人员队伍超过 200 人。公司先后与中科院微生物研究所、中国农科院、军事医学科学院、中国农业大学、南京农业大学等科研院所、大学建立了广泛的产学研合作关系。公司累计申请发明专利420 余项，取得发明专利授权 150 余项；先后取得国家级新兽药证书 34 项，获得认证国家级重点新产品 4 项；核心技术研发项目获国家、省部级科技成果奖 10 余项。公司已成为国内动物疫苗行业科技创新领先的企业。

（二）获批兽用生物制品国家专业化众创空间和国家级科技企业孵化器

基于普莱柯公司在国家专业化众创空间的建设方面拥有创新源头、资源共享基础好、产业整合能力强、孵化服务质量高的优势，国家科技部于2018 年 1 月 2 日发布确定了普莱柯公司申报的"兽用生物制品国家专业化众创空间"并予以备案。该专业化众创空间主要依托全资子公司洛阳中科科技园有限公司实施运营，目前已累计投资 1.06 亿元，总面积 3700 平方米众创空间主体和内部装修建设已结束，并被国家科技部确定为"国家级科技企业孵化器"，致力于打造专业化、国际化生物医药产业园区和加快生物医药产业、资本、人才等专业资源要素集聚，进而推动创新型生物医药产业集群发展，实现从企业孵化到产业孵化的新模式。

（三）所设工程实验室为省级技术转移示范机构

依托公司长期以来形成的技术积累和技术优势，公司所设国家地方联合工程实验室致力于切实推进重大技术和成果的顺利转化，使得一批具有重要应用价值的技术与成果得到了良好的推广和辐射应用。对外技术转移与服务主要包括以下几种形式：向行业内企业进行技术与产品转让；与行业内企业通过合作研发等形式提供受托研发服务；为行业内企业和养殖户提供疫病诊断与检测服务；开展学术交流与技术、人才培训服务。为行业内企业提供技术咨询、受托研发等实现技术性收入超过 1 亿元。基于在技术转移方面所取得的突出成效，公司所设国家地方联合工程实验室被省科技厅评为省级技术转移示范机构。

（四）建立了一系列国际先进的技术平台

依托国家兽用药品工程技术研究中心在疫苗方面建立了 4 个技术平台，在诊断试剂方面建立了 3 个技术平台，在新型佐剂方面建立了 1 个平台，涵盖动物实验技术平台、病理学技术平台和临床试验平台。

（五）布局研发了新一代基因工程疫苗技术产品

猪圆环基因工程亚单位疫苗、鸡新流法（VP2）基因工程三联疫苗等 4 项新产品于 2017 年相继获得新兽药证书并将陆续推向市场，猪伪狂犬基因缺失灭活疫苗、猪圆环—支原体二联灭活疫苗、新（基因Ⅶ型）—支—流三联基因工程疫苗等 10 余项产品进入新兽药注册阶段。

二　双创基地建设的启示

普莱柯生物工程股份有限公司以科技创新引领企业发展、以良好经济效益反哺科技创新的良好互动格局和支持员工创业带动企业加速成长的做法，支撑企业走上了可持续、健康快速发展的道路，同时为行业带来巨大经济和社会效益，也为其他企业的创新创业提供了有益的借鉴。

（一）明确的公司发展定位

公司发展定位明确，围绕产业链补链强链。为响应国家"大众创业万众创新"的号召，同时贯彻公司"职业与事业同步"的人才理念，公司逐渐探索出以投资员工创业项目的方式推进产业链发展的模式，围绕动物保健行业"诊断、治疗、预防"等方面及各细分行业，坚持"技术创新—人才发展—资金支持"三位一体,促进创新,内外孵化,培育产业,不断延伸公司的产业布局,形成具有强大产业整合能力和扩张能力的平台。

(二) 合理的人员培训、管理和晋升制度

公司不仅以拥有的国家级研发平台和企业的强劲发展筑巢引凤,汇聚各类高层次人才,而且还注重内部人才的培训、管理和奖励,充分调动员工创新和创业的积极性,使得公司的双创工作能顺利开展,保持强劲的动力。

1. 人才培训和评价体系

一方面,公司内设的普莱柯学院持续培养实用性人才,加速员工成长及人才队伍建设,建立了人才培养新模式,并制定了导师制管理办法,重点对技术人员、管理人员、新员工进行传帮带培养。另一方面,设计了管理与技术双通道的员工职业发展模式,明确了双通道各级岗位的任职条件与资格,通过岗位竞聘机制促使优秀人才脱颖而出,并在严格的评估、评价基础上得到晋升发展,使得各种类型的人才都能够在普莱柯有目标、有动力、有发展。

2. 人才创新激励机制

针对各类不同人才建立了协议工资制、年薪制、岗位技能工资制等多种薪酬制度相结合的薪酬体系;建立并有效运行了覆盖全员的绩效管理体系,充分体现了薪酬向有为、高绩效、持续奋斗员工的倾斜,并针对科技创新、管理创新、成果奖励建立了专项激励制度,出台了《科技创新奖励办法》,并对经营层、核心层有针对性实施了股权激励。一系列机制的创立与运行成为普莱柯留人、用人、激励人的重要基石,使科技创新活动处于只争朝夕的激活状态。

三 完善的技术创新与产品研发机制

公司经过多年实践,建立了"金字塔"形的技术创新与产品研发机制,主要包括"1234"的研发导向与策略、三个途径并用的研发路径组

合、研发平台建设与资源的运用、研发投入的保障四方面。特别在研发投入方面，每年研发投入占营业收入比例超过7%，其中2016年研发占比达到10%。在高比例研发投入保障的基础上，近年来公司研发平台相继取得了良好的成果，创新能力居行业领先地位。

四 有效的创业孵化基地建设运营理念

公司秉承"内孵外延"运营理念建设创业孵化基地。内孵方面强调协同强化主业发展；外延方面围绕产业链补链强链，进行技术与成果扩散，同时渗透产业链下游，投资畜牧养殖业协同主业发展。在该运营理念下，创新与创业孵化成果喜人。普莱柯公司拥有洛阳惠中兽药有限公司、洛阳惠中生物技术有限公司、河南新正好生物工程有限公司、洛阳中科科技园有限公司4家全资子公司和洛阳中科基因检测诊断中心有限公司、洛阳赛威生物科技有限公司等参股公司，同时生物材料、宠物保健品、大健康领域等科技型企业数十家已入驻中科科技园有限公司，上述业务拓展与创业项目孵化是公司贯彻"双创"战略迈出实质性步伐的具体体现，对加快推进形成生物医药产业集群意义重大。

第六节 许继集团

许继集团是全国首批创新型企业，荣获首届"中国工业大奖"表彰奖、首届"中国质量奖"提名奖等诸多荣誉称号，拥有国家级企业技术中心、国家高压直流输变电设备工程技术研究中心、国家能源主动配电网技术研发中心，以及国家电工仪器仪表质量监督检验中心，是IEC/TC85技术委员会秘书处和全国电工仪器仪表标准化技术委员会秘书处承担单位。目前，许继集团控股1家上市公司，拥有13家子（分）公司，形成了许昌、北京2个研发中心，上海、西安、哈尔滨3个研发分中心，以及许昌、珠海、福州、厦门、济南、哈尔滨、成都7个产业基地。

一　发展现状

许继集团高度重视群众性技术创新活动，建立"全员化、全方位、全覆盖"的职工创新创效体系，引导广大职工积极参与技术创新、管理创新、营销创新等，不断增强企业创新能力。通过举办"岗位创新、岗位创效"大赛，经过初赛展示、复赛竞技、决赛发布等环节，近三年来评选产生 1000 余项优秀职工创新成果，其中 25 项获得省部级及以上奖励；通过发挥班组在职工创新中的主体作用，组织班组职工广泛参与技术比武、技术攻关、合理化建议征集等活动，推进班组大讲堂、小课堂、小点子、小创新"一大三小"项目开展，着力解决服务客户"最后 100 米"问题。以劳模工作室为载体，大力实施技术革新、发明创造和前瞻性研究，推动企业技术进步，统筹推进工作室标准化建设，确保每个工作室"有冠名、有标识、有设施、有团队、有制度、有计划、有活动、有成果"。

二　整体部署

许继集团立足电工装备制造业发展实际，探索新的创业创新平台和模式，通过双创平台建设，出台具体措施，鼓励和吸引员工、社会大众以多种形式参与"双创"，自觉把"创新创业创造"融入日常工作，支撑企业快速发展。

（一）整合优势资源

充分发挥公司在装备制造业的领先优势，整合集团在产业衔接、技术合作、市场开发、管理培训等方面的资源，促进产业链协同创新。

（二）搭建创新支撑平台

结合创新基地整合的内外部资源，建立创新支撑平台，统筹资源的配套使用，支撑产业链上下游企业的创新发展。

（三）建立基地管理机制

培育鼓励创新、宽容失败的创客文化，建立健全激励机制和容错纠错机制，强化基地创新项目的跟踪与考核管理，完善基地管理机制。

三　取得的成效

（一）人才队伍与关键技术突破

许继集团坚持"产品领先战略"，坚持创新驱动发展，在特高压交直流输电、智能变电站、电动汽车充换电等关键技术上实现突破，创造了多项"中国第一"和"世界第一"。相继荣获省部级以上科技奖励252项，其中，国家科技进步奖特等奖1项、一等奖1项、二等奖3项，国家专利优秀奖4项；累计完成国际标准68项，国家标准181项；实现了±1100千伏、5000安换流阀和±1100千伏控制保护等一大批重大关键技术与产品的突破。许继集团连续12年入选中国机械百强企业，2015年排名第30位；许继集团连续13年入选全国电子信息百强企业，2016年位居第49位，在河南省内保持行业龙头地位。

2016年末，许继集团技术类人才5013人，占劳动用工总量的54%。拥有各级各类专业技术任职资格人员3747人，其中教授级高级工程师30人，副高级工程师395人，中级工程师1552人，中级职称及以上占技术人员总数的39.44%；拥有国家级专家人才8人，其中享受国务院政府特殊津贴高层次技术专家人才7人；国网公司"四级四类"专家人才44人，其中科技领军人才1人，专业领军人才（培养期）9人，优秀专家人才15人，优秀专家人才后备19人。

（二）创新平台支撑

许继集团以创新驱动求发展，作为电力行业龙头企业，现拥有1个国家级技术中心"许继集团有限公司技术中心",1个国家级工程技术研究中心"国家高压直流输变电设备工程技术研究中心",2个河南省工程实验室"分布式能源接入与微电网系统河南省工程实验室"和"智能配电设备河南省工程实验室",3个河南省工程技术研发中心"分布式能源接入与微电网系统河南省工程实验室"、"智能配电设备河南省工程实验室"和"河南省大功率电力电子工程技术研究中心"。

(三)产学研合作与服务支撑

2010年加入国家电网公司以来,许继集团全面深化变革,加快产学研创新发展。通过完善"产学研"协同创新机制,与清华大学、中国电科院、西门子、ABB等国内知名高校、科研院所和国际知名企业搭建合作创新平台,建立常态合作机制,推动科研和产业单位的深化协作,加快科技成果向产业转化。

坚持集团化运作和集约化管理,进行了一系列的规划和布局,压缩管理层级,提升人财物集约化水平,建立了大营销、大服务、大研发、大生产、大信息体系,形成了五大体系支撑下的十大核心业务发展新思路;不断强化发展方式、营销方式、服务理念及商业模式的创新,围绕支撑国家"一带一路"建设和"中国制造2025"战略,重新规划了产业发展重点和研发、投资项目;推进了信息化与工业化深度融合,积极培育新业态和新商业模式,着力发展现代服务业,对产品、技术、服务进行集成创新;构建了重点发展系统应用、科研检测、制造服务、工程EPC/BOT/BT/PPP等现代服务业务的产业体系。

TITLE THREE

第三篇

▽
▽

基地探索篇

双创基地建设理论与实践
——以河南省为例

第七章
河南省双创基地建设面临的问题及不足

双创基地是在更大范围、更高层次、更深程度上推动大众创业万众创新的重要载体，对于发挥创新创业在发展新经济、培育发展新动能、打造发展新引擎中具有引领支撑作用。近年来，河南省结合自身实际，全面落实大众创业万众创新战略部署，持续加大双创基地建设力度，不断优化创新创业环境，全省大众创业万众创新工作取得积极进展。目前，全省已建成4个国家级双创示范基地、57个省级双创基地。这些双创基地在引领创新创业活动中发挥了积极的示范带动作用，但受历史因素和现实条件的多重制约，河南双创基地建设与打造双创升级版的需求相比，仍面临着理念认识有所偏差、政策导向精准不足、资助体制尚不健全、基地建设缺乏指导和要素供给结构失衡等矛盾和问题。

第一节 基层对双创基地建设理念认识有偏差

双创示范基地是促进转型升级和创新发展的重要抓手。国家层面曾多次出台文件对双创基地建设的目标、任务、功能、定位做出了宏观部署，但在基层的建设实践中，仍存在一些认识偏差和误区，亟待进一步转变观念，强化认识。

一 部分地方政府政绩观错位

目前河南大多数双创基地是由政府部门主导成立的，因而都带有一定的准政府性质色彩。基于双创已经上升为国家战略,地方各级政府都纷纷加大双创基地载体的建设扶持力度,围绕推进"双创"示范基地建设和打造"双创"升级版,主动创新谋划,探索开展了一系列行之有效的工作,为实现经济高质量发展提供了坚实保障。但另一方面,一些地方政府在推进双创示范基地建设中,过于注重外在形式表现,相对忽视内在本质挖掘,不考虑本地实际、区域特点、发展阶段,盲目上马、一哄而上,追求形式上的轰轰烈烈,导致一些双创基地不仅不能有效发挥示范引领作用,甚至无法维持自身正常经营。甚至个别地方把双创基地建设仅仅作为展现政府官员政绩的一种工具,硬性规定每个市县必须设立若干数量的创新创业孵化基地等,这些地区在硬性指标的指挥下,通过政策优惠强行推出一些成长性差、功能性较低的众创空间,实质上难以服务创新创业的发展。

二　一些企业组织过度追求短期收益

在企业组织的双创基地中既涌现出一些经济效益与社会效益俱佳的业内优秀基地,也有一些基地发展得举步维艰,甚至关门倒闭。这里面存在两个突出问题:一方面是由于不良入局者存在,部分企业组织在政策红利的激励下,因拥有相关创业基因以及手握资源,纷纷投资双创基地建设,这造成一部分投机者跟风进入行业,他们并非为创业者寻求福利,而是完全依赖政府造血;另一方面是少部分双创基地的投资方有利用政府优惠的土地、财税等政策,借建设双创基地之机进行圈地的嫌疑。由于部分基地因获政府补贴得以凭借免费入驻的方式吸引创业者,因此出现了恶意争抢客户的现象,对其他双创基地经营造成一定冲击,进而极易导致"劣币驱逐良币"的现象和"搭便车"现象的发生。

三　高校科研院所对基地建设定位模糊

目前河南省拥有高校科研院所双创基地 12 个,但由于知识产权应用与否、创新创业成绩与高校教师的职称评审体系没有挂钩,大部分教师创新创业积极性偏低。同时高校对科学研发工作普遍重视不够，对后续的成果应用转换投入不足，导致教师的科研成果利用率、转换率偏低。再加上高校的特殊性，学生受制于学制、融资等客观原因，这些双创基地大都成为学生进行社会实践的场所，影视制作、打字复印、网络销售等科技含量不高的创业活动成为主要内容，真正具有颠覆性的创新却不多。同时，多数高校教师缺乏双创经验，专业性不强，双创课程设置缺乏科学性，学生缺乏实训基地，人才培养缺乏系统性和针对性，忽视了创新精神的培养，给创新人才的培养和供给带来了很大困难。部分企业创新基础设施薄弱，创新文化氛围不浓厚，对科技创新不重视，科技创新经费投入不足，没有真正成为双创的主体。而部分科研机构设备陈旧，人员队伍固化，研究经费不足，高素质的科研人才缺乏或流失。总之，产学研三大体系尚未建立良好的沟通协调关系，协同育人的机制尚未建立，导致双创人才培养和开发不足。

由于基层对创新创业认识的偏差，河南省双创基地建设多是现有高新技术园区创新要素的汇集，未能打造完整的创新创业链条，这就无法形成"创新基础上的创业""以创业为目标的创新"的全周期双创体系。从创新到创业是一条较长的链条，由于未打造完整的创新创业链条，也就无法根据创新创业链条集聚创新创业要素，即人才、资金、项目、设备、平台、组织机构、政策制度、创新文化、创新环境等。双创平台包括创客交流平台、实验实作平台、孵化平台、信息服务平台、科技中介平台、法律服务平台、培训服务平台、规划策划平台、融资平台、交易平台、政务平台等。创新创业链条的缺失导致双创基地建设存在"有创新没创业""大企业创新多草根创新少""引进的新技术多源头技术创新少"等现象。

第二节　双创基地建设支持政策精准供给不足

双创基地建设是多因素、多维度、多层次共同作用的结果，其中政府支持政策是前提也是关键。自 2017 年 2 月河南省政府颁布《关于支持大众创业万众创新基地建设的实施意见》之后，河南省政府相关组成部门、各地市（县、区）也纷纷结合部门和区域实际，出台相关政策，推动双创基地建设。据不完全统计，目前，河南围绕"双创"发展先后出台了 100 多份文件，其中直接涉及双创基地建设的就有 20 余份。这些政策体系在推动河南创新驱动发展中发挥了积极的作用。但另一方面，河南省是一个典型的农业大省、人口大省，长期以来深受传统农耕文化的影响，随着科技发展、时代变迁，新型产品、新兴技术的不断涌现，"双创"政策需求呈现个性化、精准化、多样化的趋势。与这种发展趋势相比，目前河南双创支持政策亟待进一步在差异化与精准化上下功夫。

一　问题导向不鲜明

当前，河南省各地市在推进双创基地建设的进程中，着重对上级政策的传达贯彻，方向性、原则性规定较多，具体措施较少，致使很多改革政策落不到实处，双创基地支持政策制定过程不严谨、政策质量不高等问题较为突出。一方面是简单照搬，不顾实际。一些部门和地方在政策制定过程中简单地把自己定位于上级政府部门的"传话筒"，较少结合本地区的实际找问题，把脉本地区、本部门的区域特点、发展阶段，创造性地出台符合本单位、本区域发展实际的政策，在政策制定上多以上级政策为蓝本，参考其他地区政策举措，闭门造车，较少吸收专家、学者、各类市场主体的意见建议。另一方面是政出多门，职责交叉。河南省现有的一些双创基地建设支持政策有些是来自发展改革部门，有些是来自共青团系统，有些是来自教育部门，有些是来自人社部门，甚至有些政策来自妇联组织。政策供给的碎片化问题较为突出，这在一定程度上造成了人力、物力、财力的浪费。

二　政策宣传不到位

当前河南省推进双创基地建设的各项政策大部分是通过文件的形式发至相关职能部门，较少直接传达给企业、行业协会等利益相关者；地方媒体在报道相关政策时往往只报道具有普惠性和较大影响力的政策，缺少对细则的具体宣传和解读。同时，多数利益相关主体了解政府政策不积极不主动，地方政府也缺乏对重大改革政策的解读辅导。这导致一些支持举措和政策成为内部文件，参与基地建设的相关方、相关人不能及时知晓政策的调整方向，以致很难做出积极有效的应对。国家统计局郑州调查队的一项调查显示，有38.9%的企业不满足享受政策的条件，有33.3%的企业不知道有相关政策，22.2%的企业认为政策办理手续烦琐。组织协调相关部门做好双创基地建设政策宣传工作，将双创的相关政策收集汇总，依托各类媒体，特别是要发挥好微信、微博等新媒体的优势，积极打造双创政策的宣传、解读平台，让双创参与主体能够更加直接、及时、高效地了解政策成为河南省打造双创升级版的重要任务。

三　政策评估不科学

评估是贯彻落实政策的重要抓手，是政策过程的核心环节。双创政策过程是一个动态过程，由政策制定、政策执行、政策终结等若干环节构成，每个环节都离不开政策评估。缺乏政策评估，政策措施很难有效实施和发挥效力。当前，河南在推进双创实践过程中，存在重政策制定、轻政策过程监管的现象。一些政策，尤其是涉及具体职能部门和行业领域的政策大多没有对评估机制做出明确规定。同时，以往的政策评估大多是内部评估、社会评估，尤其是第三方评估不常见，缺乏有效的外部力量参与机制，评估结果容易失真甚至很难让公众信服。同时缺乏应有的问责机制，也导致管理职能部门本位、选择性执行以及"瞒报、谎报"等现象，甚至会由于缺乏必要的约束而出现不作为或乱作为等问题。

四 政策调整不及时

一般而言，任何政策都有自身的生命周期，双创支持政策也不例外，它具有较强的时效性。随着环境、形势的变化与发展，不同时期双创活动面临的问题和矛盾不尽相同，需要对有关政策进行及时调整或终结，在初建期、成长期、成熟期的需求是不同的，仅出台扶持性政策不足以推动双创基地持续健康发展，基地建设过程中内部结构的调整和外部环境的变化都需要政策供给及时跟进。目前河南省出台的一些双创基地建设优惠鼓励政策大多是为了鼓励创业、引导创业的帮扶性政策，前置性鼓励帮扶政策多，后置性奖励补贴政策少，缺乏对创业企业在成长期和成熟期进行深度支持的政策，无法满足更多创业主体差异化、动态化、个性化的需求。再加上由于缺少机制性的拉动，特别是缺少市场性的机制，无法解决基地建设面临的复杂多变难题。比如政府补贴、贴息贷款，推广并不到位，很多人都不知道，同时，有些政策由于申请程序繁杂、门槛高，"虽看得见，但摸不着"。

第三节 双创基地建设服务体系建设相对滞后

目前河南省双创示范基地中既包含区域示范基地，也包含高校和科研院所示范基地，还包含企业示范基地，不同类别示范基地的禀赋特征、要素构成、建设目标、建设任务各有差异。这就需要充分考虑各部门、各地方已有工作基础，结合区域特点、产业结构、行业特征分类指导，分类实施。河南三类双创示范基地设立以来，组织实施若干重点工程，推动建成一批功能完善的支撑平台，落地转化一批科技成果，集聚一批创新创业人才，形成推广一批双创模式和典型经验。但面对经济发展外部环境的复杂性、不确定性增加，国内防风险压力加大，河南双创基地建设的专业化、科学化水平仍然亟待提升。

一 专业人才匮乏

双创基地建设是新兴事物，懂运营的专业人员凤毛麟角。绝大部分从业人员对双创基地的建设处在摸索阶段，人才不足已经成为双创基地运营管理能力提升的重要制约因素。由于专业服务人才的薪资要求与双创基础能负担的工资不匹配，如投融资中介服务需金融行业专业人才和相关从业经验，但双创基地能够支付的薪资显著低于金融行业，很难吸引专业人才。普遍来看，目前河南省双创基地由于缺乏造血机制，为节约成本，只能降低人才引进标准，专业性较强的服务只能委托第三方服务机构承担，基地自身的专业服务能力明显不足。由于扩张速度过快，一些双创基地往往因前期评估不足、规划不周、定位不准，忽视了地区差异和行业特色，致使大量双创基地管理团队的服务水平和专业能力难以匹配企业的实际需求。

二 造血能力不足

从国家实施"大众创业万众创新"战略以来，河南省掀起了双创基地建设热潮，大量社会资本纷纷加入双创基地建设队伍，基地数量急剧增长，行业竞争日趋激烈，但是由于发展时间较短，缺乏行业自律组织和行业建设标准的跟进，基地建设质量良莠不齐，一些双创基地收入主要来源于场地租金和服务收费。基于双创基地自身很难解决生存问题，地方政府纷纷出台扶持政策，加大资金补贴力度，因此出现部分基地主要依靠财政补贴度日的局面，基本无法实现可持续发展。由于扶持政策存在的巨大利益预期，部分地区甚至出现地产商以双创之名行地产之实，以物业管理思路运作双创基地，形成"招商引企—房租减免—盈利不足—投入不足—效果不佳—引企更难"的恶性循环。

三 财税支撑不力

虽然河南省目前为创新型企业发展提供的金融财税支持力度逐步加

大，但依然存在缺乏有效金融支持的问题。河南省多层次资本市场结构已经形成，但是依然处于初步发展阶段，中小企业融资难、担保难的问题依然突出。近些年来，河南省为了更好更快实现"双创"，制定出台了相应的财政税收政策，对创新企业和中小企业进行鼓励、支持，但是财政税收政策的体系还不够完善，支持力度还不够大。例如，目前河南省执行了研究开发费用的税收扣除制度，但是此项制度仅仅适用于国家认定的高新技术企业，而其他数十万家规模以上企业却无法享受此项政策优惠。在财政支持方面，对各类企业有着十分严格的要求，只有符合一系列条件的企业才能获得财政补贴支持，这对创新型中小企业的发展不利。目前河南省还制定了一些政府采购事项中对国内自主创新产品的优惠政策，但自主创新产品政府采购政策在监管、招标投标等方面存在缺失。此外，对大公司并购初创公司的资金进行补贴或税收减免等举措还未及时跟上。

四 服务平台不够

服务平台要能够为企业提供技术、融资、产业资讯、商务服务等方面的支持。总体上而言，目前河南省对创业方面的服务体系还不够健全、不够完善，这成为亟待破解的重大瓶颈之一，虽然河南省正逐步形成创业孵化网络，许多新型的能够有效促进"双创"的创业孵化器不断涌现于各行各业，但其覆盖面还不够广泛。此外，还存在孵化能力不强、机制体制不够顺畅、盈利模式较为模糊等问题。在政府积极引导和市场自身需求的共同影响下，目前河南省许多科研机构、高等院校、大型企业积极搭建创业创新的平台，部分开放平台对促进"双创"发挥了领军式作用。然而，"双创"需要更多数量和更高质量的创业平台支持，现有的数量、质量还难以满足需要。2018年初，国家发改委、科技部、财政部、海关总署公布的1324家国家级企业技术中心中，河南有81家企业顺利入围。但在这些技术中心里面，除少数以外，大多数的科研仪器及专利信息仅供内部使用，并不对外开放。同时河南高校和科研院所的创新创业平台资源也多是供本单位内部使用，这就导致其科研设备仪器的利用率偏低，对"双创"的支持力度十分有限。

第四节　双创基地建设要素集聚存在明显短板

推动"双创"向更深程度发展，需要充分发挥市场在资源配置中的决定性作用，集聚整合人才智力、科学技术、现代金融等创新创业要素和资源，多维度构筑集人才、技术、资本、文化、政策于一体的创新创业平台。从现实情况看，河南省创新创业生态体系建设已经具备基本要素，但系统各主体之间的互动性、各要素之间的集聚度和资源配置效率还没有达到最优化，创新创业生态体系建设与发达地区相比还有一定的差距。这突出表现为人才资源供给相对短缺、科技创新能力相对偏弱和现代金融服务发展相对滞后三个方面。

一　人才资源供给相对短缺

人才是创新的根基，是创新的核心要素。河南省是我国的人口大省，但不是人力资源强省，更不是人才强省。近年来，河南省持续加大高层次人才引进培养力度，高层次创新型人才队伍建设工作取得了较大的成绩。但与其他省份和自身经济社会发展需要相比，在人才密度、人才结构、人才储备等方面存在明显的短板，特别是高素质人才缺乏，人才资源创新能力相对较弱。目前河南省创新型科技领军人才、创新战略人才、科技团队数量不足，全省 R&D 人员为 61964 人，数量居全国第 9 位，企业 R&D 人员占就业人员比重仅为 2.6%，万人 R&D 人员数为 7.3，仅达全国标准的 42.5%。全国 1500 多位两院院士中河南省不足 30 人，尚不及邻省陕西、湖北的 1/2。2013 年以来，河南省新入选两院院士、国家杰出青年、国家优秀青年等高层次人才仅 13 人，居全国第 22 位，与周围省份的差距巨大。此外，河南省高素质人才储备也存在明显的短板。河南省是我国人口大省和高考大省，但高等教育却呈现出"大而不强"的显著特征，优质高等教育资源和高层次的人才储备还远远不能满足"双创"升级发展需求。2017年河南省高等教育毛入学率为41.78%，与全国水平相差近4个百分点，河南省每千万人拥有公办本科高校数只有3.3所，低于全国平均水平5.8所。在高等教育投入上，河南省普通高等学校生均一般公共预算教育事业费支出为13741.99元，仅为全国平均水平的67.70%。

二 科技创新能力相对偏弱

2017年，河南省研究与试验发展（R&D）经费投入强度仅为1.31%，远低于2.13%的全国水平；每万人口拥有发明专利量3.0件，不足全国水平9.8件的1/3；每万人专利授权量为5.8件，低于广东的29.8件、江苏的28.3件。在高新技术企业的发展中也呈现出数量少、规模小的特征。截至2017年底，河南省拥有高新技术企业数量仅为2270家，占全国总量的1.67%，与江苏省创新企业1.3万家、广东省创新企业2万家相比，差距甚远。2018年科技部公布的全国164家独角兽企业，河南无一上榜。2018中国企业创新能力百强排行榜中，河南仅有3家企业入选，且排位在70名之后。目前河南省开展创新活动的企业占比仅为37.6%，尚有62.4%的企业没有创新活动，企业R&D经费投入占主营收入比重与国家标准相差4倍。在科技服务中，河南省目前每10万人创新中介从业人员数仅为0.89，在全国排名第29位；创新创业公共服务平台、开放式创新网络平台密度不足1%。在高素质人才创新创业平台建设中，河南省也明显处于不利地位，全省拥有的国家工程技术研究中心仅占全国总数的2.89%，国家重点实验室仅占全国总数的2.91%，仅相当于湖北省的一半左右，而这两项加起来也不过24家，还不足山东省的40%。全省规模以上企业中建有研发机构的工业企业的占比为5.8%，大中型企业建有省级以上研发机构的仅有2364家，占比不足20%。

三 现代金融服务发展相对滞后

金融发展水平一直是河南省的短板,与河南省 GDP 全国第五的排名相比,河南省的上市公司数量和证券化率还有很大的差距,2016 年河南省社会融资规模为 6823 亿元,占全国的 3.83%,远低于 GDP 在全国 5.23% 的比重。截至 2018 年 6 月,河南省上市公司数量只有 78 家,仅为山东的 1/3,排在全国 10 名以外,呈现出 GDP 排名与上市公司数量排名不匹配的倒挂现象。相对滞后的现代金融业导致河南省的产业链、创新链、资金链融合不畅,天使投资、股权投资基金数量严重不足,全省已备案私募基金 147 只,仅占全国的 0.2%,科技保、科技贷覆盖面窄,政府引导基金、风险补偿基金对社会资本撬动作用不明显,未能有效分散创新风险。2016 年河南省科学研究和技术服务业平均工资的比较系数检测值为 78.76,仅相当于国家标准的四成;企业研究和开发费用加计扣除减免税额为 12.94 亿元,占比进一步下降,表明政府以及社会对创新活动支持激励作用不明显。高校、科研机构关于促进科技成果转化的机制不完善,国有企事业单位在引进高层次人才方面还受到工资总额和绩效工资总量限制,以增加知识价值为导向的国企分配制度改革进展不大。虽然近年来河南省科技投入连年增加,但政府、企业、社会多元化、常态化投入机制还未建立,资金投入总量偏低,规模投资较小的问题依然存在。从科研物质条件投入看,河南省每名 R&D 人员研发仪器与设备支出为 3.71 万元/年,远低于国家每人每年 6 万元标准。从人力投入看,河南省每万人从事科技活动人员 34 人,仅相当于全国平均水平的 54%。

第八章
河南省双创升级版的总体目标、布局与态势

第一节　河南省双创升级版的总体目标

以习近平新时代中国特色社会主义思想为指导，全面贯彻党的十九大精神，坚持新发展理念，坚持以供给侧结构性改革为主线，深入实施创新驱动发展战略，着力补齐创新创业短板，增强科技创新引领作用，大幅降低创新创业成本，提升创业带动就业能力，推动形成线上线下结合、产学研用协同、大中小企业融合的创新创业格局，为经济高质量发展提供有力支撑。到2025年，全省科技创新的引领作用明显增强，创新创业生态环境显著改善，创业带动就业能力大幅提升，新动能加速壮大，成为国内领先的创新创业新高地。全省技术合同成交额年均增长15%，每万人发明专利拥有量年均增长15%；年新增市场主体100万家，其中新注册企业30万家，带动就业500万人；企业开办时间压缩到3个工作日以内，营商环境评价进入全国前10位；大中型工业企业"双创"平台普及率达到90%以上；战略性新兴产业年均增速超过15%，高新技术企业和科技型中小企业均达到6000家左右。

李克强总理在政府工作报告中明确提出了打造双创升级版的宏伟目标。双创升级版就是在中国特色社会主义进入新时代后，社会主要矛盾发生改变的背景下，以新发展理念为引领，以动能转换、效率提升为根本宗旨，以推进供给侧结构性改革为主线，以科技创新为基础支撑，以深化改

革为核心动力，以人才资源为第一要素，从政策体系、环境氛围、金融支撑、平台载体等层面，通过对传统双创模式进行优化升级，推动创新创业资源要素集聚共享，实现创新创业与实体经济发展协同融合，制度创新与技术创新有机结合，加快新技术、新产品、新业态、新模式培育，促进产业结构优化升级，实现经济高质量和高效率发展的目标。打造双创升级版，需要从以下几方面发力。

一　强化双创升级版的思想意识，夯实双创升级版的发展定力

打造双创升级版是推动高质量发展的内在要求，是建设现代经济体系的必然选择，是培育发展新动能的必由之路。要明确打造双创升级版的重大意义和内在特征，夯实打造双创升级版的决心和定力。一是双创升级版意味着双创服务效能显著提升。政府服务创新创业主体的快速响应能力和水平进一步增强，服务方式和监管模式持续创新，服务的科学性、灵活性和针对性不断提升，协同联动、包容和支持创新发展的体制机制更加完善。二是双创升级版意味着双创制度环境持续优化。创新驱动发展的体制机制更加完善，全社会创新创业生态持续优化，有利于知识、技术、数据等新生产要素合理流动、有效集聚的市场化机制基本建立。三是双创升级版意味着双创新兴业态蓬勃发展。创新创业的覆盖广度、科技支撑和引领作用进一步凸显。初步形成分享经济、信息经济、生物经济、绿色经济、创意经济、智能制造经济等领域内新技术、新产品、新产业、新模式协同发展的新格局。

二　构建双创升级版的协同政策，释放双创升级版的政策红利

双创升级版在政策体系层面，更强调政策间的相互协调耦合，进一步激发释放双创政策的红利。一是把创业工作纳入各级政府目标管理范畴，建立奖惩制度，落实政府抓就业创业工作的第一责任，把创业扶持资金的投入作为重点进行考核。要建立创业工作联席会议制度，特别要强化各职

能部门的责任，避免部门各自为政现象的发生，努力形成上下沟通、左右联动的大众创业工作长效机制。二是完善扶持政策体系，释放政策红利，着力破解政策"天花板"效应，构建管用、好用的创新创业扶持政策体系，营造良好的政策大环境，切实解决创业者面临的办公场所、公共服务、资金需求、市场信息、政策扶持、技术支撑、创业培训等难题。创新创业面临着失败风险，要完善针对创新创业失败者的保障、帮扶和激励机制，如享受最低生活保障、鼓励二次创新创业等，尽最大可能打消准创新创业者的顾虑。

三 推动双创升级版的要素融合，激发双创升级版的发展动力

打造双创升级版内在要求在区域范围内推动产业要素与创新要素的深度融合，进而激发双创升级的持续动力。一是以开放式创新为导向，积极融入国内外创新高地。推动创新要素与产业要素深度融合，需要充分发挥科技合作的先导作用，坚持"引出并行"；强调"不求所有，但求所用"，以实现与国内外高端创新资源对接合作为主线，采用刚性、柔性相结合的方式，大力引进高层次人才；积极争取区外技术成果在区内落地转化，积极主动融入全球创新网络。二是以跨区域产学研合作为载体，推动创新与产业要素融合。区域内骨干企业应加强与高等学校、科研院所、上下游企业等建立以利益为纽带、网络化协同合作的产业技术创新战略联盟，以搭建技术转移转化综合平台、培育技术转移示范机构、培养技术转移专业人才队伍、奖补技术交易及中介主体为抓手，构建集政策、机构、队伍、服务为一体的技术转移转化体系，开展技术创新和成果转化。三是以调整科技投入方向结构为重点，切实加大创新投入力度。围绕区域产业发展重大技术需求，鼓励企业加大对技术开发的投入，引导企业积极争取通过创新基金和风险资金等途径得到国家和社会资金的支持，进一步建立以企业投入为主体的多渠道全方位的科技投入机制，促进创新要素与产业要素融合。四是以构建科技金融体系为抓手，支撑创新与产业要素融合。推动创

新要素与产业要素深度融合，需要建立以政府财政投入为引导，财政资金与社会资本、股权融资与债权融资、直接融资与间接融资有机结合，覆盖科技研发、科技创业、科技产业化等不同阶段的多元化、多渠道的科技金融体系，以科技金融推动创新要素与产业要素深度融合。

四 优化双创升级版的平台载体，释放双创升级版的发展动能

双创升级版意味着在现有的双创载体平台基础上，进一步深挖潜力，充分激发释放各类创新资源的新动能。一是加快发展新型孵化模式。建立"孵化 + 创投"等新服务模式，打造一批培训辅导型、投资促进型、创客孵化型、专业服务型、媒体延伸型等创新型孵化器，加快发展创业咖啡、创新工场、创客空间等新型孵化模式，建设开放式、全要素、便利化、低成本的创业孵化平台。二是强化内涵建设促进孵化平台提质增效。对不同种类的孵化载体建立动态评估机制，采用评奖结合、评建结合等方式，强化各类孵化载体内涵建设，推动平台提质增效。三是打造全过程创业孵化链条。按照企业生命周期演化进程，形成涵盖项目发现、团队构建、投资对接、商业加速、后续支撑的全过程孵化链条，为培育新兴产业提供支撑。四是鼓励双创基地打造创业孵化金融平台。建立社会资本投入为补充、企业投入为主体、政府投入为引导的多类别投融资体系，充分发挥金融的力量，实现资本与项目、资本与产业的无缝衔接。

五 营造双创升级版的良好环境，促进双创升级过程凝心聚力

良好的双创环境关系到打造双创升级版的成效，需营造优良的环境氛围，为打造双创升级版保驾护航。一是组建政策宣讲团，做好政策宣讲，通过"互联网 + 政策宣传"，实现大众创新创业政策对以青年和大学生创新创业者、大企业高管及连续创业者、科技人员创业者和留学归国创新创业人员等为代表的创新创业主体的全覆盖。二是加大典型创新创业者的宣传力度，每年评选表彰一批创新创业先进典型，营造创业光

荣、创新伟大的氛围，为创业者加油助威，增强全民创业意识和创新思维。三是完善创新创业者关爱机制，通过设立创业失败者社会救助基金、医疗救助办法、子女就学和家属低保救济等，营造崇尚创新创业、宽容失败的文化环境。四是坚持高端引领、引用结合，优化人才环境。以更加开放的视野引进和使用人才和智力，把积极引进培育高层次人才作为提升人才总体水平的有效途径，充分发挥高层次人才在驱动转型发展中的引领支撑作用。充分发挥各类人才作用，促进创新发展作为人才引进的根本出发点，以用好用活人才、发挥人才最大价值为落脚点，鼓励支持高层次人才创新创业。

六　加强双创升级版的人才支撑，保障双创升级版的持续后劲

打造双创升级版，引才育才聚才是关键。以推动人才发展体制机制改革为重点，推进各项人才队伍建设，实现人才队伍高端化、人才配置市场化。一是优化高层次人才发展环境。进一步完善高层次人才认定办法和评价标准，根据新兴经济发展的现实需要，及时出台更具吸引力的"高精尖缺"人才培养引进政策。跟踪评价赋予高等学校、科研院所高级职称评审权，在高等学校、科研院所、国有骨干企业、创新龙头企业等开展职称自主评审试点做法，及时总结经验和弥补不足。创建海外人才离岸创新创业基地，探索区内注册、海内外经营的离岸模式，打造国际化人才集聚高地。尽快出台创新人才双向流动管理办法，打破户籍、地域、身份、人事关系等制约，实现各方面人才顺畅流动。不打折扣严格落实以增加知识价值为导向的分配政策，实施薪酬和股权期权激励办法，加大对科研人员和高校教学人员的激励力度。二是优化企业家成长环境。探索推行职业经理人制度，畅通现有国有企业经营管理人才与职业经理人身份转换通道，对市场化选聘的职业经理人实行市场化薪酬分配机制。实施创新型企业家培养计划，依托国内外高水平大学、跨国公司建设一批企业培训基地，加大政府购买培训服务力度。邀请国内外知名企业家、专家、学者传递企业家

精神，介绍管理经验，增强企业管理者驾驭市场和管理企业的能力。依法保护企业家财产权和创新收益，建立"亲""清"的新型政商关系，进一步营造尊重、关怀、宽容、支持企业家的社会文化环境。

七　强化双创升级版的金融支撑，确保双创升级版的发展活力

系统性的金融支持是打造双创升级版的重要保障，需进一步优化现有科技金融体系，为双创升级版注入持续的发展活力。一是充分发挥国家新兴产业创业投资引导基金、省"互联网＋"产业基金、省战略新兴产业投资基金、省现代服务业产业投资基金等各类政府投资基金作用，引导社会资本投向新兴经济领域。二是设立政府双创支持资金，以股权投资方式对种子期、初创期科技型企业技术创新项目进行资金支持，根据项目质量、后续投资及贡献绩效，按其实际发生的贷款利息额给予贴息补助；探索在金融机构设立企业搭桥专项资金，全力支持各类经济主体的贷款还贷资金周转。三是促进政策性银行与创投机构紧密合作，发放政策性贷款，大力扶持中小企业特别是科技型中小企业成长；进一步完善"拨改投"机制，改变政府科技项目资金补贴政策，部分改为股权投资，充分促进政府与债券、基金、保险等资金协调配合，撬动社会资本。四是加大多层次资本市场对新兴经济企业股权、债权融资的支持力度，鼓励新兴经济企业纳入省上市挂牌企业后备资源库和创业板行动计划。建立健全知识产权质押融资政策体系，开展专利权质押融资，实现资本与项目、资本与产业的无缝衔接。五是深化科技金融产品和服务创新，扩大"科技贷"规模，设立自创区创新创业发展基金，发挥科技成果转化引导基金和重点产业知识产权运营基金作用，重点支持重大科技成果转化、新型研发机构和科技型企业创新发展，协同推进科技、制度、业态和工艺创新，促进科技与金融、军工与民用、"地方"与"国家"融合。

第二节 河南省双创升级版的战略布局

一 综合施策，进一步优化双创生态体系

（一）完善平台载体，聚焦资源整合共享

一是建议国家层面统筹整合，明确各自职责定位。二是统筹各种资源，提升平台共享能力。统筹三类双创基地的创新要素和资源，构建双创资源供需信息平台，健全各类双创基地在资源信息领域的共享机制，是促进双创基地互利双赢、联动发展必须直面的问题。

（二）进一步优化生产政策和营商环境

一是建立双创尽职免责纠错机制。建立健全容错纠错机制，以坚持实事求是、鼓励改革创新、支持干事创业为原则，树立和强化为创新者容、为担当者容、为实干者容的导向。不违反党纪国法的禁止性规定、符合中央大政方针、经过民主决策程序、出于公心、善意履职、积极担当作为等，作为确定免责的主导原则。二是提高双创支持政策差别化和精准度。对不同种类的孵化载体建立动态评估机制，采用评奖结合、评建结合等方式，强化各类孵化载体内涵建设，推动平台提质增效。建立社会资本投入为补充、企业投入为主体、政府投入为引导的多类别投融资体系，充分发挥金融的力量，实现资本与项目、资本与产业的无缝衔接。

（三）调优国家双创支持资金配置政策

一是降低基础类双创基地基金扶持标准。建议国家发改委继续加大对各示范基地公共服务平台的支持力度，加大对三线城市，特别是县域地区等相对欠发达地区双创示范基地的资金扶持力度。对可享受国家补贴重大项目投资额度的要求适当降低门槛，如降低到 3000 万元左右，提高建设积

极性和服务能力，激发欠发达地区创新创业活力，实现以双创助力乡村振兴。二是加大政府前置资金支持比例。进一步完善针对中小微科技企业研发投入立项补贴办法，如针对创新产品、基础研究加大投入力度，降低企业和产品申报政策门槛，进一步扩大政策覆盖面和提高政策针对性。建议国家加大对基础研究、应用研究和产业化等前期创新性投入的前置性支持。

（四）孵化平台载体建设需要加强

一是提升孵化平台综合服务能力。一方面建立信息共享机制，为初创者提供系统的咨询、政策、融资、法律和市场推广等方面的支持，提高企业孵化成功率；另一方面探索建立孵化器与风险投资融合机制。建立风险投资和孵化器融合的新型"创投＋场地"孵化器，实现管理效应和资金优势及信息互补效应。二是加大对小微双创示范基地扶持力度。进一步营造小微双创示范基地建设发展的良好环境，进一步从资金、税收等方面加大对基地的扶持力度。在国家中小企业发展专项资金中对小微双创基地开展的各项服务活动，优先予以资金补助，简化程序。

二 以改革科教体制为重点，着力集聚双创资源要素

（一）建立政府、高校、用人单位人才供需综合信息平台

一是地方政府应结合国家和区域发展战略，协调各方建立人才需求库和人才供需信息平台，定期与高校、企业进行对接，及时发布人才供需情况，引导高校人才培养与社会需求有效对接，提升人才培养的针对性。二是高校人才培养应该与时俱进，专业设置应科学合理，人才培养主动与市场需求接轨，注重产学研相结合、理论学习和社会实践相结合，创新创业教育与专业教育有机融合，让二者共同服务于学生成才和社会发展人才需求。

（二）优化学生双创扶持资金拨付、使用办法

针对双创扶持资金使用，一是制定创业项目扶持资金管理办法。对扶持资金进行单独管理，主管部门直接对准创业项目账户进行扶持资金拨付，对创业项目扶持资金进行监管，同时加大前置资金的支持力度。二是提高扶持资金覆盖广度。创业扶持资金不仅针对在校大学生，同样也可针对毕业五年内创业学生，毕业后进行创新创业的大学生数量和质量比在校生更高，资金使用效率更高。

三 提升政策精准度，破解企业融资难

（一）加大中小微企业扶持力度

一是加大对科技型初创企业能力培养。继续引导支持风险投资基金发展，通过深化改革建立长效机制，从根本上解决科技型初创企业融资难、融资贵问题。进一步发挥资金使用效益，加强绩效管理。二是综合施策解决跨境电子商务企业小微企业融资难问题。制定灵活的金融扶持政策，适当降低小微企业贷款条件限制和利率水平，延长贷款期限，适当增加小微企业固定资产贷款，减少小微企业流动资金贷款用于固定资产建设而造成的短贷长用问题。在风险可控的条件下，适当放宽小微企业金融服务市场的准入条件，考虑小微企业的承受能力，切实降低小微企业贷款门槛，在贷款议价方面应适当放宽风险容忍度，缩小利率上浮幅度。

（二）继续加强企业创新生态体系建设

一是破除国有企业传统体制机制。建立一套更加高效可行的科研经费使用办法、灵活的激励机制、运营管理体系，鼓励员工在体制内创业，切实调动研发人员的积极性，实现科研项目的高效推进，使企业在严格遵循有关政策制度的前提下保持双创工作的可持续推进，更好地激发创新动力

和调动科技人员创新创效的积极性，促进双创工作多出成果、快出成果，提升双创示范效果。二是建立财政科技投入和社会资本联动机制。一方面加快建立扶持初创型企业的投资体系，由政府财政出资设立引导资金，联合域内外知名投资基金、重点科研机构、大型科技孵化机构，共同建立面向初创型科技企业的种子、天使和创投基金，拓宽投资资金来源。另一方面财政部门尽快建立风险补偿机制，出台相关的科技金融风险补偿政策，对投资初创企业的天使基金的设立给予适当奖励，对投资初创、创业失败的项目给予一定的补偿。

第三节　河南省双创升级版的发展态势

河南省双创示范基地始终围绕平台载体建设、双创资源集聚、双创环境优化等重点领域实现优化提升，为河南省产业升级和新旧动能转换提供了重要支撑。河南省双创示范基地建设整体体现出"双创资源融合化、双创模式创新化、双创体系开放化、双创支持机制化"的特点。

一　郑州航空港经济综合实验区

郑州航空港双创示范基地围绕落实国家双创示范基地建设实施意见，打造河南省创新驱动发展核心载体，坚持"产创融合"发展理念，围绕产业链部署创新链，通过双创强链补链，依托国际智能终端（手机）生产基地等平台优势，积极对接国内高校和科研院所，加快科技成果向区内转化，引导科技创新型企业向区内集聚。基地通过抓政府服务，提升双创工作质量；抓载体建设，提升双创承载能力；抓人才引育，提升智力支撑水平；抓平台搭建，提升创新创业层次；抓政策扶持，提升双创工作实效；开展双创活动，优化双创生态环境。管委会不断创新工作举措，持续加大工作力度，基地双创工作实现"优化提升"。2017年，双创示范基地新增孵化承载面积达到120万平方米，新增国家级孵化器（众创空间）2家、省市级8家，中铁装备、海马轿车、宇通客车等获批河南省企业双创示范基地。

二 河南省许昌市城乡一体化示范区

河南省许昌市城乡一体化示范区依托产业发展基础，积极推进双创引领示范，努力打造中原地区开放式创新、开放型经济、城乡一体发展新高地。基地以"许昌创新驱动中心、河南新兴产业高地、产城融合示范基地"为战略定位，围绕"核心引领、产城融合、创新驱动、跨越发展"的工作思路，构建了双创"核心区＋发展区"的空间格局，"核心区"以中原电气谷、许昌市商务中心区为基点，打造功能齐全的"创新创业平台"；"发展区"以3个省级产业集聚区及科技创新产业园、现代都市农业带等，打造"双创特色经济发展区"。示范区主动对接高技术，加速产业化，以政府主导、市场化运营模式，建设了市级科技公共服务平台——许昌科技大市场，为全市尤其是基地企业和创新创业者提供科技咨询、研发设计、管理咨询、市场推广、企业孵化等一揽子服务；示范区积极有序推进基地工作方案制定、项目建设、舆论宣传、生态环境打造等工作，初步形成了地域特色，取得了阶段性成效。

三 河南省鹿邑县

鹿邑县以"产业兴城、文化立县"为发展战略，坚持创新驱动，深化体制改革，推动一、二、三产业融合发展，坚持突出重点、发挥优势，不断探索实践，持续完善创新创业生态，建设创新创业平台，厚植创新创意老子产业文化，打造鹿邑创新创业高地。基地坚持突出重点、发挥优势，聚焦产业转型升级和社会民生发展重点领域，创新创业重点方向放在"生物制药产业"和"老子文化产业"，发挥"尾毛化妆刷"和"羊毛衫纺织"产业优势，增强经济社会发展契合度，初步形成"一体两翼一轴"的鹿邑双创发展格局。探索出了"输出打工者、引回创业者、带动就业者"的返乡创业经济模式，形成以创新引领创业、创业促进就业、创业推动创新良性循环的"鹿邑双创模式",为河南省乃至全国提供引导、推动农民工返乡创业示范及经验借鉴。

四　中信重工机械股份有限公司

示范区围绕实现重型装备行业企业转型发展与双创示范两大目标,积极打造中信重工重装众创线上资源共享、线下实验与验证和成果孵化三大众创平台,不断壮大技术创客、工人创客、国际创客、社会创客四支创客团队,探索出了互联网+转型、增长模式转变等典型经验,有力地促进新技术、新产品、新业态、新模式发展和科研成果产业化转化。目前,线上线下的创新团队超过500个,其中技术创客团队不少于20支,工人创客群不少于25个,带动不少于3000名创客参与创新创业。

第四节　河南省双创示范基地建设升级版的特点

一　双创资源融合化

双创活动本质上要求各类创新资源、创新平台、产业企业要在各个层面实现深度融合,进而激发新活力新动能。一是产创融合。以郑州航空港实验区为代表的双创基地,坚持"产创融合"发展模式,围绕产业链部署创新链,围绕创新链部署资金链,通过双创强链补链,培育创新集群,发展产业集聚,提升主导产业创新发展能力。二是城乡联创。许昌城乡一体化示范区紧紧围绕城乡一体功能定位,以产促城、以城带乡、城乡融合发展,加快城乡一体化进程。

二　双创模式创新化

双创基地在建设过程中,针对创新创业主要环节,结合各自基地特色积极创新,整体呈现出双创模式创新化的特点。一是"三级孵化"模式。

郑州航空港实验区结合创新创业基础条件相对薄弱的实际，双创示范基地尝试通过"三级孵化"（源头孵化＋专业孵化＋增值孵化）模式，富集各类创新创业资源，培育创新创业主体，提升创新创业能力，加快创新创业资源在基地内集聚。二是返乡创业模式。鹿邑县通过"请进来"吸引本土企业家返乡布局产业链集群、"走出去"探索异地打工者创业实践委培新模式实现返乡创业与招商引资的良性互动。三是"产—学—研—用—供"协同创新模式。中信重工首创"产—学—研—用—供"全产业链协同创新体系，通过与国内外高等院校、研究院所及用户、供应商开展技术合作、共建实验室等方式，实现资源共享，优势互补，使得公司创新周期缩短、成本降低，提高了科研成果转化速度。

三　双创体系开放化

开放式创新创业对于创新资源相对匮乏的河南来说意义重大。河南省双创基地在建设过程中，积极贯彻开放发展理念，以开放的视野、开放的心态、开放的举措，利用先行先试的优势，推动了双创开放式发展。一是平台的开放与资源共享。中信重工积极开放企业资源，通过线上、线下、孵化平台向各类创客群、中小微企业等创业创新主体开放技术、开发、营销、推广等资源，吸引中小微企业、科研院所、高校和其他社会创客协同解决产业链各种难题。加强创业创新资源共享与合作，以"不求所有，但为所用"的思维寻求各方价值最大化，实现合作共赢，构建开放式创业创新体系。二是用人机制开放灵活。中信重工组织管控、"放管服"、干部竞聘、绩效管理等取得突破，激发了体制活力和内生动力。公司组织绩效和员工工作活力显现，已初步形成了一整套的培养机制、评价机制、激励机制和成果转化与应用机制，涌现出一批"首席设计师"、"创新蓝领"与"大工匠和金牌工人"，形成了人人有创新热情、处处有创新课题、事事有创新空间、个个有出彩机会的全员创新格局。三是融资渠道的多样化。中信重工利用上市公司平台，通过内外部多种投融资方式，整合各种资源，充分保障自身融资的需求，并为上下游供应链稳定运行提供有效的金融支持。

四 双创支持机制化

双创工作的顺利开展和良性发展需要相关的政策支持和相应的体制机制保障，河南省各级政府和双创基地围绕落实国家双创示范基地建设实施意见，不断创新工作举措和政策、制度保障，实现双创工作的优化提升。一是政府服务和政策支持。鹿邑县构建的支持双创的"1+5"政策体系，为建设有鹿邑县特色的国家级双创示范基地提供了有力的保证和支撑。郑州航空港实验区全面落实国家、省市有关支持双创的政策，积极完善区级双创政策体系，通过建立市、区两级双创示范基地工作联席机制，成立"双创示范基地专家顾问委员会"，开办双创示范基地企业家训练营等举措提升双创工作服务质量。二是制度建设。中信重工把示范基地建设与国企改革相结合，紧紧围绕人才、技术、资本等各类创新要素的高效配置和有效集成目标，积极探索与双创相适应的管理体制与激励机制，努力将国有企业的传统优势、国际化企业的创新活力、民营企业的激励机制融合成独特的自身优势。

第五节 河南省双创示范基地建设升级版的成功经验

一 产创融合发展，放大创新要素资源效益

河南省双创示范基地牢固树立"创新引领、产业带动、产创融合"的发展理念，围绕产业链部署创新链，围绕创新链部署资金链，通过双创强链补链，培育创新集群，发展产业集聚，提升主导产业创新发展能力，增强区域经济发展驱动力。许昌城乡一体化示范基地围绕产业链布局创新链，形成了"技术转移+自主创新""骨干引领+协同创新""龙头带

动＋内部创业"双创模式。鹿邑县通过科技创新驱动聚焦，壮大优势主导产业，借势美丽乡村建设和乡村振兴战略，发展田园综合体复合型新农业，推动三产深度融合，拓展创业领域，打造产业转型促就业模式示范。郑州航空港实验区探索实践"企业出题、政府立题、协同解题"的政产学研合作创新机制，围绕主导产业布局双创，将创新转化为生产力。

二 城乡双创联动，助力乡村振兴

河南省双创示范基地围绕功能定位，立足城乡统筹发展，推动创新要素在城乡之间自由流动，形成工农互惠、城乡一体的新型工农关系和产业联动发展格局。着重探索双创对新型城镇化建设的支撑途径，推动产业就业协同发展，有序推进劳动力转移就业，提升城乡产业发展水平和就业吸纳能力，实现以创新创业"兴城""兴域"。一是农业转型升级推动农民创新创业。鹿邑县通过实施"请进来，吸引本土企业家返乡布局产业链集群"和"走出去，探索异地打工者创业实践委培新模式"工程打造返乡创业新模式，同时借势田园综合体复合型新农业发展方式促进当地农业转型升级，造就农民工返乡就业和当地农民就地就业的新思路，使之成为类似的农业县和人口县在经济驱动和社会文明谋求突破的新范本。许昌城乡一体化示范区通过推动双创资源要素向农村延伸覆盖，实现了城乡发展与产业支撑相促进、创业就业与人口集聚相统一、城镇化与新农村建设相协调。二是立足本地乡土文化构建双创文化氛围，寻求传统思想与创新精神的对接点，实现乡村文明建设。许昌城乡一体化示范区立足汉魏（三国）文化树立文明乡风，鹿邑县构建以老子文化为引领的双创文化，带动示范基地文化旅游产业集群发展。

三 载体平台量增质升，创新载体区域特色突出

双创示范基地坚持自建和引进相结合，围绕提升双创载体水平，加快构建低成本、便利化、全要素和开放式的双创载体平台，提升创新创业层

次，实现载体平台量增质升。同时，立足地方着力打造区域特色的双创载体。鹿邑县立足县情，创新打造具备县域特征和鹿邑特色的返乡创业综合公共服务平台和知识产权服务平台载体。许昌城乡一体化立足双创生态环境和制造业优势，主动融入"郑许一体化"战略，发挥郑州创新资源与许昌产业优势，构建产业发展走廊，打造郑许一体化主要发展载体。中信重工以线上资源共享、线下实验与验证和成果孵化为核心载体平台，突出专业性、开放性、实用性，促进大中型企业和小微企业协同创新，共同发展。

四 坚持"企业主建，创客主战"，构建全流程集众智众创模式

企业型双创示范基地用"技术创新带动大众创业"引领企业转型发展，通过汇聚企业内外部人才资源、打通企业内外部生产制造流程，实现资源内外衔接，发挥"创客"集群的潜能优势，构建全流程集众智众创模式，助推企业加快转型，创新发展。中信重工坚持"企业主建，创客主战"，搭建起面向"双创"的技术创客群、工人创客群、国际创客群、社会创客群"四群共舞"，通过"四群共创"的创客体系的构建，加速了产学研用供协同创新和成果转化，"四群共创"创客体系激发体制活力。据统计，中信重工直接参与者超过 800 人，影响带动了 1000 名技术人员和 4000 名一线工人创新创效，创出了品牌、团队、机制和活力，促进了企业转型升级。

五 激发体制活力和内生动力，促进新旧动能接续转换

河南双创示范基地通过人才培育、平台建设、机制创新、文化聚力推动"双创"工作落地，发展新技术、新产品、新业态、新模式，培育壮大发展新动能，促进新旧动能接续转换，使双创成为推动企业和产业转型升级及创新发展的重要抓手和新引擎，形成了创新高度活跃，传统产业与新兴产业高速发展的创新引领型机制。中信重工将国有企业的传统优势、国际化企业的

创新活力、民营企业的激励机制融合成独特的自身优势，有效激发了体制活力和内生动力，探索形成体制机制创新、互联网＋转型、增长模式转变等方面的典型经验。鹿邑县集群式发展特色优势产业，着力转变农业经营方式、生产方式、资源利用方式和管理方式，培育新型农业经营主体，加快建设特色农业产业化集群，延伸农业功能，提升产业价值链。

六 培育和弘扬工匠精神，建设多通道高技能人才成长体系

双创示范基地围绕主导产业、重点项目建设在"引才、引智、引技"等方面探索创新人才引育模式，提升智力支持水平。郑州大力实施"智汇郑州"人才工程，加快高端人才聚集，并加快推进"郑州航空港引智试验区"建设，打造基地引智展示平台。鹿邑实施"乡情引才、政策引才、文化引才、产业引才"，积极推进"凤还巢"工程，探索跨地域联动的"返乡创业—招商引资"一体化新模式。洛阳实施"河洛英才计划"，中信重工发挥工匠精神，推进创客群体协同创新模式。许昌英才港着力打造"众创空间＋科技孵化器＋加速器（中试基地）＋产业化基地"梯级孵化体系和"专家公寓＋人才社区＋创业家园"生活配套体系，为高层次人才引进落户、就业创业提供"一条龙"服务。

第九章
区域双创基地升级的探索

"创业""创新"是时代发展永恒的主旋律。创新创业彰显了当代社会的时代特色和中国特色。在河南省18个区域双创基地中，郑州高新区、洛阳高新区、新乡高新区、平顶山高新区、许昌市城乡一体化示范区5个区域双创基地走在全省前列，建设成效获得了国家相关部门的高度认可。根据国家科技部的绩效评价结果，郑州高新区、洛阳高新区、新乡高新区、平顶山高新区2018年绩效目标评价为 A（优秀）等级，共获得打造特色载体中央财政资金拨款6000万元的支持。其中，郑州高新区聚焦科技资源支撑，探索重点高校院所与高新园区"双高"互动发展模式，探索形成了"院系创新基地—校区创新基地—众创空间—大学科技园"孵化链条。洛阳高新区聚焦高端人才引领，发挥郑洛新国家自主创新示范区和中国（河南）自由贸易试验区双核心区的优势，以"人才 + 政策"打造人才高地。新乡高新区聚焦专业资本集聚，依托高科金融园的建设打造自创区科技金融中心，积极推动各类创业投资机构在高新区聚集发展，成立十多个亿实力的科技发展基金和产业投资基金，逐步形成"投资 + 孵化"的市场化持续运营机制。平顶山高新区聚焦大中小企业融通，依托神马尼龙化工和平高集团两大龙头企业，通过创新驱动、技术共享、供应链互通和品牌互动等融通发展举措，带动尼龙新材料和装备制造两大主导产业快速集聚。2017 年，许昌市城乡一体化示范区被列入第二批国家级双创示范基地。《关于对2018年落实有关重大政策措施真抓实干成效明显地方予以督查激励的通报》（国办发〔2019〕20 号）显示，河南省许昌市城乡一体化示范区被国务院特别表彰，列入"在推动'双创'政策落地、扶持'双创'支撑平台、构建'双创'发展生态、打造'双创'升级版等方面大胆探索、勇于尝试、成效明显的区域'双创'示范基地"。

第一节 完善配套政策体系，打造双创政策升级版

大众创业万众创新是我国全面创新改革的重要载体。李克强总理在2014年9月的夏季达沃斯论坛上发出"大众创业万众创新"的号召之后，国家和政府对支持创新创业的配套政策都趋于完善。近年来，河南省陆续出台了一系列关于大众创业万众创新的政策文件，打开了创新创业工作的新局面。但从政策设计到落地还存在着不配套的问题，若不及时解决"双创"政策不配套问题，就会减弱"双创"政策的长期效果，可能导致"双创"活动发展后劲不足。同时，把"中原腹地"加快建设成为全国创新驱动发展先行省，需要构建完善的"双创"政策配套体系，着力聚集各类要素、搭建各类平台，统筹协调创客空间、园区以及第三方服务机构的优势资源。"大众创业万众创新"是我国经济社会发展的长远战略选择。今后，必须不断加大区域双创基地所在地政府支持力度，注重政策设计的前瞻性，破解政策"天花板"，健全完善促进新动能发展的、管用好用的双创扶持政策支持体系，释放双创政策红利。

一 分类整合各类政策

考虑到区域创新创业系统自组织演化规律，政策的完善和细分必不可少，注重各类政策的整合利用，强调政策间的相互协调耦合。建议人社部门、科技部门以及文创等其他部门统一协调不同类别的补贴政策，在政策对象、补贴金额、补贴门槛等方面形成表述一致、程序相当、归类相同的统一形式，方便区域创新创业载体和创新创业主体辨别选择，切实解决创业者面临的办公场所、公共服务、资金需求、市场信息、政策扶持、技术

支撑、创业培训等难题。

二　创新产业专项政策

坚持以企业为主体、市场为导向，从创新创业发展生命周期出发，大胆创新文创、跨境电商等产业专项政策，打造全链条双创政策体系，为创新创业提供全方位政策支撑，营造良好的双创政策环境。

三　用好财税优惠政策

首先，提高财税政策落实便捷程度。财税优惠政策申请和落实过程更加方便有助于减少资金和时间成本，使企业能够快捷地享受到财税优惠政策，提高企业的创新创业积极性。建立网上注册平台，减少流程复杂性，减少创业成本，缩短注册时间。简化信用检查，降低申报和管理费用。在企业和公共管理机构中采用先进的电子签章，建立简化的、电子化的企业登记流程。提高政府的服务效率，规划服务流程，使财税优惠政策的落实更加便捷。其次，加大税收优惠幅度。政府可以对承担税负过重的双创企业给予增值税补贴，增强企业研发积极性。激励创业创新的税收优惠政策应契合企业各个成长阶段的特征，以增强税收优惠政策的适配性。根据企业的生命周期（初创阶段、成长期、成熟期、衰退期）征收税费，可以降低一部分处于初创期、成长期的企业的税负压力，促进创新创业水平。

四　打通政策落地障碍

深入推进全面创新改革试验，加快复制推广一批创新改革政策举措，打通政策落实"最后一公里"，促进知识产权保护、科技成果转化、人才流动、协同创新等鼓励政策落地见效。建立统一完整的创新创业政策查询服务平台和简单优化、方便操作的"互联网＋"创新创业政策申领系统，拉近与创新创业主体间的距离，以打通双创政策落地的障碍。

第二节 加强双创载体平台建设，全面提升载体平台能级

作为各类创新创业政策汇聚地、科技成果转化地和科技型中小企业成长地，科技企业孵化器、众创空间等双创平台是服务创新创业的重要载体。截至 2019 年 10 月，河南省共建设省级以上科技企业孵化器、众创空间等各类孵化载体 364 家，其中国家级 80 家，这些载体中有在孵企业和团队 2.3 万余家，吸纳就业人数 26.8 万余人。据不完全统计，河南省新型研发机构资产总额 82.3 亿元，拥有发明专利 676 项；创办孵化企业 416 个，估值 49.3 亿元。这些新型研发机构为服务产业创新发展、破解关键技术瓶颈起到了有力的支撑作用。创新创业孵化载体是推进双创工作的重要抓手，是培育企业家和新兴企业的重要平台。"双创"体系的完善离不开"双创"载体平台的全面升级。

一 借鉴广州、成都和上海的经验，探索双创载体多样化、个性化发展模式

首先，实施"大孵化器"战略，构建"预孵化—孵化—加速"的科技创业孵化链条，出台各类孵化器扶持办法，在场地租金、研发经费等方面，给予科技创业企业补贴，政策创新推动孵化器全面升级。其次，推进知识链、创新链、产业链、价值链实现四链融合，形成环大学城全链条孵化体系，构建以政府为引导、高校为支撑、企业为主体、市场为导向的产学研一体化创新创业生态体系。再次，采用"先建成＋再评估＋后补助"的形式，对孵化器及众创空间的"建设运营""转改建""引进来""走出去"四种行为进行资助。鼓励载体精细化、专业化，针对特定技术领域重视垂直孵化，形成专业化创业孵化载体集群，融入区域产业生态系统建设中。推动载体与校院企地深度融合，鼓励载体联合高校、科研院所、央企省企、科技服务机构、产业功能区等各类成果转化服务链条主体，充分发

挥载体的孵化培育优势，共同推动科技成果从高校院所的课题阶段向企业应用阶段转化。最后，推动孵化服务"前延后伸"工程，形成"众创空间＋创业苗圃＋孵化器＋加速器＋产业基地"五位一体的综合孵化体系，推动孵化服务模式朝着专业化、集成化、国际化、多元化、市场化的方向发展。

二　推动各类双创载体错位发展，推进区域产业链提质增效

区域双创基地承载了众创空间、孵化器、加速器等双创载体，在区域双创基地内需要有效衔接好各类双创载体，做到区域双创基地内各类双创载体合理布局，形成完善的孵化育成体系。各类双创载体承接的企业不同，发挥的功能也各有特点，在发展完善孵化育成体系的时候应注意各类双创载体之间的错位发展，发挥好各自特色，做到优势互补，实现良性循环发展。同时，围绕本区域双创基地优势产业，突出孵化协同，形成完备的上下游产业链，关联配套企业。一是加强孵化载体与其他创新平台的协同合作，形成配套体系。抓好与企业技术中心、工业设计中心、工程实验室等创新网络节点的协同，从服务层面促进企业创新；抓好与制造业创新中心、产业技术研究院等新型产业创新平台的协同，推动产业创新。二是加强不同模式、不同阶段孵化载体之间的合作。鼓励和支持成熟的孵化器自建众创空间或加强与众创空间的合作，将孵化服务前移；支持探索孵化器与加速器、产业园区的合作，将孵化服务后延。三是建立双创孵化载体联盟，搭建孵化载体网络体系，促进各类孵化载体共享资源合作发展。

三　完善"众创空间（创业苗圃）＋孵化器＋加速器＋产业园区（基地）"综合孵化体系，培育高质量专业化孵化载体

首先，打造一批培训辅导型、投资促进型、创客孵化型、专业服务型、媒体延伸型等创新型孵化器，鼓励孵化平台积极尝试连锁经营、品牌

输出等创新孵化模式，拓展孵化载体业务，实现为上游提供创新服务、为中游提供创业孵化服务、为下游提供产业孵化服务的全链条孵化。出台各类孵化器扶持办法，给予创新创业企业场地租金、研发经费等补贴，以政策创新推动区域双创基地全面升级。其次，开展政府自持孵化器企业化管理、市场化运作，鼓励现有孵化器投资主体多元化，支持外资和民营资本参股创办孵化器，建设一批混合所有制孵化器，全面激发孵化器发展活力。再次，在注重众创空间、孵化器资助的同时，加大对加速器的扶持力度，优化加速器的税收政策，对加速器新增面积、新建设备给予补贴。最后，建设"小而美"的专业孵化平台，为相关中小企业提供全链条、一站式服务，孵化培育一批专业水平突出、竞争力强的专精特新中小企业，促进催生一批"独角兽"企业和行业"小巨人"。

四 加快双创载体转型提升，强化双创载体内涵建设

首先，做好各类双创载体服务升级，建设升级版双创载体。加强管理人员专业素质，建立多层级导师培训体系，搭建高效投融资对接平台和"科技创新服务超市"综合平台，实现资本与项目、资本与产业、资本与技术的无缝衔接，加速在孵企业高质量发展。加强与国内、国际双创载体政策、资本、人才、经验的交流合作，提升双创载体的全球化视野，链接全国乃至全球资源，为在孵企业提供更加专业化的服务。其次，加快研究孵化载体扶持政策，完善适度灵活的土地政策，制定更加对应需求的融资政策，积极落实财政支持和奖励政策，密集出台相关人才政策，为创建完善的创新创业体系加强政策保障。最后，实施双创载体末位淘汰政策。出台《创新创业载体资助管理办法》，对不同种类的双创载体建立动态评估机制，采用评奖结合、评建结合等方式，每年对创新创业载体在人才引进、硬件建设、服务提升、产出效果等方面进行综合评价，连续 2 年不合格的载体将被摘牌，推动双创载体提质增效。

第三节　坚持三项基本原则，聚集高端双创人才

在经济全球化和新一轮科技革命的推动下，人才在经济发展中的作用日益凸显。当前，人才是区域双创基地提升竞争力的核心要素。在打造双创升级版的新背景下，双创人才的培养、引进和集聚，是区域双创基地健康发展的持久动力，对区域双创基地高标准建设至关重要。

一　坚持"高精尖缺"人才需求导向

实行更积极、更开放、更有效的人才引育政策，大力引进和培育重点领域高层次和急需紧缺人才，实施更具吸引力的海外人才聚集政策，以重点产业为导向聚集高端人才，强化人才、项目、资本的投融资对接和创新创业扶持，为打造双创升级版提供强有力的人才支撑。承办海内外高端人才创业创新成果展，放宽对引进海外人才的限制，对海外人才在本区投资创业、申请科研项目、转化技术成果等方面加大支持力度。支持区域内科研院所、高科技企业引进一批战略科学家，促进国内外创新资源深度融合，将基础研究与应用研究产业化紧密结合。借助外专、海外引才工作站等渠道，建立海外联络机构协同运行体系。大力推进新兴产业发展，围绕战略性产业规划，重点引进区域主导产业领军人才，增强区域发展的科技支撑能力和创新能力，全方位提升区域产业竞争力。完善高层次人才奖励扶持的评选机制，以法治化、市场化、专业化创业为前提，引入技术行业市场鉴定机制，优化入园高层次人才双创项目的考核和评定，进而确保公平、公正。建立区域间人才信息管理系统，加强对人才项目的后续监督和风险管理，创建人才征信体系和失信惩戒机制，预防人才项目寻租和滋生腐败。

二　坚持"实用精准"人才引育原则

设计能够吸引和集聚助推优势产业更新升级的技术型高层次人才项

目，继而为区域产业结构优化、转型升级注入创新创业的新元素、新活力和新动力，最终实现"以产聚才"。一方面，从"大水漫灌"式的多方面引进向"精准滴灌"的针对性引入培养转型。聚焦对区域双创基地当前发展支持力度更大的普通人才上，制定切实可行的优惠、扶持、服务措施。围绕区域双创基地主导产业发展需要，找准发展定位，开展人才精准对接活动，精准引才育才，进一步扩大人才基础，提升人才增量。另一方面，围绕区域重点产业布局，对准区域当前发展所需人才，把引才的重点聚焦生产、科研一线，并有针对性地制定切实可行的优惠、扶持、服务措施，使得人才队伍结构更稳定、合理，让区域双创基地发展更加深入、持久。加强本土常规人才的再发现和深入持续培养，利用好本土人才，吸引人才回流。

三 坚持"差异特色"人才治理原则

结合功能定位、地理位置、资源禀赋、自然资源与生态环境、社会经济发展状况等条件，设计地方高层次人才双创治理机制，进而实现精准、差异化施策。后发的区域双创基地由于受到经济发展水平和财政资金客观条件的限制，可以侧重于整合政策网络资源，重点锁定地区核心比较发展优势，优化资金扶持的靶向，主攻优势产业，定点突破制约产业发展的技术瓶颈，借助政府服务平台为地方产业与高层次人才战略技术合作做好牵线搭桥和服务工作。此外还需强化地方高校院所在知识、技术、人才等基础创新要素方面的供给能力，大力培育本土高层次双创人才，进而通过弯道取直，实现快速追赶或赶超。先进的区域双创基地则需要在原有优势平台的基础上，从制度层面深化改革，树立起争创国际一流园区的前瞻性意识和国际视野，立足国际标杆园区，通过人才体制机制改革和政策创新来锻造和培育更优质的人才双创发展政策环境和服务环境。因此，区域双创基地只有主动作为和勇于应对人才发展治理转型所面对的各种挑战，才能更好地发挥其"先行先试、示范引领、辐射带动"功能和作用。

第四节　促进科技与金融融合，实现金融赋能双创升级

在发展新产业、培育新动能的过程中，确实离不开金融手段。当前，双创领域的金融服务存在明显的短板。在科技快速更新换代的今天，能否及时获得资金支持，已成为影响创新创业项目生死存亡的大事。融资难、融资贵是创新创业者、创新创业团队所面临的实际问题，究其背后的深层原因，则是创业型、科技型中小微企业所面临的融资不确定性大、个性化和精准化综合金融服务水平有限，以及基于金融支持的创新生态协同效应缺乏这三大痛点。以往创新创业的成功是源于科技、成于金融，但现在创新创业趋势已呈现出科技和金融高度融合、不可分割的趋势。金融太落后一定不利于创新创业，金融太超前也一定不利于创新创业。面临双创升级的艰巨任务，需要不断放大科技金融聚合效应，按照"财政引导、市场主导"原则，打造政府引导、基金引路、社会资本参与、优势产业支撑、服务配套设施齐备的金融产业生态圈。

一　创新双创投融资机制，推进双创投融资体系建设

首先，鼓励金融机构加大对双创的贷款支持，积极拓宽融资渠道。通过向银行和政策性担保机构提供贷款风险补偿、给予商业性担保机构担保补贴、对企业进行利息补贴和评估费补贴等方式，鼓励合作机构创新金融产品和服务模式，为传统抵押物不足的创新创业企业提供低门槛、高额度的贷款，实现普惠金融的商业可持续发展。鼓励银行采用知识产权、订单、应收账款等作为抵押，帮助拥有自主知识产权但固定资产较少的科技型中小企业获得银行贷款，降低科技型中小企业的融资门槛，增加企业的贷款额度。其次，构筑天使投资、创业投资为主体的直接股权投资体系，确保企业需要资金时，能够借得来、用得好、还得起。由于创新创业具有轻资产、风险大等特点，双创项目融资常与股权风险投

资联系到一起。因此,要积极发展股权投资基金、创业投资基金或天使投资基金,为初创期、早中期企业成长搭建便捷、高效、低成本投融资服务平台。最后,努力破解瓶颈制约,鼓励和引导创新型企业赴境内外多层次资本市场挂牌上市,重点推动一批科技型中小企业到"新三板"挂牌融资,通过再融资、整体上市等实现行业整合和产业升级,实现社会融资总规模大幅增长。

二 设立科技金融服务窗口,搭建科技金融综合服务平台

开通科技融资服务热线电话,开展科技金融对接咨询服务,定期组织开展科技金融大讲堂,举办"科技型企业路演和投融资对接会""双创与金融对接洽谈会""金融科技惠民""构筑多层次科技创新产业化投融资平台,推动高新技术产业发展""金融与创业风险投资讲座"等专题讲座与对接活动。由区域双创基地的创新创业服务中心联合银行、风险投资机构、私募股权投资机构、担保、小贷等金融机构及融资中介共同打造一个"政府主导、专业化管理、公益化运作"的科技金融综合性服务平台,构建支持双创的一站式金融服务生态,整合金融行业及相关中介机构优势资源,采用线上线下的对接方式,为企业提供资金融通、资产管理、融资中介、融资配套、上市辅导等专业服务,实现信息的高效匹配。

三 建立"全周期"的金融支持体系,服务各个发展阶段的双创企业

建立从种子期到成熟期企业全覆盖的扶持政策体系,推动产业链、创新链、资金链深度融合,努力破解科技型中小微企业融资难题。企业初创阶段面临各种难题,其中又以资金问题最为常见,而科技型企业普遍"轻资产"的特点导致可抵押物有限,往往难以获得足额贷款。针对初创期企业,财政出资设立天使投资基金,鼓励区域内融资性担保机构提供信用融资担保,鼓励银行创新金融产品,引导创业投资机构投资初创期科技型企

业，设立青年创业引导资金，以"债权投资＋股权投资"方式扶持初始创业和发展创业。针对成长期企业，建立科技金融贷款风险补偿机制，支持企业利用融资性担保、信托、金融租赁、保险等机构拓宽融资渠道，鼓励企业在多层次资本市场开展直接融资。针对成熟期企业，鼓励上市公司再融资、开展并购重组，促进主体企业相关配套产业发展。

四　完善科技金融政策体系，优化区域"双创"金融服务环境

出台加强科技金融服务促进经济发展若干政策措施、支持和引导基金集聚发展若干政策措施、产业投资引导基金管理办法、双创孵化投资引导基金管理办法、鼓励和促进企业上市的意见等具体措施办法，细化制定配套实施细则，确保各项创新政策落地生根。进一步加强银行与高新区、孵化器合作，将银行的金融服务叠加到高新区的一站式服务中。吸引银行、证券公司、保险公司、信托投资公司、金融租赁公司、担保及创投机构集聚，并鼓励金融机构不断创新金融产品和评审模式，改进金融服务模式，切实解决中小企业"融资难、融资贵"问题，提供一系列的融资支持和金融服务。

五　借助金融和资本的力量来助推双创发展

探索"政府引导、市场运作、社会参与"的科技金融运作机制，建立集"贷—投—补"于一体的科技金融体系，推出"银政"贷款和"政银担"等多种贷款模式。由政府业务主管部门设立创投引导基金，通过阶段参股、跟进投资、风险补助、投资保障等方式，引导社会资金进入，扩大政府资金引导作用。加快推进科技财政资金使用方式的转变，放大财政科技资金使用效益，引导各类金融机构和民间资本参与科技创新。设立区域产业投资引导基金，通过参股方式，与社会资本及其他政府资金合作设立或以增资方式参股产业投资基金等各类股权投资基金，充分发挥财政资金的杠杆"撬动"作用。

六　充分利用互联网、大数据、云计算、人工智能等先进技术，研究科技与金融结合的新模式、新特点、新机制

创新创业企业固定资产少，发展时间短，其模式和资产结构不被商业银行认可等一直是创新创业企业与金融机构合作中的一大屏障。针对创新创业企业轻资产的明显特点，鼓励银行开发并购杠杆融资、科技成果转化融资、知识产权融资、供应链融资等一系列轻资产产品。针对重点行业，推出文创、绿色、医药、教育等行业的系列融资。同时，结合创业型中小科技企业缺乏资本金、缺乏担保抵押物、高速成长、风险较高的特点，设立知识产权质押融资风险池、科技信贷风险补偿资金池、中小微企业融资风险补偿资金池，探索投联贷、三板贷等结合资本市场特征的融资改革。同时，要大力探索债务融资模式，帮助双创企业成长壮大。

谋定而后动，给力的政策扶持和扎实的平台建设是"双创"工作开展的后盾力量。面临"双创"升级的现实要求和经济高质量发展的目标任务，河南区域双创基地要着力清理不合时宜的市场准入政策，规范和完善政府政策协调机制，着力破解重点项目审批、用地、融资、环保、生产配套等瓶颈制约，逐步探索出一条基于生态系统理念的区域创新创业服务体系建设之路。只要做好了政策护航、平台支持、人才引领、金融助力，就能使"大众创业万众创新"在区域双创基地"百花齐放俏争春"。

第十章
高校科研院所双创基地的探索

自 2017 年河南省确定郑州大学、河南农业大学、河南理工大学等 12 所高校科研院所为首批双创示范基地以来，各高校纷纷结合其优势和基础条件制定了内容全面、重点突出、特色鲜明、举措恰当的双创基地建设方案，将创新创业和学校的各项工作有机结合。经过几年的建设和发展，各双创基地取得了明显的成效，学生的创新意识和创新能力逐步提高，学校的创业就业率有所提升，新技术、新工艺、新模式不断涌现。

第一节　高校科研院所双创基地建设情况

一　加强顶层设计，明确目标定位

郑州大学以大学科技园为依托，重点打造科技创新、科技成果转化、高新技术企业孵化、咨询决策创意、高端国际合作交流、创新创业人才培养、金融服务、公共服务八大平台。洛阳理工学院依托洛阳理工学院大学科技园有限公司，重点培育孵化大数据研发、电子商务、智能装备、石墨烯及新材料应用、环保与环境工程、VR 智能与人工智能、智慧城市、河洛文化及"一带一路"创意产品等创业团队，突出学校学科优势，注重引导社会资源、生产要素、创新技术向"双创主体"集聚。黄河科技学院着眼河南省创新驱动发展战略和产业发展需要，在双创人才培养、双创人才流动、科技成果转化、大学生创业支持体系、双创支撑服务体系五个方面，不断优化双创生态环境，建立宽容失败的政策保障和激励机制，加强双创人才培养，构建大学生创业支持体系和服务保障体系；学校设立双创基地建设领导小组，成立双创协同理事会，负责基地建设的领导决策和顶层设计；成立创新科技平台、校企战略合作、智慧校园等专项工作小组，实行项目负责制；设立"双创基地"专项建设经费，改进科研项目资金管理，简化经费预算，强化创新创业奖励制度和激励机制。河南农业大学以构建"三大体系"、完善"两套保障机制"、实施创新创业"八大工程"为主要任务，开展现代农业创新创业研究，为河南省现代农业创新创业发展提供全方位支持。黄淮学院以人才培养方案修订和课程改革为突破口，以培养学生创新创业精神、提升创新实践能力和创业就业能力为目标，重构教育教学体系，优化课程结构，践行"五个融入"教育教学模式，探索"项目＋团队"创新实践模式，构建"众创＋微创"创客空间集群完善服务体系，打造"创业导师"一体化服务平台，将创新创业教育融入人才培养全过程。

二 创新双创理论教育，注重实践能力提升

郑州大学在大学生创新创业教育方面建立了包括学校大学生创新创业基地和院系大学生创新创业基地在内的创新创业开放实验平台，利用网络技术、物联网技术、视频监控技术、VR技术构建基于现实与网络虚拟结合的教学环境，探索出了"嵌入企业行为的创新创业教育实践"创新创业教育课程。黄淮学院将创新创业教育融入专业教育，构建产教深度融合的创新创业教育生态体系，积极整合利用校内外各种资源，依托大学生创新创业园，成立创新创业学院，优化课程结构，践行"五个融入"教育教学模式，探索"创新创业创意创造"创新实践模式。洛阳理工学院通过持续开展大学生创业大赛、创业训练计划项目、实习实训等活动，营造并逐步增强全校创新创业氛围，通过"体验式""模拟式"教育推动学生进行创新创业实践。河南农业大学采取"点面结合、创新创业理论与创新创业实践结合、校内外创新创业工作资源相结合"的三结合课程体系安排，强化

大学生职业发展与就业指导、创业教育、大学生素质拓展等课程，以实验创新创业训练为切入点，积极探索"自主、合作、实践"的课外学习新模式，拓展创新实验项目，调动校内外一切创新创业工作资源与手段全方位点燃学生创业激情，营造创业氛围，提升创新创业竞争力。

三　注重服务模式创新，打造双创生态服务链

郑州大学采取"集中建设、开放共享、专管共用、有偿使用"的模式，积极探索学校大型仪器装备开放共享管理的新模式，先期已建设、开放共享郑州大学现代分析与计算中心、超级计算中心、医学科学院转化医学三个平台，取得了良好的社会和经济效益，为高校开放资源共享平台积累了有益经验。许昌学院确立了"三个坚持"双创工作理念；坚持统筹推进，建立健全了双创工作体制机制，建立了"校长主抓、部门联动、分工负责、协调推进"的双创工作管理体制；通过打造"双创教育""协同育人""实践支撑""综合服务"四大平台，搭建起了课堂教学、实践训练、项目指导、创业服务"多位一体"的创新创业人才培养体系。洛阳理工学院积极为创客、创客团队和科技型中小微企业孵化提供创业辅导等多项服务，打造完整的"创新创业生态服务链"，收到了较好的孵化效果，建成"河南省建材大数据研究中心"、"洛阳大数据与深度智能应用研究中心"以及市级"智能装备与机器人研教专业化众创空间"。黄河科技学院高度重视发挥创新创业文化的核心作用，潜移默化地引导学生关注创业，积极创新，建成了"创客工作室—众创空间—孵化器—加速器—产业园"全链条创新创业生态体系，获批国家级众创空间、国家级科技企业孵化器、河南省大学科技园、河南省科技企业孵化器、河南省创业孵化示范基地等高层次创新创业平台。南阳理工学院成立校级大学生科技创新指导委员会和大学生创新创业教育工作领导小组，成立正处级大学生创业就业指导服务中心和大学生创新创业孵化园，16个教学院设置正科级大学生综合创新实训中心，校学生会设立职业发展部，班级设有职业发展委员会，构建起一个"多级分层、全程覆

盖、各司其职"的大学生创新创业指导服务组织体系。

四 构建开放式的人才培养体系，服务创新创业

以黄淮学院、许昌学院、洛阳理工学院等为代表的高校双创基地，突出双创与人才培养、科学研究、服务社会、文化传承等高校职能的深度融合，在开放发展过程中，以校企合作为抓手，探索建立开放式的创新人才培养机制。黄淮学院秉持"产学研相结合，教学做一体化"的理念，依托学校电子信息、经济管理等学科集群，与昊华骏化、天方药业等企业展开深度校企合作，进行创新创业教育深度"融入"专业建设的实践探索。河南农业大学积极实施职业农民创新创业培育工程，依托设立在学校的国家级培训基地、省级培训基地等教育培训资源，培训社会发展急需的现代农业高层次人才及基层农技人员；以地方农业教育资源为辅助阵地，提升其职业教育和继续教育的水平，培训农业创业人才；借助全省各地设立的各类基地，结合各类科技推广类项目，每年培训农业实用人才和职业农民。南阳理工学院由创业专业教师、企业家、风险投资家三类导师构成强大的创业导师团，坚持"自我管理+创业技能+创新知识+企业经营"的教学体系和"创业分析+创业定向+创业准备+创业实战"的服务体系相结合，对通过 GYB 教育后的有创业意愿和创业潜质的学生，实施一对一"创业项目辅导、创业资金对接、经营指导、创业咨询以及孵化苗圃的入园服务、公共服务和技术服务"，从不同的侧面共同完成对学生的创业培训和指导，全面助力学生成功创业。

五 坚持校地合作，有效推动地方发展

以许昌学院、洛阳理工学院为代表的高校双创基地发挥特色学科优势，积极探索校地融合服务地方社会发展。许昌学院以"构筑平台、强化服务、内涵提升、突出创新、互利多赢"为指导思想，以"资源共享、优势互补、平等互利、共同发展"为原则，以地方需求为导向，通过成立校

地合作办公室，统筹全校校地合作工作；推动河南省教育厅和许昌市人民政府共同联手支持许昌学院创建特色鲜明的高水平应用技术大学；与许昌市各县（区）、产业集聚区签订校地（或科技协同创新）战略合作协议；推动许昌市委市政府成立了支持许昌学院发展协调领导小组；推动许昌市委和学校共同实施人才共建工程等一系列举措，积极探索校地合作体制、机制、模式和途径，与地方政府、企事业单位建立起了良好的合作和互动关系，构建了校地合作完善的体制、灵活的机制、有效的模式和畅通的途径；形成了"政府主导、学校主体、产业参与、校地互动"的校地合作的长效机制；开创了学校重视校地合作，方向明确，地方政府大力支持，渠道畅通，校地互动频繁，产教融合的校地合作新局面。洛阳理工大学通过派出科技特派员指导企业科技工作，面向企业征集技术需求，把企业技术需求作为真实教学案例和科研课题，以及与企业共同开展科技创新项目研究等方式，解决企业的技术难题，实现了科技成果的就地转化，服务区域经济的能力水平逐步增强。南阳理工学院政府出资、专业团队培训、第三方运营，共建南阳创业学院，让创新创业教育走出单靠高校"自循环"完成的封闭状态，形成一个由高校、政府、企业、社区等共同参与、良性互动的创新创业教育新体系。

第二节　高校科研院所双创基地建设存在的问题

近年来，河南省出台了一系列支持创新创业的政策文件，搭建了多层次的赛事活动平台，提供了多形式的空间载体，极大地激发了高校科研院所创新创业的活力。但高校科研院所在落实创新创业过程中也遇到一些问题，亟待进行解决。

一　创新创业教育和专业教育的融合度有待提高

高校作为培养人才最重要的平台，必须把学生创新意识和创业能力的培养作为重点之一。在课程体系设置上，虽然各高校在教育部要求下开设了大学生创新创业类课程，但通常局限于"创业基础""创新学"等基础类课程，没有设置单独的科学的创新创业课程教学体系，多数课程理论与实践相脱节，与专业相疏离，形式化问题严重。教学模式单一，大多借助于案例教学，尚未建立起立体式、体验式、交互式的教学体系，在专业教育中学校即使和企业合作建立订单班或行业学院，往往会因两者在时间、人员聘任、目标导向、评价机制等方面的不一致而使效果大打折扣、流于形式甚至中途夭折。

二 对创新教育的重视度亟待提升

各个高校双创基地都致力于提升学生创新创业能力，但不容忽视的是，受"就业率"影响以及对创新创业认知的不足，在双创教育上，各个高校更偏重于创业教育，把毕业生就业率、创业率作为双创教育的衡量指标，未能真正意识到创新教育对我国由"制造强国"向"创造强国"转变的重要意义。这种对创新教育的忽视使得教学中权宜化、功利化趋势显著，缺少对专业领域内创新意识、创新思维和创新精神的训练与培养。同时，大多数学生长期以来受应试教育影响，对创新教育缺乏深刻认知，更多的还是以分数来衡量自己在学校的所学所得，思维僵化、教条化，从而忽视创新性、创造性思维的培养与开发，创新能力欠缺。

三 师资队伍建设还需加强

一支具有专业双创教育能力的师资队伍是高校双创教育得以开展的前提和基础。从事双创教育教师不仅需要深厚的创业和专业理论知识，更重要的是能结合时代、专业发展将理论和实践有机融合进行创新创业内容的教学，从而确保双创教育的质量。目前，河南省大部分高校的双创教育师资队伍薄弱。大多数双创教育师资队伍是由就业指导中心、教务处等部门的行政干部或教师组成，缺乏专职从事双创教育且具备系统全面双创知识体系的教师，缺乏理论与实践并举的"双师型"师资。当前既有理论深度又富有扎实创业实践经验的"学者型企业家"或"企业家型学者"十分匮乏。创新创业教育师资力量的薄弱，一方面使创新创业教学活动仍依旧沿袭以往照本宣科填鸭式的理论讲解，缺乏系统性，理论知识往往与具体社会实践脱节；另一方面对大学生创业过程中遇到的实际难题不能提供及时的有针对性的实践引导，难以提升大学生创业创新能力。

四 对专职人员创新创业的评价激励机制需要优化

尽管在高校科研院所双创基地建设中，对专职人员创新创业的做法都给予肯定和鼓励，但这种正面的肯定往往无法上升到制度层面，缺少长期性、稳定性。将对创新创业的激励和教学考核挂钩的高校少，将其作为加分项用于职称评定的高校少。许昌学院在这一方面做得较好，其将双创与应用技术型大学建设目标有机结合，以教学创新为导向制定教学评价指标，以应用研究为导向制定科研评价指标，以技术服务为导向制定服务评价指标，在评价程序上，积极探索新的教师评价程序，进而探索出了一套适应应用技术大学发展的教师教科创一体化评价机制。

五 科研成果转化的力度急需加大

在高校科研院所双创基地建设中，郑州大学对科技成果转化和激励机制做了较为详尽的规定，施行效果良好。该校对科技成果转化实行统一管理，构建了科技成果管理、转化、服务紧密结合的一体化工作体系，建立成果转化平台。同时表明科技成果转化收益学校与教师 3∶7 分成；科技成果作价入股的，学校与教师（科研团队）2∶8 分成。这一做法构建了教师与企业之间科研成果转移转化的平台，并对收益做了明确的规定，极大地提高了教师科研的积极性和主动性，实现了教师、学校和企业三方共赢。而绝大多数高校双创基地建设中缺乏自有科研成果转移转化的平台和机制，教师"闭门造车"或研究的成果仅用于课题项目的申报、结项，尚未搭建起教师和企业、产业联系的桥梁，科研导向缺乏明确的产学研结合的利益共享评价机制，并且无法实现和外部的协同协作，严重制约了科研成果转化的力度。同时在实际中，尽管科研人员可以获取科研成果转化的部分股权与收益，但缴纳的税率过高和获得股权奖励时存在未获得收益却需及时缴纳税收的情况，严重影响科研人员成果转化的积极性。

第三节　深入推进高校科研院所双创基地建设的建议

高校科研院所作为科技和人才的聚集地，在创新创业意识能力的培养、科技创新活动的产生等方面起着举足轻重的作用，是企业科技创新的服务体系。高校科研院所双创基地建设的好坏关系到双创氛围的浓厚与否，关系到创新创业的质量高低，关系到创新型国家的建设。针对河南省高校科研院所双创基地存在的问题，还需在以下几个方面进行努力。

一　构建联动协同工作机制

一方面发挥学校就业创业工作领导小组统筹协调职能，加强与省市政府部门及校内各单位的推进大众创新创业协同工作，构建省市、学校两级联动工作体系，强化各教学院创新创业工作发展规划引导，建立一站式、一体化的创业服务体系，开展创业咨询、创业信息、创业培训、创业孵化、创业融资、创业开业等多方面的创业服务。加强政策集成，出台更具针对性的政策措施，推动形成各具特色的全校创新创业格局。另一方面构建各高校科研院所双创基地的联盟组织，定期举办沟通交流活动，就双创课程建设和创业链的构建、空间运营等内容展开讨论，经验互鉴。由此，可以充分盘活联盟内各区域、高校科研院所的优质创新资源，推动要素资源共享，提高创新要素交叉流动效应，有效缓解河南创新资源匮乏以及区域之间创新资源分布不平衡的问题，推动河南创新创业能力进一步提升。

二　加大对高校科研院所双创示范基地的资金投入和政策支持

自 2017 年河南省确定 12 个高校科研院所双创基地以来，这 12 所基地都及时向河南省发改委上报了双创基地建设方案，从基础条件、总体思路、主要任务、政策举措、重点工程和保障措施等方面进行了详尽的规划和说明。从实际运行来看，各高校积极行动，基本都在投入自有资金建设相关课程和空间载体、引进人才、组织相关赛事活动。但创新创业的新要求和高校原有的体制、定位、教育理念和人才管理等都有较大的差异，而在省级层面并没有专门的政策对建设中的资金来源、资金管理、教师离岗创业、基地建设成效的评估激励等问题做出明确的规定，由此导致有些基地建设进程缓慢、成效不明显、空间闲置等情况。因此，一方面尽快完善管用、好用的双创基地建设政策体系，创造良好的政策环境，切实解决基地建设中的资金、人才、场地、技术支持等难题，明确奖惩机制，充分发挥高校高端人才集聚的优势。另一方面，强化资金扶持。不仅要加大政府对双创基地建设的资金投入，还要拓宽双创活动融资渠道，帮助高校积极引入天使基金、风投、银行等社会力量，撬动社会资本，引导项目、载体平台市场化运营。

三　建立市场化独立运作的创新创业服务中心

河南高校的双创载体建设初有成效，大部分双创基地都构建起相对完整的双创服务生态体系。黄河科技学院建成了"创客工作室—众创空间—孵化器—加速器—产业园"全链条创新创业生态体系，洛阳理工学院建成了大学科技园和千度创客空间等，但在这些平台载体的运作过程中，还存在法人与经理、主任职责不清，行政与市场界限不明，产业资金的使用投向模糊，退出机制缺失等问题，导致各高校平台载体运营效率低下、空置率高。因此亟须建立政府引导的市场化独立运作的创新创业服务中心。该中心的建立可以借鉴上海杨浦科技创业中心的经验，在高校密集的大学城建立，以培育科技企业和企业家为使命，搭建起服务中心、高校和企业相联系的工作体系，形成大学、园区和社区之间的桥梁与渠道，实现三区联动，以完全市场化的模式运营载体建设，打造完整的孵化服务链条，不断延伸服务内容，创新经营模式，持续优化创新创业环境。

四　加强师资队伍建设

高校创新创业师资队伍建设的重点应在教师的选拔标准和聘用模式、教师的培训体系建设、师资队伍建设和管理的配套机制三个方面，构建起选人、育人、管人和留人的全方位建设体系。对于新招聘的教师应把行业或创业经验作为重要标准，灵活使用多种招募形式选拔管理类和技术类人才，增加具有实践经验全职教师的人数。对于现有的教师，可借鉴企业的人才培养计划，选送优秀教师到企业任职、研修或参观，提高教师的实践能力，同时鼓励专职教师和具有实践经验的教师相互交流，实现优势互补。在师资队伍建设和管理的配套机制方面要制定和个人利益、职业发展息息相关的政策，提升创新创业教育教师的薪资待遇，对具有行业和创业经验的教师产生足够吸引力，能吸引人才、留住人才。对于教学效果的评价应结合创新创业教育的效果综合评定。双创师资队伍的建设一方面需要学校为教师实践能力和创新能力的提升创造条件，允许教师利用学校资源进行内部创业，或自己创办企业，另一方面企业也应参与其中，充分利用其市场主体的作用和实践运营中获取的经验，最大限度地调动双创教育教师的积极性。

五　打造线上线下相结合的教育实践平台

线下平台指创新创业教育的实体场所，学生通过亲身实践提高其实践能力。高校建设创新创业教育线下实践平台，一方面依托学科特色优势，利用校内资源培养学生创新性思维和能力，如高校实验室、活动室、众创空间等，为学生创新创业实践提供活动空间，满足学生实践需求。另一方面高校可联合企业或行业，结合社会多方力量来建立学生创新创业实践活动平台，支持相关活动的开展。线上平台，指高校利用网络平台和资源，如网站、微信、网络社区等，为学生提供在线学习、指导和服务，发布最新的创新创业信息，精准提供就业创业方面的市场变化，帮助学生和市场接轨，有效提升创新创业教育的实用性和针对性。有条件的话可以基于"互联网＋"信息技术打造校际联动的共享服务平台，建立完善的在线共享数据库及服务平台，实现高校之间共享双创教育课程、人力、物力以及信息等资源，及时发布双创教育动态，从而更好地发挥各自的优势与长处，提高大学生双创教育的质量。

第十一章
企业双创基地升级的探索

根据《国务院办公厅关于建设大众创业万众创新示范基地的实施意见》(国办发〔2016〕35 号)、《国务院办公厅关于建设第二批大众创业万众创新示范基地的实施意见》(国办发〔2017〕54 号)精神，2017 年河南省人民政府办公厅下发《关于支持大众创业万众创新基地建设的实施意见》(豫政办〔2017〕28 号)，明确了全省首批 57 个河南省双创基地，名单中包含了 27 个企业双创基地(见附录一)。根据文件精神，企业双创基地要充分发挥双创基地现有资源作用，加快整合提升现有载体功能和公共服务能力，进一步优化了双创生态，形成了协同效应，推动企业实现战略转型发展。

第一节　企业双创基地建设情况

双创基地建设是在我国经济发展进入新常态的大背景下，推动经济机构调整、打造发展新引擎、增强发展新活力、走创新驱动发展道路的重要举措。目前，河南省企业双创基地围绕转型升级不断释放创新潜能，激发双创主体活力，推动河南省双创基地建设取得了一定的实效。

一　完善创新创业激励机制

"大众创业万众创新"作为这个时代的特征，"创新"是蕴藏在人类头脑中的财富，只有激励机制为创新提供现实保障，创新才能实现引领社会发展的力量。完善与企业发展改革相适应的激励机制，全面激发企业创新创业活力成为企业双创基地建设的重要课题。

近年来，河南企业双创基地不断完善激励机制，对创业者的劳动给予足够的尊重和法律保护。河南黄河旋风股份有限公司制定实施科研人员股权和分红激励政策，鼓励科技成果以股权或者出资比例形式给予科技人员个人奖励。昊华骏化集团股份有限公司鼓励内部员工、社会公众申报项目及工艺改进立项后设置相应的奖励机制。普莱柯生物工程股份有限公司针对各类人才建立了多种薪酬制度相结合的薪酬体系，出台了《科技创新奖励办法》，并对经营层、核心层有针对性实施了股权激励。河南科隆集团有限公司对成功攻关的项目、众创空间分别给予 50 万 ~ 100 万元的奖励。汉威科技集团股份有限公司制定了专业技术人员离岗创业政策，对经同意离岗的可在 3 年内保留人事关系，设立季度奖、年终奖、创新奖等对表现突出的创新创业人员给予奖励。河南天海电器有限公司在激励体系上坚持以绩效为主的分配原则，激励方案包括经营业绩激励、新产品研发激励、营销人员激励等。洛阳双瑞特种装备有限公司探索建立了双创中长期激励机制，在孵化期结束后，根据孵化的内部双创项目转化的年收益，对项目团队核心骨干人员逐年进行奖励，或给予一次性奖励；另外不断完善创新容错机制，建立创新、创业项目重大风险评估制度，引导创新方向，为双创项目顺利进行提供制度保障。中国平煤神马集团高度重视奖励激励，坚持每年召开一次科技表彰大会，奖励力度和广度走在了全国煤炭行业的前列。许继集团建立了分层分级、逐级授权的激励责任体系，实行总额控制、分级管理的激励管控模式，对创新人才进行及时、有效的薪酬激励。宇通客车制定《宇通集团创业扶持政策》、《鼓励员工内部创业细则》和《科学技术进步奖励规定》等专项政策，为研发创新及企业创业提供资源和管理支持。上述企业双创基地所采取的激励机制极大地调动了广大科研人员创新的积极性和主动性。

二 优化高层次创新人才发展环境

高层次创新人才是企业双创基地人才队伍建设的重要组成部分，在加快产业优化升级、提高产业竞争力、推动技术创新和科技成果转化等方面发挥着不可替代的重要作用。近年来，河南省委、省政府高度关注和重视高层次创新人才队伍建设，先后制定了《河南省科技创新人才计划管理办法》《河南省高层次创新型科技人才队伍建设工程（2011—2020）实施方案》《河南省百千万知识产权人才工程实施方案》《关于建立海外留学人才来豫工作绿色通道的意见》《关于加快自主创新体系建设促进创新驱动发展的意见》等政策，为来河南省落户的高层次创新人才提供了政策保障。

目前，河南企业双创基地各类高层次创新型人才数量和结构都有了较大幅度的提升和改善，在企业双创基地建设中发挥了引导和带动作用。河南黄河旋风股份有限公司大力实施和落实省"百人计划""中原学者"等人才引进和培养工程。昊华骏化集团股份有限公司坚持引进与培育相结合，着力引进研发及管理等核心人才，吸引许多博士参与公司技术创新，聘请外部专家为本公司研发项目等重大决策进行咨询论证、出谋划策，强化了产业发展的智力支撑；公司先后被评为"全国博士后科研工作站"和"河南省优秀博士后科研工作站"。普莱柯生物工程股份有限公司引进高层次人才和团队，已成为集"产学研用"于一体的行业创新龙头企业。河南天海电器有限公司实行开放自主的用人机制，实行聘用制，采取竞争上岗，放眼国内外行业领域有针对性地引进国际高端人才，保持人员队伍的动态稳定和精干高效。中国平煤神马集团以全新理念加强人才队伍建设，培养了一批一流的科技带头人和科技创新团队，同时，对外招聘紧缺专业全日制博士研究生，选拔技术专家等。中航锂电有限公司以"每一个项目背后都有一批专家或科研院所支持"为技术依托，以"走出去、请进来"等多种形式，不断引进高层次人才和优化人员队伍结构。

三　搭建专业研发和产业化平台

研发和产业化平台作为科技创新和产业创新的重要组成部分，是科学研究和技术创新的基础，是区域和企业创新能力的集中体现。搭建专业研发和产业化平台是提升河南省企业双创基地科技创新和产业创新能力的重要举措，有助于提高企业研发效率、降低开发成本，有效实现技术共享，满足全球化市场差异化需求。

目前，河南企业双创基地围绕企业转型升级方向，建设双创支撑平台，加速释放创新潜能，带动上下游共同发展，建成以产业链协同创新为支撑、推动企业实现战略转型发展的双创基地。昊华骏化集团股份有限公司依托国家级企业技术中心和博士后科研工作站等资源优势持续开展科研攻关，成立10余个研究所作为创新平台，以股份公司和顺达公司为孵化载体，积极调动全员创业创新。汉威科技集团股份有限公司把已有的国家级企业技术中心、省级工程研究中心、省级工程技术研究中心、院士工作站和博士后工作站等创新平台及汉威传感器智能制造产业化平台，打造成为初创企业研发、实验、中试等所需的开放共享平台。普莱柯生物工程股份有限公司通过加强对孵化载体和创新服务平台的软硬件建设，使得孵化企业和项目数量不断增加，提升了三个国家级研发平台的创新能力和对外服务水平，已成为集"产学研用"于一体的行业创新龙头企业。河南科隆集团有限公司在各子公司设有创客工作室、开放式的实验室、自动化中试生产线，形成了涵盖"创业交流＋创业培训＋创业孵化＋公共服务＋专业服务"的创业服务生态链。中国平煤神马集团依托公司软件与信息技术服务、通信技术专业背景与实力，通过集聚并服务于创客、中小微企业，打造众创空间，现已成为平顶山唯一一家集"创客空间＋创新平台＋创孵基金＋产业资源"为一体的全链式软件与信息技术服务业众创空间。河南天海电器有限公司不断加快推进公共服务平台建设，先后被政府部门批准为"河南天海创新方法研究中心""国家级知识产权示范企业""河南省院士工作站""河南省专利导航试点企业""河南省优秀博士后科研工作站""鹤壁市电子产业集团"等多个公共服务平台。洛阳双瑞特种装备有限公司非常重视平台建设工作，从成立之初就建有企业技术中心，先后被评为"省级企业技术中心""河南省工程实验室""洛阳国家高新技术开发区博士后科研工作分站""国家级企业技术中心"等多个研发平台。瑞贝卡公司建立了"国家级企业技术中心""河南省发制品工程技术研究中心""许昌市发制品行业生产力促进中心"等集研发、试验、培训、服务于一体的专业化创新平台，为行业发展提供技术支持。宇通客车先后建立了行业内首家"博士后科研工作站"、"河南省清洁能源客车技术重点实验室"、省市两级"院士工作站"等多个创新平台资源。中航锂电有限公司先后建成"大容量锂电池院士工作站""博士后科研工作站""河南省节能与新能源重点实验室"等研发创新平台。中国一拖集团有限公司拥有"博士后工作站""拖拉机动力系统国家重点实验室""高新技术企业""国家企业技术中心""河南省农业装备工程技术研究中心"等创新平台。

四　积极开展产学研合作

产学研结合是科研、教育、生产与不同社会分工在功能和资源优势上的协调与整合，是技术创新的上、中、下层联系与耦合。随着高校科研院所自主创新能力的提高，以企业、科研院所和高等学校之间合作为主体的产学研合作模式逐渐成为引导科技创新转型升级的重要力量之一。高校科研院所和企业之间建立有效的产学研合作机制，可以有效整合科研资源，达到"$1+1+1>3$"的效果。

河南一大批企业双创基地通过产学研合作方式，不断创新模式和机制，加速科技成果转化，它们在提高品牌质量、推进重大科技成果转化方面起到了示范作用。昊华骏化集团股份有限公司积极探索产学研一体协同创新发展，通过与郑州大学、江南大学等单位合作，构建了产科教协同创新网络，先后被评为"全国博士后科研工作站"和"河南省优秀博士后科研工作站"。河南天海电器有限公司与国内吉林大学、浙江大学、西安交大等知名高校以及北京亿维讯公司等机构建立了合作关系，促进了科技成果的转化。洛阳双瑞特种装备有限公司与寰球工程公司、铁道科学研究院、铁道专业设计院、大桥设计院、同济大学、清华大学、大连理工大学、东北大学、北京科技大学等积极开展产学研用项目战略合作。河南黄河旋风股份有限公司积极与吉林大学、河南工业大学、郑州磨料磨具磨削研究所等签订战略合作研发协议，加大产学研一体化协同创新。中国平煤神马集团先后与浙江大学、郑州大学、中国矿业大学、辽宁工程技术大学、中科院等高校和科研院所签订合作协议加强产学研合作，建立了多层次的科技研发平台，促进科技成果向现实生产力转化。南阳二机石油装备集团股份有限公司重点建设了新产品新业务孵化中心、众创实验与验证平台和众创成果孵化平台，为企业员工和社会创客创新创业提供支撑。许继集团与清华大学、中国电科院、西门子、ABB等国内知名高校、科研院所和国际知名企业搭建合作平台，建立常态合作机制，推动科研和产业单位的深化协作。瑞贝卡公司与天津工业大学、绍兴中纺院江南分院、东华大学等高校和科研院所合作，积极开发、引进新技术和推广新产品。宇通客车公司与清华大学、北京理工大学、吉林大学等国内知名高校和科研院所建立产学研合作关系，集成优势科技资源。洛阳双瑞特种装备有限公司与北京科技大学、北京化工大学、河南科技大学等高校和科研机构积极开展产学研用项目合作，不断提升研发水平和创新能力。

第二节　企业双创基地建设升级存在的问题

从河南省企业双创基地建设的情况来看，尽管基地在实践中均做出了积极有效的探索，但在发展中也面临一些突出问题。主要表现在以下几个方面。

一 激励机制类型比较单一

从企业双创基地激励机制的类型来看，目前主要的激励机制包括物质货币的激励机制、荣誉的激励机制。在这些激励机制中占主导的就是物质货币的激励机制，从某种程度上这种激励机制难以充分调动起与科研开发相关的专利产品的激励。目前我国的研究多集中在科研院所和实验室，研究成果只能通过技术交易平台来实现转化，但是有的专业人员不想转让，而是想直接成立公司和企业来从事生产，或者以股份形式投入到其他企业生产中。但现实中由于没有相应的股权激励，最终就会导致科研成果难以转化为生产力。所以从目前的发展来看，我们必须设定各种类型的激励机制，来解决激励机制单一所带来的问题。

二 创新型专业人才不足

企业双创基地的人才建设是决定其发展成效的关键因素，也是决定河南省企业创新能力强弱的关键一环。然而，创新型人才的"先天不足"与"营养不良"已成为制约河南企业双创基地持续发展的重要因素。一是高层次创新型人才严重缺乏，支持创新人才的社会环境还需完善，人才流失相对也比较严重。二是引进人才力度稍显不足。从近些年看，河南省虽然也在积极探索感情留人、待遇留人、机制留人的体制机制，但是由于对人才引进的重视程度不够，一些地方出现了政策落实不及时、资金承诺不到位的状况。三是全省高等教育资源短缺。河南在高等教育建设方面是教育大省，但不是教育强省，全省只有郑州大学一所 211 工程建设高校。虽然郑州大学和河南大学入选一流学科高校，但是从发展来看，明显还有很大不足。此外，河南省高校在地域上较为分散，难以形成聚合效应，导致人才培育层次低，陷入多而不强的尴尬境地。创新型专业人才的不足，导致了河南省只能是创新大省而非创新强省，同时也影响到河南省企业双创基地向更深阶段、更富竞争力阶段发展。

三 产学研合作还不够紧密

虽然部分企业双创基地已经形成了与高校科研院所的合作，促进了技术与市场的结合，但是部分企业与高校科研院所建立的产学研合作关系在技术上有时会出现一定的脱节。产学研合作的基本模式有两种：一是企业向高校科研院所提出技术要求，科研人员解决技术问题，企业支付一定的费用；二是高校取得的科技成果以专利的形式转让给企业，由企业缴纳转让费。从企业的角度出发，希望高校科研院所提供的技术或成果能够在没有任何技术改进或技术路线调整的情况下投入使用。而长期以来，高校和科研院所擅长基础技术和一般技术研究，在工艺路线、设备选型、能耗处理等方面与企业结合的研究较少，其科研成果不能直接用于企业，需要根据企业实际情况进行改进和调整。然而，企业受到研发资金和人才等各种因素的影响，导致成果转化率较低，造成了资源的浪费。

四 创业服务平台的服务能力有待提升

目前河南省企业双创基地创业服务平台存在发展和创新动力严重不足的问题，主要表现在有些科技孵化器、众创空间等载体往往只是提供简单的场地服务和物业服务，在一定程度上变成了商业地产项目；另外部分众创空间等新型孵化器建设追求"高大上"，重硬件建设、轻软件保障，管理机制不够完善，载体使用效率有待提高；鉴于目前创业孵化平台的商业模式尚未完全成型，创业孵化成功率不高等因素制约，导致创业孵化平台盈利能力较弱，运营经费紧张，很难提供特色化服务和高层次科技服务，致使河南企业双创基地创业孵化平台可持续发展能力弱。因此，创新创业服务载体内生动力不足这一现状制约了河南企业双创基地创业孵化平台的综合服务能力和可持续发展能力。

第三节　深入推进企业双创基地升级的建议

针对河南省企业双创基地建设中存在的问题，企业要创新思路、多措并举，不断提升双创基地的建设能力，把双创基地打造成人才的乐土、创新的沃土、创业的热土，以进一步深入推进企业双创基地建设的发展。

一　进一步完善创新创业的激励机制和"容错纠错"机制

（一）研究和探索设立股份化的创新创业激励机制

鼓励企业或者个人根据自己的知识产权或货币来具体参与到这种创业过程中。政府应该鼓励企业给予这部分人以股份来实现它的投资价值，政府应该通过股份创新创业激励机制并把这种规定给予明确化和清晰化。同时除股份化激励机制以外，就是在社会中经常会出现合伙的创新创业，对于这些人也应该建立专门的合伙创新创业激励机制，鼓励多人参与的共同创新创业的激励机制。

（二）企业设置更加灵活的研发奖励机制

企业应该针对重大的科研成果对研发人员予以更加高额的奖励，充分和有效地调动研发人员的研发能力，为企业的创新创业生态注入更强的活力。

（三）加大对知识产权的保护力度

加强国内知识产权的保护，提高知识产权经济效益，实施知识产权股权以及期权的创新激励政策，以便专利人在知识产权转让时保证科学技术人员有一定的股份分成。实现企业创新性项目和知识产品保护有效结合，有效促进企业的知识产权经济发展。

（四）完善科技成果转化激励机制

进一步强化尊重知识、尊重创新的价值分配导向，提高科研人员成果转化收益比例，探索企业通过股权、期权、分红等激励方式，将企业发展与全员创新捆绑在一起，调动科研人员创新积极性。

（五）建立和完善"容错纠错"机制

企业要在创新创业的过程中宽容"探索性失误"，既鼓励创新、表扬先进，也允许试错、宽容失败，让员工卸下思想包袱，敢想、敢做，从而推动企业形成想创新、敢创业、善总结的良好风尚。

二 进一步提升高层次创新型人才队伍建设水平

（一）充分发挥企业在高层次创新型人才培养中的核心作用

企业既是科技创新的主体，也是高层次创新型人才培养的主体，创新型人才培养与企业发展相互促进、相辅相成。政府要加大对企业创新人才培养的支持力度，并根据企业类型、规模和实力，给予目标性强的帮助和指导。

（二）鼓励企业设立创新型人才专项基金，提高人才投入标准

企业特别是在引进创新领军人才、重点产业重点领域急需高层次创新型人才时，要提供有竞争力的薪酬待遇。政府要将人才专项资金进行专门的绩效评价，并对其进行跟踪管理和监督检查，确保专款专用，提升资金使用效率。

（三）要坚持"区外引进"和"本土培育"双轨并进

要鼓励郑州大学、河南大学等省内一流大学围绕高层次创新型人才培养目标，从完善学科建设、改进专业设置和提高科研创新等方面着手，提升人才培养能力和办学水平。另外，要积极主动出击，拓展人才引进渠

道，改变坐等人才上门的老观念。畅通人才信息渠道，加强与海外高端人才的联系，积极开展与国内重点高校、科研院所的合作，建立人才共享机制。通过召开人才专题大会、推介会、座谈会等形式，宣传河南的人才政策和创新创业环境，吸引海内外高层次创新人才来河南工作。

（四）营造尊重人才、爱惜人才、人尽其才的环境

政府要加大对引进的国内外创新创业人才的支持力度，解决创新人才在住房、落户、家属随迁、子女入学、配偶就业等方面的后顾之忧，满足各类人才的需求，切实解决人才的"痛点"问题；逐步解决与减小企业与事业单位的五险一金、各种福利发放等方面的差距，消减人事身份的鸿沟，使到企业工作的高层次科技创新人才能安心地工作，保障企业产品研发工作顺利进行，实现企业的快速发展。

（五）职称评审方面建立以能力和成果为导向的科学评价体系

改变在选拔评价时的学历、职称等人为障碍，以论文数量、获奖情况为评判标准的现象，建立以能力和成果为导向的科学评价体系。在选拔和评价高层次创新人才的过程中，强调学术导向，减少非学术因素的影响，更好地发掘和培养高层次创新人才。

三　深入推进与高校科研院所的产学研合作

（一）充分发挥"双创基地"的桥梁和纽带作用，加强产学研的深度融合

高校提供设备场所并配备相关的办公设施，企业提供软硬件设备，以此为基础，创建相关的创新创业平台。主要面向针对重大科技问题，开展应用技术研究，以形成自主核心技术和发明专利，培养新兴产业，支撑传统产业提升。同时研发有市场前景的新产品、新技术、新材料、新工艺，

解决企业发展面临的瓶颈问题，实现新发展。

（二）明确建设重点，推动企业研发平台提质增效

选择引导有一定规模、科研基础较好、研发团队稳定的企业新建重点实验室等研发机构，明确建设方向、建设目标，推进关键技术、共性技术攻关；加快重点企业技术中心和研发机构的申报创建工作，助力主导产业优化升级；着力加强重点企业研发平台建设工作，重点支持企业组建国家级、省级科研平台，形成有影响的创新研发成果。

（三）深化科技服务，健全完善社会协同创新体系

深入开展"企业院校行""院校企业行"活动，充分发挥网上技术交易平台作用，及时将本地产业需求与院所科研成果对接；加大对科技服务业的政策扶持力度，提升科技服务专业化水平；发挥科技贷款的积极作用，缓解科技企业创新活动资金不足的压力；遴选优质科创企业，引导科创企业启动企业上市工作或引入风投基金，促进技术研发、科技成果产业化活动的开展。

四　提升"创新创业服务平台"的能力

企业双创基地要通过创新创业服务平台建设，进一步降低创业成本，实现员工和企业的共同成长。加大企业的创新力度，以创新项目为牵引，聚焦企业发展过程中的"痛点"，发挥创新人才的冲关带动作用，汇聚众智，变"痛点"为"甜点"，让创新成为企业的一种自觉。

整合企业相关资源，建设以信息服务体系为支撑，共享机制为保障的创新创业服务平台，实现资源整合、便利服务，积极为各类双创团队等创新主体提供优质、高效的服务。按照"整合、共享、提升、服务"的平台建设方针，提供技术创新一站式服务，包括融资、技术评估、法律、专利申请等服务。营造科技资源与科技企业有效对接，探索新的管理和运行模式，形成适应科技创新需求和产业发展需要的双创服务体系。

第十二章
河南省打造双创"升级版"的探索

双创升级版以新发展理念为引领，以动能转换、效率提升为根本宗旨，以推进供给侧结构性改革为主线，以科技创新为基础支撑，以深化改革为核心动力，以人才资源为第一要素，从政策体系、环境氛围、金融支撑、平台载体等层面，通过对传统双创模式进行优化升级，推动创新创业资源要素集聚共享，实现创新创业与实体经济发展协同融合，制度创新与技术创新有机结合，加快新技术、新产品、新业态、新模式培育，促进产业结构优化升级，实现经济高质量和高效率发展的目标。当前，河南打造双创升级版是推动高质量发展的内在要求，是建设现代经济体系的必然选择，是培育发展新动能的必由之路。要明确打造双创升级版的重大意义，夯实打造双创升级版的决心和定力，从政策、制度、人才、金融等领域入手，推动河南双创服务效能显著提升，双创制度环境持续优化，进而带动新兴业态蓬勃发展，为河南经济高质量发展助力赋能。

第一节　构建双创升级版的协同政策，释放
双创升级版的政策红利

双创升级版在政策体系层面，更强调政策间的相互协调耦合，进一步激发释放双创政策的红利。要把双创工作纳入各级政府目标管理范畴，建立奖惩制度，落实政府抓创新创业工作的第一责任，建立创新创业工作联席会议制度，努力形成上下沟通、左右联动的打造双创升级版工作长效机

制，完善扶持政策体系，释放政策红利，着力破解政策"天花板"效应，构建管用、好用的创新创业扶持政策体系，激发双创政策的协同红利。

一 继续加大政策落实力度

发挥统筹规划和政策协调作用，全力做好扶持双创主体健康发展工作，重点在抓政策落实上下功夫，真正打通政策落地的"最后一公里"，让没落地的政策尽快落地，让不完善的工作尽快完善，力争使政策发挥最大效用，让更多的双创主体受益。同时，及时跟踪掌握政策落实情况，结合实际不断完善，进一步细化具体措施，提高可操作性。加强政策落实的督促检查。加强重大政策措施的全面督查和专项督查，建立双创主体政策落实情况年度督促检查的长效机制。对那些停留在文件上没有执行和在执行过程中打折扣、变形的政策，认真分析找出原因，完善和强化抓落实的制度保障。同时，建立健全双创主体发展工作考核指标体系和考核办法，确保中央政令畅通。

二 做好双创政策评估与储备

发挥好第三方评估的作用，充分发挥协会、商会等社会中介组织的作用，对促进双创主体发展各项政策落实情况进行第三方评估，集中反映双创主体诉求，找出政策落实的薄弱点，提出意见建议，从而促进政策措施尽快落到实处、见到实效。形成双创主体政策落实情况第三方评估评价的制度，并深入推广实施。在此基础上，做好政策研究与储备，深入基层，加强调查研究，密切跟踪双创主体运行情况，及时发现并掌握苗头性、趋势性问题。同时，加强部门联动，形成合力，提升政策的系统性、协调性和延续性，做好应对风险和挑战的各项准备工作。

三 进一步加强双创政策宣传

通过电视、广播、报刊、网络等媒体，多渠道、多形式，深入、持久地宣传双创主体的重要地位和作用，宣传国家鼓励、支持双创主体发展的方针政策，积极营造全社会关心支持双创主体发展的舆论氛围。组建政策宣讲团，做好政策宣讲，通过"互联网＋政策宣传"，实现大众创新创业政策对青年和大学生创新创业者、大企业高管及连续创业者、科技人员创业者和留学归国创新创业人员等为代表的创新创业主体的全覆盖。同时，通过中小企业公共服务平台网络等各类载体，开展政策咨询等服务，为广大双创主体享受政策提供通道和平台。

第二节　推动双创升级版的要素融合，激发双创升级版的发展动力

打造双创升级版内在要求在区域范围内推动产业要素与创新要素的深度融合，应以提高创新要素集聚度、提升产业要素承载力、积极融入国内外创新高地、切实加大创新投入力度等为抓手，推动创新与产业要素融合，进而激发双创升级的持续动力。

一　围绕产业链布局创新链，提高创新要素集聚度

以提高创新要素集聚度，提升产业要素承载力为导向，立足区域产业要素与创新要素分布实际，围绕产业链部署创新链，以培育和推动战略性新兴产业为重点，以提升区域创新能力为抓手，促进区域创新要素和产业要素深度融合。一是加快建设双创支撑平台。以"众创、众包、众扶、众筹""四众"为抓手，大力推进双创平台建设，通过双创加速释放创新潜能，激发区域创新资源与产业要素融合的动能。二是推动产业链协同创新。围绕区域优势特色产业及战略性新兴产业，瞄准产业链关键共性技术，鼓励企业与大院大所、新型研发机构合作开展联合攻关，以技术创新带动产业链上下游企业发展。三是开放企业双创资源。鼓励区域内的龙头企业和核心企业，积极运用物联网、云计算、大数据信息平台技术，向企

业内部员工共享实验室、仪器设备、数据等资源,搭建技术咨询、融资服务等平台,鼓励员工在企业内部创新创业。四是优化创新资源配置。以产业链引导创新链,以创新链支撑产业链,推动构建产业新体系。围绕区域优势产业链,依托区域科技公共服务平台和区域引才引智工程,通过"技术转移+自主创新""骨干引领+协同创新""龙头带动+内部创业"的双创模式,优化布局创新链,促进产业链各环节创新能力提升。

二 构筑优势特色产业体系,提升产业要素承载力

围绕区域优势产业、战略性新兴产业,强化企业创新主体地位,加速工业化与信息化融合,构筑优势特色产业体系,提升产业对创新资源的承载力。一是加快培育壮大创新主体。以市场化为导向,强化企业作为创新发展的主体地位,鼓励建设成立各类新型研发机构,全面提升企业创新水平,着力形成以企业为主体的技术创新体系。二是引领提升优势产业。围绕高端引领、龙头带动,以产业链关键环节为突破口,以健全协作配套体系为重点,加快发展区域优势特色产业,并着力推动产业集群化发展。培育壮大战略性新兴产业。围绕开放创新,强化人才支撑,加强政策支持和规划引导,强化核心关键技术研发,加快技术转移转化,推动技术成果产业化,培育壮大战略性新兴产业,打造区域工业经济新的增长极。三是支撑发展特色产业。以提质增效为方向,以技术改造为抓手,延伸产业链条,提高精深加工度,支持现有优势企业增强新产品开发能力,加快推进传统产业转型升级。四是实施"互联网+"行动计划。实施"互联网+协同制造"行动,开展工业云及工业大数据创新应用试点,支持制造业云平台建设,提供开放共享的数据挖掘分析、个性化定制和精准营销等大数据应用服务。

三 以开放式创新为导向,积极融入国内外创新高地

区域推动创新要素与产业要素深度融合,需要充分推进开放式创新,

立足区域创新资源和产业要素现状，秉承"不求所有，但求所用"理念，着力推动区域产业要素与区外高端创新资源对接合作，积极主动融入开放式创新网络。立足区域经济社会发展的重大需求，扩大科技创新领域对外合作，打造更加开放的创新环境，不断拓展区域间创新合作的领域和范围，提升合作的层次和水平，形成"全方位、多层次、广领域、高水平"的开放式创新合作局面，加快促进科技创新资源向区域集聚，探索科技资源相对匮乏地区实现创新跨越发展的新模式。多策并用，大力推进开放式创新。坚持以引进来和走出去为主要途径，推动国内外一流高校、大院大所、创新型企业、新型研发机构等创新主体在区域设立或共建研发机构、技术转移机构，强化产学研合作，建设高校科技创新园区；培育国际联合研究中心等合作平台，打造开放合作新高地；刚性、柔性相结合，大力引进高层次人才；积极争取区外技术成果在区内落地转化。

四　以区域产学研合作平台为载体，推动创新与产业要素融合

依托区域内优势产业和骨干企业，以市场化运作为导向，围绕区域内产业核心技术需求和技术瓶颈，以开放式创新为主导模式，通过与区域内外的高校、科研院所、新型研发主体等展开合作，建立以利益为纽带，网络化协同合作的产业技术创新战略联盟，依托此平台推动区域创新资源与产业要素深度融合。大力鼓励和引导区域内科技服务业发展，积极打造各类科技服务平台，促进创新要素与产业要素融合。依托区域内各类技术转移机构、科技金融机构、技术交易人才培训机构等市场主体，成立区域科技服务业联盟，依托该联盟，以搭建技术转移转化综合平台、培育科技金融示范机构和技术转移示范机构、发展科技服务中介机构、加强技术转移人才队伍建设、制定并落实技术交易奖补政策为抓手，构建集政策、机构、队伍、服务为一体的技术转移转化体系，加快重大科研成果在区域内转化。

五 以调整科技投入方向结构为重点，切实加大创新投入力度

围绕区域产业发展重大技术需求，加大创新投入力度，促进创新要素与产业要素融合。加强全社会对科技创新的投入。出台相关政策鼓励和引导企业加大创新投入，形成以市场化为导向，以企业投入为主体的创新投入体制机制。构建社会化创新投入机制，以创新基金、风险基金等形式为主，落实相关政策，引导社会资金进入创新领域，进一步完善多渠道全方位的科技投入机制。聚焦科技资金投入领域，围绕区域优势产业和战略性新兴产业，加强各类资金的针对性，瞄准关键技术和行业瓶颈技术有针对性地投入，提升科技资金投入的产出效果。积极创造条件，建立和完善创业投资机制。在政府的引导下，鼓励民间建立贷款担保机构，形成多元化的投资主体，培育、扶持科技型中小企业成长。鼓励建立和完善信用体系，积极探索用专利、商标等无形资产作为担保和政府财政科技投入与金融机构及企业共同投入、共担风险、共享利益的科技投入机制，探索和拓展"科技保、科技贷"等新型科技投入模式，以加大科技投入的金融支持力度。

第三节 优化双创升级版的平台载体，释放
双创升级版的发展动能

双创升级版意味着在现有的双创载体平台基础上，进一步深挖潜力，充分激发释放各类创新资源的新动能。双创服务平台涵盖了创新创业孵化、加速、众创空间等物理空间载体，是区域双创生态系统的重要组成部分，提升孵化机构和众创空间服务水平是打造双创升级版的重要抓手。应从市场定位、运营策略、服务功能、组织形态等层面，推动河南孵化机构等双创平台载体向专业化、品牌化、多元化、联盟化升级，释放双创升级版的发展动能。

一 市场定位：由非专业向专业化升级

提升河南孵化机构和众创空间服务水平，需要各类孵化机构在市场定位上从传统的规模化增长向专业化、特色化、深化与产业结合转变，快速自我迭代，为促进双创高质量发展提供新动力。针对当前科技孵化器和众创空间在市场化运营过程中面临的盈利模式单一的困境，要推动传统孵化器和众创空间等孵化载体向专业化升级，在根本上需要遏制孵化器等双创载体房地产化的倾向，按照"投资主体多元化、创业服务专业化、运行机制市场化"原则，积极探索将创业投资、创业指导等高端增值服务与传统孵化服务相结合的专业化孵化服务，探索多元化盈利模式，破解孵化器盈利模式单一的困境，推动科技孵化器在角色上实现由传统的依赖租金收入的"二房东"向为双创主体提供专业化服务的"服务员"转变。

二 运营策略：由同质化向差异化升级

孵化器及众创空间等孵化载体作为一种平台化的创业服务机构，在市场化运营机制下，既是服务者，同时也是创业者，面对市场竞争中的优胜劣汰机制，需要避免服务的同质化，积极探索差异化策略，走主体式、精品化、专业化、特色化的发展道路，实现自身良性运转，努力迈向高质量发展。在运营策略上，应推动孵化机构与区域产业结合，向特色孵化器升级。针对当前科技孵化器和众创空间在提供孵化服务过程中，面临的在孵企业所涉及的行业相对较为分散，孵化器所提供的创新资源难以满足众多行业需求的现状，孵化器需要重新定位服务领域，应有针对性选择区域优势产业并以此为依托，针对某个行业领域，探索企业平台型、"天使＋孵化"型、开放空间型、媒体依托型、垂直产业型和跨国合作型等新型孵化器模式，推动创新资源与产业资源融合，为双创主体提供小众化、专业化的创新创业孵化服务。

三 服务模式：由单一化向多元化升级

当前，尽管河南在双创孵化服务模式上经过不断创新，已经初步形成以"创业苗圃＋孵化器＋加速器＋产业园区"为特征的链条模式和以"专业化＋产业链＋战略投资"为特色的双加运营模式，在一定程度上促进了双创的健康快速发展，但是由于创新创业主体在市场运营中面临着"多元化、复杂化、不确定性"的环境，其对双创服务模式的需求越发呈现多元化的趋势。鉴于此，河南双创孵化应根据市场主体多元化的需求，积极探索"创业教育导师＋持股孵化""天使投资＋创新产品""母公司＋产业链""全托式""预孵化""体验式"等孵化服务模式，有效提升孵化机构的服务水平、创业成功率和可持续发展能力。

四 组织形态：由分散化向联盟化升级

孵化机构和众创空间等孵化载体属于科技服务业范畴，目前河南孵化载体产业尽管具备了一定的产业规模，但是在产业布局方面呈现出空间离散化的特征，在产业组织形态方面呈现出组织分散化的特征。具体表现为，在区域内部，各类孵化载体空间布局分散，相互间资源、信息等交流沟通不畅，整个产业呈现出集聚程度不高的特征。鉴于此，要提升河南孵化机构和众创空间的服务水平和效率，从产业布局上，要推动科技孵化产业由分散化向集聚化、联盟化升级。条件允许的地区可以考虑在产业布局上谋划科技孵化产业园，构建科技孵化机构创新发展联盟，推动河南孵化机构和众创空间等孵化载体逐步实现资源共享、信息共享、模式共建、抱团发展。

第四节 加强双创升级版的人才支撑，保障双创升级版的持续后劲

打造双创升级版，引才育才聚才是关键。以推动人才发展体制机制改

革为重点，推进各项人才队伍建设，实现人才队伍高端化、人才配置市场化，以保障河南打造双创升级版的持续后劲。

一　壮大创新创业群体队伍

推动有梦想、有意愿、有能力的科技人员、大中专毕业生、农民工、退役军人等各类创新创业主体不断创办新企业，开发新产品。引导大中型企业建设"大工匠"工作室等创新创业平台，壮大一批创新型企业家、首席技术专家、"大工匠"和工人创客团队。制定各类激励政策，培育一批创客和极客。强化创新创业教育培训，完善创新人才和产业技能人才二元支撑的人才培养体系。扩大高校和科研院所自主权，赋予科技人才更大创新创业空间。深化开放合作，积极引进一批具有国际视野和拥有国际领先成果的高层次领军人才来豫孵化和创办企业。大力支持豫籍企业家返乡创业。

二　强化高端人才引进

围绕新材料、新能源、现代生物、现代物流、现代金融、电子信息等重点领域、优势产业、重点项目和重点学科的实际需要，面向国内外加快引进一批包括科技部创新人才、河南省"百人计划"、优秀大学毕业生等在内的高层次创新创业团队、创新创业人才、综合性管理人才。重点关注国内外一流科研机构以及在重点优势产业等领域有突出成就的研发机构，探索建立战略合作关系，推动人才联合培养。实施创新创业培育系列工程，加强民营企业经营者培训，探索建立一批由大专院校、行业组织、知名企业和网络媒体等共同参与的经营者素质提升培训基地；围绕新兴产业发展需要，加快互联网、电商、文化创意等产业人才的培养。深入实施高技能人才培训补助计划，对列入培训补助计划的项目给予全额资助；对现有人才经培养成长为高层次人才，并符合相关条件规定的，享受引进人才的同等待遇。

三　健全职业教育培训体系

通过政府购买服务等方式，更多促进社会力量参与，形成多元化的职业教育发展格局，建成区域性高技能实用人才集聚中心和交流中心。推动高等院校在园区开展职业教育和技能培训，为园区产业发展输送专业技术人才和职业技术工人；结合产业发展需求，探索与高等院校联合办学的人才培养模式，联合龙头企业制定产业人才培训方案，加强专业化、技能型人才的培养力度。建设一批高校与企业合作实训基地，以促进就业为导向，以服务为宗旨，以提升创业实践能力为目的，以岗位训练为手段，加快建设一批集学习、实训、就业于一体，产学研相结合的企业实训基地。以重点行业为依托，发挥行业覆盖面广、吸纳能力强的优势，在智能软件、检测量仪、生物医药、新材料、电子信息、装备制造等行业，建设一批具有行业特点、专业性强的企业实训基地。以产业集群为依托，发挥产业集群聚集度高、综合实力强的优势，重点建设一批具有地方特色、区域性强的企业实训基地；以大企业为依托，发挥大企业、大集团基础设施好、辐射能力强的优势，重点建设一批具有骨干作用、示范性强的企业实训基地。充分利用数字化虚拟现实等现代信息技术，探索建立模拟公司、信息化创业实训平台等虚拟基地。

四　大力引进创业导师团队

实施创业导师行动计划，与国内外专业院校及教育培训机构合作，大力引进一批有资源、有渠道、精于业务的创业导师团队。建立创业导师库，吸纳有实践经验的知名企业家、职业经理人、知名校友、天使投资人、专家学者等成为创业导师，以多对一、一对多、多对多、一对一的灵活方式，为创业者提供专业的技术项目评价论证、创业投资、股权融资、知识产权质押、信用担保、并购、上市等服务。引导省内外职业院校、民办职业院校与企业签订校企合作协议，开展订单培养、定向培养、委托代培等多种培养方式。支持各类创业服务载体聘请企业家、天使投资人、专家学者担任创业导师，对有创业意愿的大学毕业生、返乡农民工等处于创业初期的创业者提供创业指导和培训。

第五节　强化双创升级版的金融支撑，确保
双创升级版的发展活力

系统性的金融支撑是打造双创升级版的重要保障，需进一步强化财税政策支持，加强资本市场支持，完善科技金融支撑，推进园区信用体系建设，为双创升级版注入持续的发展活力。

一　强化财税政策和创业扶持

建立健全财政科技投入稳定增长机制。认真落实《中华人民共和国科学技术进步法》的要求，建立完善财政科技投入的稳定增长机制。省、市、县三级政府都要增加财政投入，把科技投入列入公共财政的支出重点，积极争取中央财政对河南省科技的资金支持，提高经费使用效能。优化财政科技投入方式。加快推进科技计划和科技经费管理制度改革，完善稳定支持和竞争性支持相协调的机制。综合运用无偿资助、后补助、政府采购、风险补偿、股权投资等多种投入方式，使各类创新活动和创新链的各个环节都能得到政府资金的支持，带动社会资源向创新链的各个环节聚集，形成与创新链紧密关联的资金链。

二　加强资本市场支持

发挥金融创新对技术创新的助推作用。推进财政资金的基金化和资本化，引导支持金融机构实施产品和服务创新。加快发展天使投资、风险投资等创业投资，培育壮大创业投资和多层次资本市场，完善科技和金融结合机制，形成各类金融工具协同支持创新创业的良好局面。设立郑洛新自

主创新示范区科技成果转化引导基金,通过省市联动,采取子基金的方式逐步设立种子基金、天使投资、创业投资等基金,通过跟进投资、风险补偿、直接投资等方式,引导创投机构对科技型中小企业开展股权投资。设立重点产业知识产权运营基金,以市场化方式推进知识产权运营工作。积极争取国家中小企业发展基金、国家科技成果转化引导基金、国家新兴产业创业投资引导基金的支持,发挥省股权投资引导基金的作用,促进科技型中小企业、高新技术企业发展。完善外商投资创业、投资企业政策,鼓励境外资本投向创新领域。探索多元化的融资渠道和业务模式,引导企业积极尝试 P2P、股权众筹等互联网金融模式,推动本地科技企业降低融资成本,并运营新兴模式迅速获得融资和市场推广。支持商业银行结合科技型中小企业融资特点开展应收账款质押、知识产权质押贷款、期权贷款等新型业务,针对企业生命周期不同阶段制定实施"起飞计划"和"腾飞计划"。大力推动行业协会、商会和龙头企业牵头组建会员制互保式的担保机构,探索信誉担保联盟融资模式,建立健全小企业贷款风险补偿机制。

三 推动科技金融产品和服务创新

支持符合条件的创业企业上市或发行票据融资,并鼓励创业企业通过债券市场筹集资金。积极研究尚未盈利的互联网和高新技术企业到创业板发行上市制度,推动在上海证券交易所建立战略新兴产业板。加快推进全国中小企业股份转让系统向创业板转板试点。研究解决特殊股权结构类创业企业在境内上市的制度性障碍,完善资本市场规则。规范发展服务于中小微企业的区域性股权市场,推动建立工商登记部门与区域性股权市场的股权登记对接机制,支持股权质押融资。支持符合条件的发行主体发行小微企业增信集合债等企业债券创新品种。鼓励银行业金融机构向创业企业提供结算、融资、理财、咨询等一站式系统化的金融服务。丰富创业融资新模式。支持互联网金融发展,引导和鼓励众筹融资平台规范发展,开展公开、小额股权众筹融资试点,加强风险控制和规范管理。丰富完善创业担保贷款政策。支持保险资金参与创业创新，发展相互保险等新业务。完善知识产权估值、质押和流转体系，依法合规推动知识产权质押融资、专利许可费收益权证券化、专利保险等服务常态化、规模化发展，支持知识产权金融发展。

四　推进园区信用体系建设

探索建立中小企业信用体系建设长效机制，推动高新区社会信用体系建设，创建中小企业信用体系试验区。重点发展商业信用体系，建设市场主体信用记录和联合征信系统，建立守信激励机制和失信惩戒机制，协助建立信贷征信体系和金融业统一征信平台。着力推进中小企业信用制度建设，为企业成员和社会公众查询信用信息搭建网络平台，实现各部门和社会各主体信用信息的在线交换共享。充分利用信贷、纳税、合同履约、产品质量的信用记录，改善地方信用环境。培育和发展信用服务机构，依法自主收集、整理、加工、提供信用信息，并嵌入区域和国家信用体系。

第六节　营造双创升级版的良好环境，促进双创升级过程凝心聚力

良好的双创环境关系到打造双创升级版的成效，需进一步营造优良的环境氛围，为打造双创升级版保驾护航。

一　努力培育创新创业文化

坚持解放思想、实事求是、与时俱进，在全社会培育创新意识，倡导创新精神，完善创新机制，大力倡导敢于创新、勇于竞争和宽容失败的精神，努力营造鼓励创新、支持创业的有利条件，营造创新创业良好宽松环境。围绕"大众创业万众创新活动周"，组织开展中国创新创业大赛暨"河南省科技创业雏鹰大赛"，加强政策宣传，展示创新成果。加大创新创

业宣传力度，普及双创知识，推广成功经验，加快形成人人崇尚创新、人人希望创新、人人皆可创新的社会氛围。鼓励孵化载体、社会机构举办各类创新创业培训，支持科技企业孵化器、众创空间、有关高校、企业等举办各种创业大赛、投资路演、创业沙龙、创业讲堂、创业训练营等创新创业活动，营造人人支持创业、人人推动创新的创业文化氛围。

二 营造良好的双创社会氛围

一是强化创业创新素质教育。切实加强学习培训，使广大党员干部进一步提升对双创的认识，以认识到位推动"双创"工作有新举措新成效；鼓励中小学生开展小发明、小创造，培养创新实践能力。在大中专院校普遍开设创业创新课程，每学年不少于 36 课时，并纳入学分管理。二是加强科学技术普及。科学普及是传播创新文化的重要渠道，并为创新文化的形成和发展奠定基础。创新文化是科学普及的重要内容和高层次目标，可以提供丰富的科学文化资源。在国家中长期科学和技术发展规划的战略研究中，"创新文化与科学普及研究"首次被列为一个独立专题，明确指出了科技人员的职责除了要搞创新，还要进行科普，要夯实创新文化的土壤，提高全民科学素质，形成有利于科技创新的社会氛围。三是营造鼓励创新、宽容失败的社会氛围。通过公益讲坛、创业论坛、创业培训等形式多样的活动，打造创新文化，努力营造鼓励创新、宽容失败的社会氛围。四是加大双创宣传力度。大力弘扬"华夏"文化，广泛宣传创业创新政策、服务举措、经验做法以及典型人物和典型企业，发挥舆论的引领作用，让现有的双创主体增强信心、用好政策，让潜在的双创主体有榜样学习、有经验借鉴，培育创业创新精神。

三 优化企业家成长环境

发挥企业家在创新创业中的重要作用，壮大企业家队伍，大力倡导企业家精神。树立创新光荣、创新致富的社会导向，发挥企业家在创新创业中的重要作用，壮大企业家队伍，大力倡导企业家精神。依法保护企业家的创新收益和财产权，培养造就一大批勇于创新、敢于冒险的创新型企业家，建设专业化、市场化、国际化的职业经理人队伍。完善创新型企业家、高技能人才培养模式和评价机制，实行积极的政策激励措施，将其纳入省优秀专家、享受省政府特殊津贴等评选推荐范围。探索推行职业经理人制度，畅通现有国有企业经营管理人才与职业经理人身份转换通道，对市场化选聘的职业经理人实行市场化薪酬分配机制。实施创新型企业家培养计划，依托国内外高水平大学、跨国公司建设一批企业家培训基地，加大政府购买培训服务力度。邀请国内外知名企业家、专家、学者传递企业家精神，介绍管理经验，增强企业管理者驾驭市场和管理企业的能力。依法保护企业家财产权和创新收益，建立"亲""清"的新型政商关系，进一步营造尊重、关怀、宽容、支持企业家的社会文化环境。

四 着力优化双创人才环境

坚持高端引领、引用结合，优化人才环境。以更加开放的视野引进和使用人才与智力，把积极引进培育高层次人才作为提升人才总体水平的有效途径，充分发挥高层次人才在驱动转型发展中的引领支撑作用。充分发挥各类人才作用、促进创新发展作为人才引进的根本出发点，以用好用活人才、发挥人才最大价值为落脚点，鼓励支持高层次人才创新创业。加大典型创新创业的宣传力度，每年评选表彰一批创新创业先进典型，营造创业光荣、创新伟大的氛围，为创业者加油助威，增强全民创业意识和创新思维。构建高效的国际化服务体系，重点加强出入境、法律咨询、企业办事等涉外服务，全天候多语种的警务服务，多元化的生活休闲服务，全方位保障海外人才的工作生活需求。建立国际化的城市功能配套，能够提供国际学校和教育、良好的医疗设施和服务等，规划建设若干综合性的异国风情街区。鼓励举办社区地域文化节等一系列国际人文活动，以社区文化为凝聚力，营建高品质生活方式。

首批河南省双创基地名单

一　区域双创基地（18个）

郑州市经济技术开发区、郑州市高新技术产业开发区、郑州市金水科教园区、开封市城乡一体化示范区、洛阳市高新技术产业开发区、平顶山市高新技术产业开发区、安阳市城乡一体化示范区、鹤壁市商务中心区、新乡市高新技术产业开发区、新乡市化学与物理电源产业园区、濮阳市经济技术开发区、许昌市城乡一体化示范区、漯河市经济技术开发区、三门峡市高新技术产业开发区、商丘市高新技术产业开发区、信阳市高新技术产业开发区、驻马店市高新技术产业开发区、济源市高新技术产业开发区。

二　高校科研院所双创基地（12个）

郑州大学、河南农业大学、河南理工大学、河南科技大学、中原工学院、黄河科技学院、洛阳师范学院、周口师范学院、许昌学院、洛阳理工学院、黄淮学院、南阳理工学院。

三　企业双创基地（27个）

郑州宇通客车股份有限公司、中铁工程装备集团有限公司、中国一拖集团有限公司、许继集团有限公司、河南科隆集团有限公司、海马汽车有限公司、洛阳双瑞特种装备有限公司、卫华集团有限公司、南阳二机石油装备集团股份有限公司、河南中光学集团有限公司、中航光电科技股份有限公司、河南天海电器有限公司、河南汉威电子股份有限公司、鹤壁农信物联科技有限公司、河南黄河旋风股份有限公司、普莱柯生物工程股份有限公司、鲜易控股有限公司、河南永达食业集团、河南三高农牧股份有限公司、中国平煤神马能源化工集团有限责任公司、昊华骏化集团有限公司、中航锂电（洛阳）有限公司、河南瑞贝卡发制品股份有限公司、河南聆海整体家具有限公司、洛阳双瑞精铸钛业有限公司、中色科技有限公司、鹤壁国立光电科技股份有限公司。

国务院关于推动创新创业高质量发展打造
"双创"升级版的意见

国发〔2018〕32 号

各省、自治区、直辖市人民政府，国务院各部委、各直属机构：

创新是引领发展的第一动力，是建设现代化经济体系的战略支撑。近年来，大众创业万众创新持续向更大范围、更高层次和更深程度推进，创新创业与经济社会发展深度融合，对推动新旧动能转换和经济结构升级、扩大就业和改善民生、实现机会公平和社会纵向流动发挥了重要作用，为促进经济增长提供了有力支撑。当前，我国经济已由高速增长阶段转向高质量发展阶段，对推动大众创业万众创新提出了新的更高要求。为深入实施创新驱动发展战略，进一步激发市场活力和社会创造力，现就推动创新创业高质量发展、打造"双创"升级版提出以下意见。

一　总体要求

推进大众创业万众创新是深入实施创新驱动发展战略的重要支撑、深入推进供给侧结构性改革的重要途径。随着大众创业万众创新蓬勃发展，创新创业环境持续改善，创新创业主体日益多元，各类支撑平台不断丰富，创新创业社会氛围更加浓厚，创新创业理念日益深入人心，取得显著成效。但同时，还存在创新创业生态不够完善、科技成果转化机制尚不健全、大中小企业融通发展还不充分、创新创业国际合作不够深入以及部分政策落实不到位等问题。打造"双创"升级版，推动创新创业高质量发展，有利于进一步增强创业带动就业能力，有利于提升科技创新和产业发展活力，有利于创造优质供给和扩大有效需求，对增强经济发展内生动力具有重要意义。

（一）指导思想

以习近平新时代中国特色社会主义思想为指导，全面贯彻党的十九大和十九届二中、三中全会精神，坚持新发展理念，坚持以供给侧结构性改革为主线，按照高质量发展要求，深入实施创新驱动发展战略，通过打造"双创"升级版，进一步优化创新创业环境，大幅降低创新创业成本，提升创业带动就业能力，增强科技创新引领作用，提升支撑平台服务能力，推动形成线上线下结合、产学研用协同、大中小企业融合的创新创业格局，为加快培育发展新动能、实现更充分就业和经济高质量发展提供坚实保障。

（二）主要目标

——创新创业服务全面升级。创新创业资源共享平台更加完善，市场化、专业化众创空间功能不断拓展，创新创业服务平台能力显著提升，创业投资持续增长并更加关注早中期科技型企业，新兴创新创业服务业态日趋成熟。

——创业带动就业能力明显提升。培育更多充满活力、持续稳定经营的市场主体，直接创造更多就业岗位，带动关联产业就业岗位增加，促进就业机会公平和社会纵向流动，实现创新、创业、就业的良性循环。

——科技成果转化应用能力显著增强。科技型创业加快发展，产学研用更加协同，科技创新与传统产业转型升级结合更加紧密，形成多层次科技创新和产业发展主体，支撑战略性新兴产业加快发展。

——高质量创新创业集聚区不断涌现。"双创"示范基地建设扎实推进，一批可复制的制度性成果加快推广。有效发挥国家级新区、国家自主创新示范区等各类功能区优势，打造一批创新创业新高地。

——大中小企业创新创业价值链有机融合。一批高端科技人才、优秀企业家、专业投资人成为创新创业主力军，大企业、科研院所、中小企业之间创新资源要素自由畅通流动，内部外部、线上线下、大中小企业融通发展水平不断提升。

——国际国内创新创业资源深度融汇。拓展创新创业国际交流合作，深度融入全球创新创业浪潮，推动形成一批国际化创新创业集聚地，将"双创"打造成为我国与包括"一带一路"相关国家在内的世界各国合作的亮丽名片。

二　着力促进创新创业环境升级

（三）简政放权释放创新创业活力

进一步提升企业开办便利度，全面推进企业简易注销登记改革。积极推广"区域评估"，由政府组织力量对一定区域内地质灾害、水土保持等进行统一评估。推进审查事项、办事流程、数据交换等标准化建设，稳步推动公共数据资源开放，加快推进政务数据资源、社会数据资源、互联网数据资源建设。清理废除妨碍统一市场和公平竞争的规定和做法，加快发布全国统一的市场准入负面清单，建立清单动态调整机制。（市场监管总局、自然资源部、水利部、发展改革委等按职责分工负责）

（四）放管结合营造公平市场环境

加强社会信用体系建设，构建信用承诺、信息公示、信用分级分类、信用联合奖惩等全流程信用监管机制。修订生物制造、新材料等领域审查参考标准，激发高技术领域创新活力。引导和规范共享经济良性健康发展，推动共享经济平台企业切实履行主体责任。建立完善对"互联网＋教育""互联网＋医疗"等新业态新模式的高效监管机制，严守安全质量和社会稳定底线。（发展改革委、市场监管总局、工业和信息化部、教育部、卫生健康委等按职责分工负责）

（五）优化服务便利创新创业

加快建立全国一体化政务服务平台，建立完善国家数据共享交换平台体系，推行数据共享责任清单制度，推动数据共享应用典型案例经验复制推广。在市县一级建立农村创新创业信息服务窗口。完善适应新就业形态的用工和社会保险制度，加快建设"网上社保"。积极落实产业用地政策，深入推进城镇低效用地再开发，健全建设用地"增存挂钩"机制，优化用地结构，盘活存量、闲置土地用于创新创业。（国务院办公厅、发展改革委、市场监管总局、农业农村部、人力资源社会保障部、自然资源部等按职责分工负责）

三　加快推动创新创业发展动力升级

（六）加大财税政策支持力度

聚焦减税降费，研究适当降低社保费率，确保总体上不增加企业负担，激发市场活力。将企业研发费用加计扣除比例提高到 75% 的政策由科技型中小企业扩大至所有企业。对个人在二级市场买卖新三板股票比照上市公司股票，对差价收入免征个人所得税。将国家级科技企业孵化器和大学科技园享受的免征房产税、增值税等优惠政策范围扩大至省级，符合条件的众创空间也可享受。（财政部、税务总局等按职责分工负责）

（七）完善创新创业产品和服务政府采购等政策措施

完善支持创新和中小企业的政府采购政策。发挥采购政策功能，加大对重大创新产品和服务、核心关键技术的采购力度，扩大首购、订购等非招标方式的应用。（发展改革委、财政部、工业和信息化部、科技部等和各地方人民政府按职责分工负责）

（八）加快推进首台（套）重大技术装备示范应用

充分发挥市场机制作用，推动重大技术装备研发创新、检测评定、示范应用体系建设。编制重大技术装备创新目录、众创研发指引，制定首台（套）评定办法。依托大型科技企业集团、重点研发机构，设立重大技术装备创新研究院。建立首台（套）示范应用基地和示范应用联盟。加快军民两用技术产品发展和推广应用。发挥众创、众筹、众包和虚拟创新创业社区等多种创新创业模式的作用，引导中小企业等创新主体参与重大技术装备研发，加强众创成果与市场有效对接。（发展改革委、科技部、工业和信息化部、财政部、国资委、卫生健康委、市场监管总局、能源局等按职责分工负责）

（九）建立完善知识产权管理服务体系

建立完善知识产权评估和风险控制体系，鼓励金融机构探索开展知识产权质押融资。完善知识产权运营公共服务平台，逐步建立全国统一的知识产权交易市场。鼓励和支持创新主体加强关键前沿技术知识产权创造，形成一批战略性高价值专利组合。聚焦重点领域和关键环节开展知识产权"雷霆"专项行动，进行集中检查、集中整治，全面加强知识产权执法维权工作力度。积极运用在线识别、实时监测、源头追溯等"互联网＋"技术强化知识产权保护。（知识产权局、财政部、银保监会、人民银行等按职责分工负责）

四 持续推进创业带动就业能力升级

（十）鼓励和支持科研人员积极投身科技创业

对科教类事业单位实施差异化分类指导，出台鼓励和支持科研人员离岗创业实施细则，完善创新型岗位管理实施细则。健全科研人员评价机制，将科研人员在科技成果转化过程中取得的成绩和参与创业项目的情况作为职称评审、岗位竞聘、绩效考核、收入分配、续签合同等的重要依据。建立完善科研人员校企、院企共建双聘机制。（科技部、教育部、人力资源社会保障部等按职责分工负责）

（十一）强化大学生创新创业教育培训

在全国高校推广创业导师制，把创新创业教育和实践课程纳入高校必修课体系，允许大学生用创业成果申请学位论文答辩。支持高校、职业院校（含技工院校）深化产教融合，引入企业开展生产性实习实训。（教育部、人力资源社会保障部、共青团中央等按职责分工负责）

（十二）健全农民工返乡创业服务体系

深入推进农民工返乡创业试点工作，推出一批农民工返乡创业示范县和农村创新创业典型县。进一步发挥创业担保贷款政策的作用，鼓励金融机构按照市场化、商业可持续原则对农村"双创"园区（基地）和公共服务平台等提供金融服务。安排一定比例年度土地利用计划，专项支持农村新产业新业态和产业融合发展。（人力资源社会保障部、农业农村部、发展改革委、人民银行、银保监会、财政部、自然资源部、共青团中央等按职责分工负责）

（十三）完善退役军人自主创业支持政策和服务体系

加大退役军人培训力度，依托院校、职业培训机构、创业培训中心等机构，开展创业意识教育、创业素质培养、创业项目指导、开业指导、企业经营管理等培训。大力扶持退役军人就业创业，落实好现有税收优惠政策，根据个体特点引导退役军人向科技服务业等新业态转移。推动退役军人创业平台不断完善，支持退役军人参加创新创业大会和比赛。（退役军人部、教育部、人力资源社会保障部、税务总局、财政部等按职责分工负责）

（十四）提升归国和外籍人才创新创业便利化水平

深入实施留学人员回国创新创业启动支持计划，遴选资助一批高层次人才回国创新创业项目。健全留学回国人才和外籍高层次人才服务机制，在签证、出入境、社会保险、知识产权保护、落户、永久居留、子女入学等方面进一步加大支持力度。（人力资源社会保障部、外交部、公安部、移民局、知识产权局等和各地方人民政府按职责分工负责）

（十五）推动更多群体投身创新创业

深入推进创新创业巾帼行动，鼓励支持更多女性投身创新创业实践。制定完善香港、澳门居民在内地发展便利性政策措施，鼓励支持港澳青年在内地创新创业。扩大两岸经济文化交流合作，为台湾同胞在大陆创新创业提供便利。积极引导侨资侨智参与创新创业，支持建设华侨华人创新创业基地和华侨大数据中心。探索国际柔性引才机制，持续推进海外人才离岸创新创业基地建设。启动少数民族地区创新创业专项行动，支持西藏、新疆等地区创新创业加快发展。推行终身职业技能培训制度，将有创业意愿和培训需求的劳动者全部纳入培训范围。（全国妇联、港澳办、台办、侨办、人力资源社会保障部、中国科协、发展改革委、国家民委等按职责分工负责）

五　深入推动科技创新支撑能力升级

（十六）增强创新型企业引领带动作用

在重点领域和关键环节加快建设一批国家产业创新中心、国家技术创新中心等创新平台，充分发挥创新平台资源集聚优势。建设由大中型科技企业牵头，中小企业、科技社团、高校院所等共同参与的科技联合体。加大对“专精特新”中小企业的支持力度，鼓励中小企业参与产业关键共性技术研究开发，持续提升企业创新能力，培育一批具有创新能力的制造业单项冠军企业，壮大制造业创新集群。健全企业家参与涉企创新创业政策制定机制。（发展改革委、科技部、中国科协、工业和信息化部等按职责分工负责）

（十七）推动高校科研院所创新创业深度融合

健全科技资源开放共享机制，鼓励科研人员面向企业开展技术开发、技术咨询、技术服务、技术培训等，促进科技创新与创业深度融合。推动高校、科研院所与企业共同建立概念验证、孵化育成等面向基础研究成果转化的服务平台。（科技部、教育部等按职责分工负责）

（十八）健全科技成果转化的体制机制

纵深推进全面创新改革试验，深化以科技创新为核心的全面创新。完善国家财政资金资助的科技成果信息共享机制，畅通科技成果与市场对接渠道。试点开展赋予科研人员职务科技成果所有权或长期使用权。加速高校科技成果转化和技术转移，促进科技、产业、投资融合对接。加强国家技术转移体系建设，鼓励高校、科研院所建设专业化技术转移机构。鼓励有条件的地方按技术合同实际成交额的一定比例对技术转移服务机构、技术合同登记机构和技术经纪人（技术经理人）给予奖补。（发展改革委、

科技部、教育部、财政部等按职责分工负责）

六　大力促进创新创业平台服务升级

（十九）提升孵化机构和众创空间服务水平

建立众创空间质量管理、优胜劣汰的健康发展机制，引导众创空间向专业化、精细化方向升级，鼓励具备一定科研基础的市场主体建立专业化众创空间。推动中央企业、科研院所、高校和相关公共服务机构建设具有独立法人资格的孵化机构，为初创期、早中期企业提供公共技术、检验检测、财税会计、法律政策、教育培训、管理咨询等服务。继续推进全国创业孵化示范基地建设。鼓励生产制造类企业建立工匠工作室，通过技术攻关、破解生产难题、固化创新成果等塑造工匠品牌。加快发展孵化机构联盟，加强与国外孵化机构对接合作，吸引海外人才到国内创新创业。研究支持符合条件的孵化机构享受高新技术企业相关人才激励政策，落实孵化机构税收优惠政策。（科技部、国资委、教育部、人力资源社会保障部、工业和信息化部、财政部、税务总局等按职责分工负责）

（二十）搭建大中小企业融通发展平台

实施大中小企业融通发展专项行动计划，加快培育一批基于互联网的大企业创新创业平台、国家中小企业公共服务示范平台。推进国家小型微型企业创业创新示范基地建设，支持建设一批制造业"双创"技术转移中心和制造业"双创"服务平台。推进供应链创新与应用，加快形成大中小企业专业化分工协作的产业供应链体系。鼓励大中型企业开展内部创业，鼓励有条件的企业依法合规发起或参与设立公益性创业基金，鼓励企业参股、投资内部创业项目。鼓励国有企业探索以子公司等形式设立创新创业平台，促进混合所有制改革与创新创业深度融合。（工业和信息化部、商务部、财政部、国资委等按职责分工负责）

（二十一）深入推进工业互联网创新发展

更好发挥市场力量，加快发展工业互联网，与智能制造、电子商务等有机结合、互促共进。实施工业互联网三年行动计划，强化财税政策导向作用，持续利用工业转型升级资金支持工业互联网发展。推进工业互联网平台建设，形成多层次、系统性工业互联网平台体系，引导企业上云上平台，加快发展工业软件，培育工业互联网应用创新生态。推动产学研用合作建设工业互联网创新中心，建立工业互联网产业示范基地，开展工业互联网创新应用示范。加强专业人才支撑，公布一批工业互联网相关二级学科，鼓励搭建工业互联网学科引智平台。（工业和信息化部、发展改革委、教育部、科技部、财政部、人力资源社会保障部等按职责分工负责）

（二十二）完善"互联网＋"创新创业服务体系

推进"国家创新创业政策信息服务网"建设，及时发布创新创业先进经验和典型做法，进一步降低各类创新创业主体的政策信息获取门槛和时间成本。鼓励建设"互联网＋"创新创业平台，积极利用互联网等信息技术支持创新创业活动，进一步降低创新创业主体与资本、技术对接的门槛。推动"互联网＋公共服务"，使更多优质资源惠及群众。（发展改革委、科技部、工业和信息化部等按职责分工负责）

（二十三）打造创新创业重点展示品牌

继续扎实开展各类创新创业赛事活动，办好全国大众创业万众创新活动周，拓展"创响中国"系列活动范围，充分发挥"互联网＋"大学生创新创业大赛、中国创新创业大赛、"创客中国"创新创业大赛、"中国创翼"创业创新大赛、全国农村创业创新项目创意大赛、中央企业熠星创新创意大赛、"创青春"中国青年创新创业大赛、中国妇女创新创业大赛等品牌赛事活动作用。对各类赛事活动中涌现的优秀创新创业项目加强后续跟踪支持。（发展改革委、中国科协、教育部、科技部、工业和信息化部、人力资源社会保障部、农业农村部、国资委、共青团中央、全国妇联等按职责分工负责）

七　进一步完善创新创业金融服务

（二十四）引导金融机构有效服务创新创业融资需求

加快城市商业银行转型，回归服务小微企业等实体的本源，提高风险识别和定价能力，运用科技化等手段，为本地创新创业提供有针对性的金融产品和差异化服务。加快推进村镇银行本地化、民营化和专业化发展，支持民间资本参与农村中小金融机构充实资本、完善治理的改革，重点服务发展农村电商等新业态新模式。推进落实大中型商业银行设立普惠金融事业部，支持有条件的银行设立科技信贷专营事业部，提高服务创新创业企业的专业化水平。支持银行业金融机构积极稳妥开展并购贷款业务，提高对创业企业兼并重组的金融服务水平。（银保监会、人民银行等按职责分工负责）

（二十五）充分发挥创业投资支持创新创业作用

进一步健全适应创业投资行业特点的差异化监管体制，按照不溯及既往、确保总体税负不增的原则，抓紧完善进一步支持创业投资基金发展的税收政策，营造透明、可预期的政策环境。规范发展市场化运作、专业化管理的创业投资母基金。充分发挥国家新兴产业创业投资引导基金、国家中小企业发展基金等引导基金的作用，支持初创期、早中期创新型企业发展。加快发展天使投资，鼓励有条件的地方出台促进天使投资发展的政策措施，培育和壮大天使投资人群体。完善政府出资产业投资基金信用信息登记，开展政府出资产业投资基金绩效评价和公共信用综合评价。（发展改革委、证监会、税务总局、财政部、工业和信息化部、科技部、人民银行、银保监会等按职责分工负责）

（二十六）拓宽创新创业直接融资渠道

支持发展潜力好但尚未盈利的创新型企业上市或在新三板、区域性股权市场挂牌。推动科技型中小企业和创业投资企业发债融资，稳步扩大创新创业债试点规模，支持符合条件的企业发行"双创"专项债务融资工具。规范发展互联网股权融资，拓宽小微企业和创新创业者的融资渠道。推动完善公司法等法律法规和资本市场相关规则，允许科技企业实行"同股不同权"治理结构。（证监会、发展改革委、科技部、人民银行、财政部、司法部等按职责分工负责）

（二十七）完善创新创业差异化金融支持政策

依托国家融资担保基金，采取股权投资、再担保等方式推进地方有序开展融资担保业务，构建全国统一的担保行业体系。支持保险公司为科技型中小企业知识产权融资提供保证保险服务。完善定向降准、信贷政策支持再贷款等结构性货币政策工具，引导资金更多投向创新型企业和小微企业。研究开展科技成果转化贷款风险补偿试点。实施战略性新兴产业重点项目信息合作机制，为战略性新兴产业提供更具针对性和适应性的金融产品和服务。（财政部、银保监会、科技部、知识产权局、人民银行、工业和信息化部、发展改革委、证监会等按职责分工负责）

八 加快构筑创新创业发展高地

（二十八）打造具有全球影响力的科技创新策源地

进一步夯实北京、上海科技创新中心的创新基础，加快建设一批重大科技基础设施集群、世界一流学科集群。加快推进粤港澳大湾区国际科技创新中心建设，探索建立健全国际化的创新创业合作新机制。（有关地方人民政府牵头负责）

（二十九）培育创新创业集聚区

支持符合条件的经济技术开发区打造大中小企业融通型、科技资源支撑型等不同类型的创新创业特色载体。鼓励国家级新区探索通用航空、体育休闲、养老服务、安全等产业与城市融合发展的新机制和新模式。推进雄安新区创新发展，打造体制机制新高地和京津冀协同创新重要平台。推动承接产业转移示范区、高新技术开发区聚焦战略性新兴产业构建园区配套及服务体系，充分发挥创新创业集群效应。支持有条件的省市建设综合性国家产业创新中心，提升关键核心技术创新能力。依托中心城市和都市圈，探索打造跨区域协同创新平台。（财政部、工业和信息化部、科技部、发展改革委等和各地方人民政府按职责分工负责）

（三十）发挥"双创"示范基地引导示范作用

将全面创新改革试验的相关改革举措在"双创"示范基地推广，为示范基地内的项目或企业开通总体规划环评等绿色通道。充分发挥长三角示范基地联盟作用，推动建立京津冀、西部等区域示范基地联盟，促进各类基地融通发展。开展"双创"示范基地十强百佳工程，鼓励示范基地在科技成果转化、财政金融、人才培养等方面积极探索。（发展改革委、生态环境部、银保监会、科技部、财政部、工业和信息化部、人力资源社会保障部等和有关地方人民政府及大众创业万众创新示范基地按职责分工负责）

（三十一）推进创新创业国际合作

发挥中国—东盟信息港、中阿网上丝绸之路等国际化平台作用，支持与"一带一路"相关国家开展创新创业合作。推动建立政府间创新创业多双边合作机制。充分利用各类国际合作论坛等重要载体，推动创新创业领域民间务实合作。鼓励有条件的地方建立创新创业国际合作基金，促进务实国际合作项目有效落地。（发展改革委、科技部、工业和信息化部等和有关地方人民政府按职责分工负责）

九　切实打通政策落实"最后一公里"

（三十二）强化创新创业政策统筹

完善创新创业信息通报制度，加强沟通联动。发挥推进大众创业万众创新部际联席会议统筹作用，建立部门之间、部门与地方之间的高效协同机制。鼓励各地方先行先试、大胆探索并建立容错免责机制。促进科技、金融、财税、人才等支持创新创业政策措施有效衔接。建立健全"双创"发展统计指标体系，做好创新创业统计监测工作。（发展改革委、统计局等和各地方人民政府按职责分工负责）

（三十三）细化关键政策落实措施

开展"双创"示范基地年度评估，根据评估结果进行动态调整。定期梳理制约创新创业的痛点堵点问题，开展创新创业痛点堵点疏解行动，督促相关部门和地方限期解决。对知识产权保护、税收优惠、成果转移转化、科技金融、军民融合、人才引进等支持创新创业政策措施落实情况定

期开展专项督查和评估。（发展改革委、中国科协等和各地方人民政府按职责分工负责）

（三十四）做好创新创业经验推广

建立定期发布创新创业政策信息的制度，做好政策宣讲和落实工作。支持各地积极举办经验交流会和现场观摩会等，加强先进经验和典型做法的推广应用。加强创新创业政策和经验宣传，营造良好舆论氛围。（各部门、各地方人民政府按职责分工负责）

各地区、各部门要充分认识推动创新创业高质量发展、打造"双创"升级版对于深入实施创新驱动发展战略的重要意义，把思想、认识和行动统一到党中央、国务院决策部署上来，认真落实本意见各项要求，细化政策措施，加强督查，及时总结，确保各项政策措施落到实处，进一步增强创业带动就业能力和科技创新能力，加快培育发展新动能，充分激发市场活力和社会创造力，推动我国经济高质量发展。

国务院

2018 年 9 月 18 日

河南省人民政府办公厅关于支持大众创业
万众创新基地建设的实施意见

豫政办〔2017〕28 号

各省辖市、省直管县（市）人民政府，省人民政府各部门：

为发挥创新创业在发展新经济、培育发展新动能、打造发展新引擎中的引领支撑作用，统筹支持国家和省级大众创业万众创新基地（以下简称"双创基地"）建设，推动大众创业万众创新向纵深发展，根据《国务院办公厅关于建设大众创业万众创新示范基地的实施意见》（国办发〔2016〕35 号），经省政府同意，现提出如下意见。

一　总体要求

（一）基本思路

坚持创新、协调、绿色、开放、共享发展理念，大力实施创新驱动发展战略，以建设双创基地为抓手，通过加强制度供给，构建双创发展生态，建成一批功能完善的支撑平台，集聚一批高端创新创业人才，促进一批重大科技成果转移转化，形成一批可复制、可推广的双创模式和典型经验，促进新技术、新产品、新业态、新模式加速发展，成为全省创新创业高地，带动形成全省大众创业万众创新蓬勃发展新局面。

建设双创基地要坚持政府引导、市场主导，加强顶层设计，进一步放开市场，吸引各类市场主体参与双创基地建设，增强双创内生动力；坚持开放合作、强化支撑，以更加开放的姿态推进双创基地建设，促进成果、人才、资金、服务、政策等各类双创资源汇聚，构建双创生态系统；坚持政策协同、凝聚合力，统筹创新、创业、就业等各类政策，充分发挥各级、各部门积极性和主动性，形成上下联动、合力推进的工作格局。

（二）工作目标

1. 到 2018 年，一批资源要素集聚、服务功能完善、创新创业活跃、辐射带动力强的双创基地基本建成。

——建成一批功能完善的支撑平台。技术创新平台、创业孵化平台、综合服务平台、人才培养平台、知识产权交易平台等双创支撑平台达到 500 个以上，覆盖全方位、全过程的双创综合服务体系基本形成。

——落地转化一批科技成果。在孵企业总数达到 1 万家，新增市场主体 1 万家以上，科技型企业达到 5000 家以上。

——集聚一大批创新创业人才。集聚创新型领军人才 100 人以上、科技创新团队 200 支以上，双创人才达到 10 万人左右。

——形成推广一批适应不同特点和发展阶段的双创模式和典型经验。

2. 到 2020 年，双创基地支撑服务能力显著提升，良好的双创发展生态基本形成，双创主体活力得到充分释放，创新型企业成长壮大，成为全省大众创业万众创新蓬勃发展的新高地，为全省经济社会转型发展提供强力支撑。

二　建设布局

充分考虑各地、各类双创主体的发展情况，依托现有工作基础，加强分类指导，有序推进双创基地建设。

（一）统筹三种类型双创基地建设。依托双创资源集聚的区域、高校科研院所和骨干企业，布局建设三种类型的双创基地，集成高校、科研院所、企业和社会力量，强化双创要素投入，加大政策支持力度，探索形成不同类型的双创模式。

（二）统筹双创基地区域布局。根据全省各地双创发展情况和双创资源禀赋，先期依托郑洛新国家自主创新示范区和省辖市中心城区内的高新技术开发区、经济技术开发区、产业集聚区、商务中心区和特色商业区、城乡一体化示范区布局建设区域双创基地，根据发展需要，逐步向县（市）延伸布局。

（三）统筹双创资源和工作基础。充分发挥双创基地现有资源作用，加快整合提升现有载体功能和公共服务能力，进一步优化双创生态。充分发挥现有双创工作机制作用，鼓励各部门按照渠道不变、各尽其责、各立其功的原则，加强对双创基地的政策支持，形成协同效应。

（四）统筹有序分批推进。按照自愿申报、统筹考虑、分批推进的原则，首批双创基地优先选择在双创资源比较丰富、体制机制基础较好、示范带动能力较强的区域和单位先期布局。在此基础上，逐步完善制度设计，有序扩大布局范围。

（五）统筹国家和省级双创基地建设。支持郑州航空港经济综合实验区、中信重工机械股份有限公司建设国家双创示范基地，探索形成一批可复制、可推广的典型经验，力争走在全国前列。支持省级双创基地加快建设，优先推荐其纳入国家双创示范基地范围。

三　建设任务

明确双创基地建设目标、建设重点要求，组织实施一批重点工程，建成一批众创空间和公共服务平台，突破体制机制障碍。

（一）区域双创基地

1. 建设目标。集聚创新创业优势资源，探索形成有利于创新创业的政策制度环境，建成能够辐射周边，以创新创业公共服务、创新型企业孵化、产学研协同创新、双创人才培训培养、新兴产业集聚发展为支撑的双创基地。

2. 建设重点。一是完善双创支撑载体。依托核心区域，建设具有公共服务、产学研协同、人才培养、成果转化等多功能的双创综合体，成为承载、支撑、推动双创发展的基础平台和主要阵地。依托各类主体，布局建设一批众创空间、孵化器、加速器等多层次孵化载体，打造创业成本低、成功率高、具有龙头引领作用的双创孵化品牌，为科技成果转移转化和初创期小微企业提供发展空间。二是提升双创公共服务能力。建设一批政策集中发布平台、产业技术创新平台、公共技术共享平台、公共服务保障平台等，完善专业化、网络化服务体系。积极引进创业培训、技术服务、金融服务、信息服务、知识产权交易服务等第三方服务机构，为双创群体提供从成果转移转化到企业孵化、成长、壮大所需要的全方位公共服务。三是促进产业与双创融合。以培育新兴产业为重点，围绕产业链部署创新链，培育创新创业集群，通过双创促进强链补链。突出骨干企业的引领带动作用，支持骨干企业联合高校和科研院所共建研发中心、技术联盟、产业基地等，促进创新要素和产业要素深度融合。四是加大双创人才引进培养力度。坚持引进与培育相结合，突出高端人才引进、中高级人才培养、创业人才集聚。营造创新创业良好环境，吸引高层次领军人才及团队、行业专家、管理团队、创业导师队伍和有梦想、有意愿、有能力的创业者。五是优化创新创业生态。进一步推进简政放权、放管结合、优化服务，完善双创政策措施，加强部门间协调联动，抓好已出台政策的落实。加大财政支持力度，引导社会资本投入，扩大创业投资来源。培育双创文化，树立双创榜样，营造鼓励创新、宽容失败的社会氛围。六是强化重点工程支撑。实施服务型政府建设、双创载体建设、支撑服务能力建设、双创主体培育、协同创新推动、双创人才集聚、金融双创结合等一批重点工程，将各项工作任务落到实处。

（二）高校科研院所双创基地

1. 建设目标。充分挖掘高校、科研院所人才和创新资源优势，深化教育、科技体制改革，促进科技成果加速转移转化，建成以创新型人才培养、科技成果转移转化、创新型人才创新创业为支撑的双创基地。

2. 建设重点。一是强化人才培养和流动。深化教育改革，完善高校创新创业课程设置，推进创新创业教育制度化、体系化。完善柔性引才政策，建立灵活高效的人才培养开发、评价发现、选拔任用、流动配置、薪酬激励等机制，对接省"百人计划""中原学者"等人才工程，加快构建与创新创业发展相适应的人才供给体系。落实高校、科研院所等专业技术人员离岗创业政策，建立健全科研人员双向流动机制。二是加速科技成果转移转化。贯彻落实科技成果使用、处置和收益权等相关改革措施，制定并落实科研人员股权和分红激励政策，完善职务发明奖励报酬制度，鼓励建设专业化技术转移机构，进一步破除制约科技成果转移转化的突出障碍。三是推动创新资源开放共享。推进重大科研基础设施和大型科研仪器向社会开放。依托互联网构建开放共享互动的创新服务平台，提供专业技术、科技文献检索、科技信息交流、科技评估等服务。依托省级以上重点实验室、工程研究中心等搭建省级开放实验室和检验检测共享平台。四是加强双创支撑服务能力建设。建设一批众创空间、星创天地、大学科技园等，为广大师生、科技人员创新创业提供一站式服务。推动创业投资、创业孵化与高校、科研院所的科技成果转移相结合。落实大学生创业指导服务机构、人员、场地、经费等，建设高素质创业教育和创业培训师资队伍，为大学生创业、就业提供服务。五是强化重点工程支撑。实施创新型人才培养、双创支撑平台建设、科技成果转移转化、大学生创新创业等一批重点工程，将各项工作任务落到实处。

（三）企业双创基地

1. 建设目标。围绕企业转型升级方向，加快建设双创支撑平台，大力发展众创、众包、众扶、众筹，加速释放创新潜能，带动上下游共同发展，建成以产业链协同创新为支撑、推动企业实现战略转型发展的双创基地。

2. 建设重点。一是加快支撑平台建设。依托互联网、物联网、云计算、大数据等信息技术，建设线上线下相结合的资源共享平台、实验与验证平台、综合服务平台、成果孵化平台等，完善开放式创新创业载体体系。二是推动产业链协同创新。聚焦产业链关键共性技术，与高校、科研院所合作开展联合攻关，带动产业链上下游中小微企业创新发展。三是开放企业双创资源。依托物联网、云计算、大数据等技术和服务平台，向社会开放供应链、生产研发设施、数据等资源，提供财务、市场、融资、技术、管理等服务，促进员工创新创业。四是激发员工创新活力。培育鼓励创新、宽容失败的创客文化，激发员工创新创业潜能，调动员工双创积极性。建立健全激励机制和容错纠错机制，支持员工自主创业、企业内部再创业，保护企业家精神。五是强化重点工程支撑。实施双创平台建设、双创资源开放、企业创客培育等一批重点工程，将各项工作任务落到实处。

四　政策措施

（一）提升规划建设水平

1. 科学编制建设工作方案。按照双创基地建设目标、建设重点要求，编制双创基地建设工作方案，作为双创基地建设发展的行动指南。坚持问题导向，准确把握工作着力点，明确总体思路、战略定位、发展目标、基本原则、主要任务、政策举措、重点工程和保障措施，提出拟滚动实施的重大项目。

2. 支持重大项目建设。将双创基地建设工作方案中的重大项目纳入省重点项目管理范围，强化要素保障，优先保障土地、环境容量、水、电、燃气、供暖、宽带网络等需求。开辟项目审批"绿色"通道，推行并联审批，强化全过程服务。省、市级财政资金优先支持重大项目建设，积极争取中央资金支持，政府投融资平台积极为重大项目提供投融资支持。

3. 创新建设运营机制。采用政府引导推动、市场化运作为主的建设运行模式。鼓励骨干企业、创投机构、社会组织等社会力量采用PPP（政府和社会资本合作）、BOT（建设—经营—移交）、BT（建设—移交）等多种方式参与双创基地建设。支持与国内外高水平孵化机构、专业化运营机构等合作，加快形成高效、灵活的双创基地管理运营机制。

（二）支持支撑平台建设

1. 支持技术创新平台建设。积极引进国内外一流大学、科研院所和龙头企业建设研发创新平台，支持省内外高校、科研院所联合骨干企业、行业协会组建产业技术联盟、创新联盟等新型创新组织，大力培育具有市场化、专业化特点的制造业创新中心、产业技术研究院等新型研发机构，支持建设省级以上企业技术中心、工程（重点）实验室、工程（技术）研究中心、博士后工作站、工业设计中心等高水平创新平台。对新获批的国家级技术创新平台，省财政奖励500万元，并优先保障岗位设置、人员配备、用地用电等需求。对技术创新平台承担的重大创新项目，省科技专项资金给予优先支持。

2. 支持创业孵化平台建设。加快发展创客空间、创业咖啡、创新工场等新型孵化模式，建设低成本、便利化、全要素、开放式的创业孵化平台。推广"孵化＋创投"等服务新模式，打造一批投资促进型、培训辅导型、媒体延伸型、专业服务型、创客孵化型等创新型孵化器。支持建设"众创空间＋孵化器＋加速器＋产业园"，形成涵盖项目发现、团队构建、投资对接、商业加速、后续支撑的全过程孵化链条，为培育新兴产业提供支撑。对经认定的省级以上科技企业孵化器、创业孵化示范基地、大学科技园等，省财政资金给予支持。支持省级以上创新创业载体设立创业投资基金。

3. 支持综合服务平台建设。强化"一站式"政务服务平台建设，综合发展改革、国土资源、环保、工商、税务等部门服务职能，实现创新创业便利化。推进研发设计、技术转移、科技金融、检验检测等专业公共服务平台建设，为创新创业企业提供创业投资、研发设计、技术标准、市场推广、科技咨询等第三方服务。鼓励建设"互联网＋服务"平台。对符合条件的平台建设项目，省财政资金给予专项支持。

4. 支持人才培养平台建设。支持高校建立创新创业园、创业学院，开设创新创业教育课程，实现创新创业教育与专业教育有机融合。支持职业院校与区域双创基地内企业开展合作，共建实训基地，实现人才培养与创新创业有效对接。多渠道统筹安排资金，支持创新创业园、实训基地等建设。

5. 支持知识产权专业服务平台建设。对接国家技术转移郑州中心、国家知识产权局专利局专利审查协作河南中心、河南技术产权交易所等，建设知识产权交易平台，引进一批专业知识产权服务机构，提供知识产权展示、评估、交易、质押融资、托管、经营等运用转化服务。运用省服务业专项资金等，同时积极争取国家高技术服务业专项资金给予支持。

（三）促进双创资源集聚

1. 大力引进创新型人才和团队。落实省"百人计划"，积极引进一批具有国际视野和拥有国际领先成果的高层次领军人才。依托高水平创新平台，吸引各类创新人才和团队聚集。把招商引资和招才引智相结合，以项目为纽带，引进各类人才和团队。鼓励高校、科研院所、企业设立首席科学家、首席技术专家等特色岗位；扩大特聘研究员试点范围，在符合条件的科研院所、企业设置特聘研究员岗位，面向海内外引进高层次人才。建立人才柔性引进机制，完善激励政策，对符合条件的高层次创新创业人才，统筹相关资金给予不低于 100 万元资助；对引进的创新团队，省财政给予创新创业资金支持。

2. 积极引进双创服务企业。大力引进银行、保险、证券、风险投资、金融租赁、财务管理等金融服务机构，鼓励设立天使、创业、产业等投资基金，对基地内创新创业企业给予支持。大力引进研究开发、技术转移、检验检测认证、知识产权、科技咨询等专业科技服务机构。大力引进法律咨询、商务代理、市场推广、人才代理等其他服务机构。落实国家关于加快科技服务业发展的优惠政策，积极探索以政府购买服务、"后补助"等方式支持公共科技服务发展。

3. 大力推进双创开放合作。支持世界 500 强、国内 500 强企业在基地内设立分支机构、研发中心和实验室。支持基地骨干企业联合高校、科研院所、上下游企业等组建产业技术联盟。鼓励与省外知名高校、科研机构开展多层次合作，共建一批产业技术研究院、技术转移机构等开放式创新平台。鼓励高校、科研院所与企业、社会组织等在基地内建设大学科技园、技术转移机构、重大科技成果中试熟化基地、科技成果产业化基地。对新建的开放式创新平台，在土地保障、资金筹措、财政税收、公共配套等方面开通"绿色"通道。

（四）营造良好发展环境

1. 打造服务型政府。认真落实中央和省简政放权、放管结合、优化服务的各项举措，重点围绕阻碍创新发展的"堵点"、影响干事创业的"痛点"和市场监管的"盲点"，在行政审批、投资审批、职业资格、收费管理、商事制度改革等领域，研究出台操作性强的具体办法，解决"中梗阻"和政策落地"最后一公里"问题。全面推进政务公开，编制权力清单和责任清单，发布办事指南，优化办事流程，公开政策依据、服务时限和办理结果。推行"互联网＋"政务服务，建设网上服务大厅，开展网上并联审批，提升服务效能。

2. 完善科技成果转移转化激励机制。全面落实《中华人民共和国促进科技成果转化法》，探索建立适应创新规律的科研经费管理制度。下放科技成果使用、收益和处置权，提高高校、科研院所将职务科技成果转让收益用于奖励的比例。鼓励高校、科研机构将转化职务科技成果以股权或者出资比例形式给予科技人员个人奖励。支持国有企业依法制定科技成果收益分配具体办法，建立健全科技成果、知识产权归属和利益分享机制。

3. 促进创新创业人才流动。制定具体管理办法，鼓励省级双创基地的高校和科研院所科研人员经所在单位批准，带着科研项目和成果、保留基本待遇到企业创新创业。改进科研人员薪酬和岗位管理，破除人才流动的体制机制障碍，促进科研人员在事业单位与企业间合理流动。加快社会保障制度改革，完善科研人员在事业单位与企业间流动社保关系转移接续政策。建设海外人才离岸创新创业基地，集聚海外高端创新创业人才。

4. 加大政策支持力度。统筹省财政科技、教育、产业等专项资金，综合运用股权投资、贷款贴息等手段，优先支持基地内重大项目建设。支持孵化载体建设，在双创基地通过出让方式获得的工业用地和科研用地，用于开发建设创新创业孵化载体的，在不改变孵化服务用途的情况下，其房屋可按栋、层、套、间等为基本单元进行产权登记并转让（涉及的土地权利一并转让）、出租。鼓励各省辖市加大财政投入力度，设立创业投资引导基金、风险补偿资金等，引导更多社会资本投向创新创业。鼓励各省辖市开展创新创业券试点，为创新创业团队和个人提供技能培训、研发设计等服务。

5. 厚植双创文化。加大对双创政策、双创成果、先进典型、成功案例的宣传力度，举办中国创新创业大赛、青年创新创业大赛、"互联网＋"大学生创新创业大赛等丰富多彩的双创活动，打造一批具有影响力的双创活动品牌，营造鼓励创新创业、宽容失败的良好社会氛围。积极倡导敢为人先的创新文化，树立崇尚创新、创业致富的价值导向，大力培育企业家精神和创客文化。加强信用体系建设，将创业主体信用与市场准入、享受优惠政策挂钩。加强知识产权保护，加大对侵权行为的处罚力度，切实保护创新创业者知识产权合法权益，创造公平竞争市场环境。

五　组织实施

（一）明确工作步骤

2017 年 3 月底前，首批双创基地完成建设工作方案编制工作。省发展改革委会同相关部门，邀请专家对建设工作方案进行咨询论证。双创基地根据咨询论证意见对建设工作方案进行修改完善，按申报渠道报省发展改革委备案后向社会公布。2017 年年底，省发展改革委会同有关部门，按照建设工作方案明确的时间表和路线图，对双创基地建设情况组织开展第三方评估，对成熟的典型经验进行推广。进一步完善制度设计，逐步扩大双创基地范围，组织后续双创基地建设。

（二）落实工作责任

充分发挥省双创示范基地建设指导小组作用，加强省级层面统筹协调。省发展改革委牵头会同有关部门加强工作指导，积极开展重大问题研究，完善支持政策，强化密切配合和政策协同。省各类相关支持政策要向双创基地倾斜，形成工作合力。双创基地所在省辖市政府要建立工作指导小组，研究出台配套支持政策，完善工作推进机制，确保工作落实。

（三）加强跟踪问效

建立信息定期报送制度，加强对双创基地建设的跟踪检查，及时发现工作中出现的问题，不断加大协调推进力度，确保各项工作落到实处。每年第四季度，省发展改革委会同有关部门组织第三方机构，对双创基地建设情况开展年度评估评价，评估评价结果将作为支持双创基地建设的重要依据。对双创基地实行动态管理，对年度评估评价不达标的，取消双创基地称号。

河南省人民政府办公厅

2017 年 2 月 10 日

参考文献

1. 王静：《人才争夺战背景下的河南高层次创新型人才队伍建设之路》，《人力资源开放》2018 年第 6 期。

2. 河南省发展和改革委员会，中国（河南）创新发展研究院调研组：《倾力打造河南双创升级版——河南省双创示范基地建设的调查与建议》，《河南日报》2018 年 7 月 12 日，第 8 版。

3. 李斌：《河南省双创基地建设创业孵化平台的实现路径及对策建议》，《金融经济》2019 年第 16 期。

4. 王会民、安邦：《一带一路视域下河南省双创基地建设的问题及策略》，《中共郑州市委党校学报》2019 年第 3 期。

5. 毛素芝：《河南省高层次科技创新人才队伍建设问题与对策研究》，《创新科技》2018 年第 1 期。

6. 王命禹：《着力"四个融通"构建双创基地建设新生态》，《河南日报》2018 年 5 月 9 日，第 6 版。

7. 赵姗：《培育壮大新动能，打造"双创"升级版》，《中国经济时报》2018 年 9 月 19 日，第 4 版。

8. 田文富：《创新创业协同发展及支撑体系建设研究——以郑洛新双创示范基地实践为例》，《学习论坛》2018 年第 7 期。

9. 王元地、陈禹：《区域"双创"能力评价指标体系研究——基于因子分析和聚类分析》，《科技进步与对策》2016 年第 10 期。

10. 李文彬、卢琳静：《地方"双创"示范基地建设政策分析——基于政策目标——工具适配的视角》,《创新创业教育》2019 年第 10 期。

11. 张欢:《新时代高校创新创业教育生态体系优化的思考》,《思想理论教育》2018 年第 11 期。

12. 张丹:《高校创新创业教育绩效评价研究——基于湖北 47 所本科院校的实证调查》,武汉科技大学,2019。

13. 王艳:《高校创新创业示范基地建设的几点思考》,《文教资料》2018 年第 31 期。

14. 李春宏:《高校创业示范基地建设研究》,《江苏高教》2014 年第 5 期。

15. 孟志起:《江西省创新创业政策实施效果研究》,南昌航空大学,2018。

16. 黄兆信、王志强:《高校创业教育生态系统构建路径研究》,《教育研究》2017 年第 4 期。

17. 王宏伟、徐海龙:《中国"双创"政策落实情况及优化建议》,《中国经贸导刊》2017 年第 34 期。

18. 熊丽:《以新生态打造"双创"升级版》,《经济日报》2018 年 10 月 23 日,第 13 版。

19. 周飞:《双创热土开启壮美新征程——武汉东湖高新区正式启动双创基地建设》,《中国高新区》2016 年第 15 期。

20. 陈娟:《构建"五位一体"双创生态体系,合肥高新区打造国家级双创示范基地》,《安徽科技》2016 年第 7 期。

21. 喻新安:《河南创新创业发展报告》,社会科学文献出版社,2018。

22. 李政刚:《武汉东湖新技术开发区双创示范基地建设经验及对西部地区的启示》,《科技促进发展》2017 年第 Z2 期。

23. 郭熙、付进福:《青海高新技术产业开发区创新创业示范基地——走出一条具有青藏高原特色的"双创"之路》,《青海科技》2017 年第 3 期。

24. 张振、熊紫含:《双创示范基地:办出了特色,积累了经验》,《中国经贸导刊》2017 年第 1 期。

25. 邵祖江：《高擎创新火炬，点燃创业激情，全力推进国家双创示范基地建设》，《中国经贸导刊》2017年第19期。

26. 王立军：《国家级双创示范基地建设的经验与启示——以杭州未来科技城为例》，《杭州科技》2019年第2期。

后 记

国务院办公厅《关于建设大众创业万众创新示范基地的实施意见》中明确提出，要深入实施创新驱动发展战略，纵深推进大众创业万众创新，支持建设双创示范基地。建设双创示范基地，对于在更大范围、更高层次、更深程度上推进大众创业万众创新，加快发展新经济、培育发展新动能、打造发展新引擎意义重大。2017 年 2 月，河南省政府发文设立了 57 个省级双创示范基地，其中包括 18 个区域双创基地、12 个高校科研院所双创基地、27 个企业双创基地。这三类双创基地自启动建设以来，河南省一直以"创新带动创业、创业激励创新"为重点目标，以深化改革创新为引领，以体制机制创新为突破口，以完善服务体系和平台建设为支撑，不断促进双创资源集聚，积极先行先试，在双创基地健康发展的各方面进行积极探索并积累了许多可复制、可推广的宝贵经验，有力推动了河南省大众创业万众创新向纵深发展，发挥了在全省乃至全国的示范引领作用，为河南产业转型升级和新旧动能接续转换提供了重要支撑，成为河南创新驱动发展战略的核心载体及重要抓手。

为深入贯彻河南省政府办公厅《关于支持大众创业万众创新基地建设的实施意见》，河南省发展和改革委员会于 2017 年 12 月 25 日下发《关于配合开展双创基地调研有关工作的通知》，为推动双创基地加快建设，总结推广双创基地建设的好经验和好做法，促进大众创业万众创新，委托中国（河南）创新发展研究院组成调研组，对全省首批双创基地建设开展调研。中国（河南）创新发展研究院牵头，构建了由河南省社会科学院、河南省委党校、河南省政府发展研究中心、郑州大学、河南大学、河南农业大学等单位近 20 位专家组成的两个调研组，于 2017 年 12 月 28 日至 2018 年 1 月 20 日，对全省 18 个双创示范基地进行了深入调研。调研组按照《关于支持大众创业万众创新基地建设的实施意见》确定的区域、高校科研院所、企业三类双创基地的建设目标和建设重点，对照各个双创基地的建设工作方案，通过查阅相关材料、实地考察、座谈交流等形式，重点了解了各双创基地已开展的工作和取得的成效、存在的主要问题以及下一步工作举措，为《双创基地建设理论与实践——以河南省为例》这本书的撰写提供了主要的素材。

本书由黄河科技学院中国（河南）创新发展研究院组织编写，河南省社会科学院、黄河科技学院商学院等单位的专家学者参与撰稿。主编由河南省高校智库联盟理事长、中国（河南）创新发展研究院院长喻新安，中国（河南）创新发展研究院院长助理于善甫担任。副主编由王威、田文富、崔明娟担任。喻新安、于善甫提出了本书的基本框架和基本思路，主持讨论确定全书的写作提纲，组织协调撰写工作，修改审定了全部书稿，王威、田文富、崔明娟协助主编组织撰写和通稿审稿工作。参与本书提纲讨论、撰稿、修改的同志有（以章节为顺序）：第一章，刘亚迪；第二章，武文超；第三章，豆晓利；第四章、第五章、第六章、第八章，于善甫；第七章，高昕；第九章，刘晓慧；第十章，郭军峰；第十一章，张志娟；第十二章，李斌。

我们在调研和写作的过程中，得到了河南省发展和改革委员会、河南省社会科学院、河南省委党校、河南省政府发展研究中心、郑州大学、河南大学、河南农业大学以及各地双创示范基地等单位的大力支持和帮助，我们还参考和借鉴了学界和政府部门的相关文献和研究成果。对所有支持和帮助我们的领导、专家和朋友，在此一并致谢！由于水平所限，书中难免有疏漏和不妥之处，敬请读者批评指正。

喻新安

2020 年 6 月 28 日

图书在版编目(CIP)数据

双创基地建设理论与实践：以河南省为例 / 喻新安，
于善甫主编 . --北京：社会科学文献出版社，2020.12
　ISBN 978 - 7 - 5201 - 7683 - 5

　Ⅰ.①双… 　Ⅱ.①喻… ②于… 　Ⅲ.①创业 - 研究 -
河南 　Ⅳ.①F249.276.1

　中国版本图书馆 CIP 数据核字（2020）第 242004 号

双创基地建设理论与实践
——以河南省为例

主　　编 / 喻新安　于善甫
副 主 编 / 王　威　田文富　崔明娟

出 版 人 / 王利民
组稿编辑 / 任文武
责任编辑 / 丁　凡

出　　版 / 社会科学文献出版社·城市和绿色发展分社(010) 59367143
　　　　　　地址：北京市北三环中路甲 29 号院华龙大厦　邮编：100029
　　　　　　网址：www. ssap. com. cn
发　　行 / 市场营销中心（010）59367081　59367083
印　　装 / 三河市尚艺印装有限公司

规　　格 / 开本：787mm × 1092mm　1/16
　　　　　　印 张：20　字 数：284 千字
版　　次 / 2020 年 12 月第 1 版　2020 年 12 月第 1 次印刷
书　　号 / ISBN 978 - 7 - 5201 - 7683 - 5
定　　价 / 88.00 元

本书如有印装质量问题，请与读者服务中心（010 - 59367028）联系